GABRIEL HANOTAUX
DE L'ACADÉMIE FRANÇAISE

SUR LES CHEMINS
DE L'HISTOIRE

TOME Ier

AU TEMPS DE L'ÉCOLE DES CHARTES. — LES VÉNITIENS ONT-ILS TRAHI LA CHRÉTIENTÉ EN 1202? — THÉORIE DU GALLICANISME. — « MAXIMES D'ÉTAT » ET « FRAGMENTS POLITIQUES » DU CARDINAL DE RICHELIEU. — LES « MÉMOIRES DE RICHELIEU ». — RICHELIEU ET RUBENS. — LA LEÇON DU CANADA. — LES FRANÇAIS AU CŒUR DE L'AMÉRIQUE. — LA CANONISATION DE JEANNE D'ARC.

PARIS
LIBRAIRIE ANCIENNE ÉDOUARD CHAMPION
LIBRAIRE DE LA SOCIÉTÉ DE L'HISTOIRE DE FRANCE
5, QUAI MALAQUAIS (VIᵉ)

1924

GABRIEL HANOTAUX

DE L'ACADÉMIE FRANÇAISE

SUR LES CHEMINS
DE L'HISTOIRE

TOME Ier

AU TEMPS DE L'ÉCOLE DES CHARTES. — LES VÉNITIENS ONT-
ILS TRAHI LA CHRÉTIENTÉ EN 1202? — THÉORIE DU GALLI-
CANISME. — « MAXIMES D'ÉTAT » ET « FRAGMENTS POLI-
TIQUES » DU CARDINAL DE RICHELIEU. — LES « MÉMOIRES
DE RICHELIEU ». — RICHELIEU ET RUBENS. — LA LEÇON
DU CANADA. — LES FRANÇAIS AU CŒUR DE L'AMÉRIQUE.
— LA CANONISATION DE JEANNE D'ARC.

PARIS

LIBRAIRIE ANCIENNE ÉDOUARD CHAMPION

LIBRAIRE DE LA SOCIÉTÉ DE L'HISTOIRE DE FRANCE

5, QUAI MALAQUAIS (VIe)

1924

INTRODUCTION

Voici un recueil de morceaux historiques écrits au cours d'une longue vie consacrée à l'histoire. On trouvera, dans ces deux volumes, des études qui remontent à l'année 1877 et d'autres qui sont d'hier, c'est-à-dire de l'année 1923. Puisque l'éditeur Édouard Champion, — dont le père a fait paraître ma thèse de l'École des Chartes sur les « Intendants de Richelieu », — consent à entreprendre cette publication, j'espère que le lecteur voudra bien consacrer quelque attention au récit d'un voyage ou, si l'on veut, d'une promenade à travers l'Histoire qui dure depuis près de cinquante ans.

Je dis à travers l'Histoire, en y comprenant celle de l'époque où j'ai vécu. Car, tout en me consacrant à l'étude du passé, je ne me suis pas tenu à l'écart des événements contemporains. J'ai vu beaucoup de choses de près. Peut-être ce coude à coude constant de l'histoire et de l'action donnera-t-il quelque intérêt au présent ouvrage. En tout cas, c'est ce qui détermine son caractère.

I.

J'avais seize ans quand la guerre de 1870 éclata. Je suis né sur cette frontière du nord qui, depuis qu'il y a une France, vit sous la menace de l'invasion. Dans mon village natal, Beaurevoir, les fossés et les souterrains du château des Luxembourg, dont les ruines mêmes ont péri au cours de la dernière guerre, résonnaient encore des échos de la plainte de Jeanne d'Arc prisonnière. Tout enfants, nous savions qu'elle s'était jetée du haut d'une tour restée debout parmi le vaste débris. Quand nous pouvions dérober quelques bouts de chandelle, nous pénétrions dans les excavations à leur clarté vacillante et nous avancions le plus loin possible jusqu'aux salles et aux places où, disait-on, les paysans s'étaient réfugiés avec leurs vaches et leurs moutons « au temps des guerres ». La peur grandissait avec l'ombre plus noire; et quand, soudain, un vent froid, venu du fond des ténèbres, inclinait la flamme et menaçait de l'éteindre, de quelle angoisse mortelle on était saisi et comme on se sauvait à toutes jambes vers l'entrée ! Ce souffle froid venait du passé, c'est-à-dire de l'Histoire.

Dans mon enfance, j'ai connu les « jambes de bois » de l'Empereur premier. Il y en avait encore beaucoup dans le pays, et on les entendait béquiller sur le pavé. J'ai vu, dans son lit, la tête couverte d'un éternel bonnet noir, un vieux parent qui avait été à Waterloo et qui racontait la bataille beaucoup plus simplement encore que Fabrice dans *la Chartreuse de Parme*.

Quand nous ne savions pas nos leçons, on nous menaçait des « Alliés ». Les récits de l'invasion de 1815 occupaient les soirées d'hiver, les enfants, assis en rond, bouche bée, autour du foyer. Ma grand'mère avait tenu les chevaux des cosaques par la bride pour les conduire à l'abreuvoir. L'histoire était partout autour de nous. On parlait aussi des « Impériaux »; ces évocations terrifiantes remontaient jusqu'à Louis XV, Louis XIV, Louis XIII, et jusqu'à la fameuse année de Corbie.

Le plus lointain souvenir de mon enfance, c'est la rentrée des troupes revenant de la campagne de Crimée; des tambours battaient, des clairons sonnaient, l'infanterie défilait en shakos, il y avait des zouaves ! La guerre d'Italie de 1859 est, pour moi, comme d'hier. J'attendais les journaux illustrés, le dimanche; et je vois encore, sur les images, le roi Victor-Emmanuel avec sa grosse moustache.

La guerre de 1870 éclata comme j'étais au lycée. De Saint-Quentin, où mes parents habitaient alors, j'ai assisté à toutes les phases de la lutte et du désastre dans le nord. J'ai vu l'armée de Vinoy se repliant après Sedan. Pour aller passer mon baccalauréat à Douai j'ai dû franchir les lignes infestées des coureurs ennemis. Ma première négociation (si je puis dire) fut l'assistance que je donnai, en raison de ma connaissance très relative de l'allemand, à la délégation du Conseil municipal de la ville qui, après la belle défense du 8 octobre, dut, au mois de novembre, ouvrir ses portes. Ainsi, la vie privée se présentait à moi comme rattachée sans cesse à la vie publique du pays.

L'histoire était, depuis longtemps, installée parmi les miens. Le grand nom de la famille était celui d'Henri Martin, « historien national », avait dit l'Impératrice. Prix Gobert, membre de l'Académie française, on s'imagine comme ces mots peuvent, dans le cercle étroit de la famille, frapper l'imagination d'un écolier perdu au fond de sa province!

Henri Martin était la bonté même, avec une

figure rude et douce, des yeux bleus de
caniche, le poil hirsute, la tournure d'un fer-
mier et une âme angélique, — le rural huma-
nitaire! On ne fait plus de ces types-là. Il
tranchait à fond parmi la descendance des
bourgeois où j'étais né. Son surnom était le
Druide. Jeune, il s'était enfui de la maison
paternelle pour s'adonner à l'histoire, comme
on fait une fugue amoureuse. L'histoire avait
donc été, pour lui, à la fois un caprice et une
émancipation : rien de moins rébarbatif. Dès
le collège, nous nous pâmions sur les récits
de Michelet (qui vient de Laon). Alexandre Du-
mas, autre compatriote, nous délectait avec
ses « histoires ». Quelle tentation de suivre
ces gens qui nous amusaient et qui s'étaient
tant amusés! Mais il était écrit que je serais
notaire. Il fallut les noires journées de l'hiver
1870-1871 pour que ma vie s'orientât autrement.

Saint-Quentin, quoique ville ouverte, parti-
cipa à la lutte; elle fut prise et reprise plusieurs fois. Les scènes de violence et de pil-
lage se rapprochaient de la maison où mon
père était en agonie. Bientôt, ma mère veuve,
dans ses voiles de deuil, dut voir l'ennemi
salir de ses bottes boueuses et de sa grossière
insolence les chambres que le mort venait de

quitter. Quand, en janvier 1871, Faidherbe
reprit Saint-Quentin, j'étais parti au-devant
de son armée qui chassait les Prussiens de la
ville. De quelles acclamations nous saluâmes
le drapeau français! J'accompagnai l'état-ma-
jor jusqu'au moulin de Touvent. De là, on
voyait la bataille et les pauvres moblots
avançant bien alignés et qui tombaient par
files. Le général lui-même me demanda sur la
contrée quelques renseignements que je lui
fournis. Le soir, par un froid atroce, nous
ramassâmes les blessés sur le champ de bataille; nous devions les arracher à la boue où
leurs vêtements s'étaient gelés.

J'ai vu des choses affreuses, et la plus af-
freuse de toutes, la défaite. Nos vaillantes
troupes durent se replier vers le nord et abandonner la ville sous les obus. Au fond de la
cave où nous nous étions réfugiés, des vieilles
dames à genoux priaient sur la cachette où un
banquier avait enterré son trésor. Le banquier
m'entraînait au premier étage pour y chercher
quelques objets de prix quand, au-dessous de
nous, un obus traversa le rez-de-chaussée de
part en part. Ce ne fut pas long de laisser les
valeurs et de dévaler vers la cave.

La retraite de l'armée française dans la rue
faisait un bruit de tonnerre sur nos têtes. Sou-

dain, la porte de la cour fut ébranlée par des coups violents. Nous ne savions si c'était le canon qui la secouait ou si c'étaient des soldats amis qui cherchaient un refuge. Les coups redoublaient. Il fallut remonter. C'étaient les Prussiens qui enfonçaient les vantaux à coups de crosse et qui se ruaient, le visage en feu, les yeux hors de l'orbite, criant : « Franzose! Franzose! » et : « A boire! »

Puis ce fut l'occupation et je connus le joug de l'étranger. Si jeune, sans le poil au menton, je dus prendre, à diverses reprises, la défense des miens : ce sont des faits qui s'imposent à l'âme. On n'oublie pas.

La Commune de Paris jeta notre patriotisme de provinciaux et d'habitants de la frontière dans une émotion indicible. Quoi! On attentait à l'unité française, et cela au moment où la France perdait sa frontière de l'Est! Et c'était Paris qui commettait ce sacrilège, Paris la capitale et l'ouvrière de l'unité! Quand je vins à Paris, en mai 1871, pour commencer mes études, la ville fumait encore. J'achetai les premières cerises du printemps dans des rues pleines de décombres où régnaient la désolation et la mort. Je parcourus cette immense et terrible destruction : je n'avais rien imaginé de tel. J'allai au Père-

Lachaise; j'entraperçus de loin le mur des Fédérés, tout sanglant. Dans les maisons, les « communards » étaient traqués : sur l'indication de dénonciateurs aussi suspects que les dénoncés, on arrêtait des hommes cachés, on les traînait par les rues, les menottes aux mains. Tristesses de nos discordes civiles!

Paris n'était plus la capitale politique de la France. L'Assemblée nationale, « l'assemblée des ruraux », siégeait à Versailles. La ville était morne et sans âme. Je commençais à suivre mes cours; mais ce tas de ruines, ce chantier de démolitions, cette misère de la politique me détournaient de toute joie : était-ce donc cela la France?

Un jour, passant devant le palais du Luxembourg, je vis une affiche où on lisait que la bibliothèque du Sénat était ouverte au public de deux heures à cinq heures. Il n'y avait pas de Sénat alors, et, sans doute, ces bibliothécaires s'ennuyaient d'être seuls devant leurs rayons : ils appelaient le public. Je fus, à peu près seul, ce public. J'entrai; je m'assis devant une immense table recouverte d'un tapis vert. J'avais, au-dessus de ma tête, le plafond de Delacroix et, sous les yeux, la splendeur rectiligne des jardins de Marie de Médicis : l'histoire de France avait travaillé des siècles pour m'assurer cet asile. J'y pris habitude et je me réconciliai, peu à peu, avec le présent par l'étude du passé.

Un des bibliothécaires, particulièrement imposant, car il était armé d'un monocle, vint vers moi et me demanda quels livres je voulais consulter. J'avais une idée et j'écrivis sur la fiche : *Œuvres de Louis XIV*. On m'apporta les volumes de la publication du général Grimoard. Je m'enfonçai dans la lecture et je pris des notes. Après quelques jours, le bibliothécaire au monocle, me voyant revenir régulièrement et, sans doute, étonné de cette assiduité solitaire, s'arrêta près de moi, comme il m'apportait des livres, et me demanda discrètement quel était l'objet de mes études. J'avais dix-sept ans, l'air d'un gosse, bien empêtré dans mes vêtements de province; cet homme m'intimidait prodigieusement; je sentais bien que ma réponse allait me couvrir de ridicule. Pourtant, je pris mon courage à deux mains et je lui dis tout à trac : « Je veux savoir ce que je dois penser de Louis XIV. » Après cette déclaration, je n'avais plus qu'à voir la terre s'effondrer sous mes pieds, le plafond de Delacroix tomber sur ma tête... Rien de tel n'arriva. L'homme me regarda d'un monocle bienveillant; s'il me prit en pitié ou en curiosité, je ne sais : mais il commença dès lors à diriger mes recherches. C'est lui qui me fit lire, la plume à la main, Madame de Sévigné, La Rochefoucauld, Madame de Motteville, le cardinal de Retz, Molière, Saint-Simon et les auteurs du grand siècle. J'ai fait un vocabulaire mot à mot, des « expressions » de Montaigne, de Régnier, de Pascal, de Racine, de La Fontaine. Je lisais, je réfléchissais, j'approfondissais, sous la direction de ce bibliothécaire si bienveillant et si froid. J'ai su depuis que c'était Leconte de Lisle.

II.

Donc, je voulais savoir « ce qu'il faut penser de Louis XIV ». Tels furent mes premiers pas dans l'histoire. J'en ai fait d'autres depuis et je renonce à en relever l'itinéraire. Mais je veux dire, du moins, que l'histoire, un beau matin, me conduisit vers la politique, et voici comme.

Nos études se poursuivaient au cours des années 1871-1876. La France se reconstituait sous le principat de M. Thiers; les grandes misères s'oubliaient. Les tristes souvenirs s'effaçaient. Selon notre âge, la génération « d'après la guerre » se rouvrait à l'espérance. Nous reprenions foi dans la France; mais notre cœur restait opprimé sous le poids de la défaite. Nous n'avions, d'ailleurs, aucun goût pour la pleurnicherie et la désespérance romantiques. Tout au contraire, la jeunesse d'alors était pleine d'entrain et d'action. Elle se donnait une tâche : relever la France. Mais, comment s'y prendre? Quelles voies suivre? Quelles méthodes adopter? De quels exemples s'inspirer?

Une idée, la plus simple de toutes, nous vint dans l'esprit : nos pères avaient fait la France grande : pourquoi ne pas chercher à faire comme avaient fait nos pères?

Ceux qui nous précédaient immédiatement dans la vie se tournaient vers l'étude du passé : Sainte-Beuve avait déjà tiré de la littérature une perpétuelle leçon d'histoire. Taine quittait la philosophie pour se consacrer à l'histoire. Renan, — non sans ironie ni défaillance, — transposait, sans cesse, la politique contemporaine dans l'histoire. Fustel de Coulanges débrouillait le problème européen par une connaissance profonde des origines. Seule, la connaissance du passé pouvait nous indiquer les voies de l'avenir.

Nous allâmes donc vers l'histoire par une décision consciente et réfléchie. Sorel se consacra à son grand travail, *L'Europe et la*

Révolution française; Vandal, Masson, Houssaye donnèrent leurs jours à l'histoire napoléonienne; Lavisse formait son équipe; j'osai me tourner vers la grande figure de Richelieu.

Les papiers du cardinal de Richelieu sont conservés aux archives du ministère des Affaires étrangères. Je pus pénétrer dans ce sanctuaire, alors muré et cadenassé, et, en étudiant près de Sorel, qui avait obtenu aussi l'autorisation de pousser ses recherches dans ces mêmes archives, nous comprîmes que le secret de la grandeur de la France était caché là.

Nous engageâmes la campagne qui fit ouvrir aux historiens les archives de l'État, du moins pour les périodes périmées. Et, quand tout fut descellé, nous nous trouvâmes face à face avec les bâtisseurs de la France, ensevelis dans leur nécropole de papiers. Nous nous appliquâmes à les interroger et à les suivre. Ainsi s'éveilla en nous un sens aigu de la réalité vivante et de cette pratique politique qu'ils s'étaient transmise de génération en génération : l'histoire n'était donc pas un roman; selon la parole des anciens, elle était la maîtresse des hommes d'État et des peuples.

Leçon de fait si simple, si forte et si concluante qu'elle se saisit de ma volonté et de ma destinée. Le passé, mieux compris, m'empoigna, mais pour me rejeter dans le présent. Ainsi s'expliquent les infidélités que je fis à l'histoire en suivant les chemins de l'histoire. Par les archives j'abordais la diplomatie et par la diplomatie la politique. Mes études sur Richelieu furent retardées... Les années s'écoulèrent et, finalement, la politique me rendit à l'Histoire. Voilà ma vie!

III.

Peut-être est-ce abuser de ce haïssable « moi ». Mais, comment expliquer la raison de ce recueil qui s'est fait tout au long de mon existence et où il y a à la fois du passé et du présent, de l'histoire et de la politique, si je ne dis pas comment l'une et l'autre s'ouvrirent devant moi et m'entraînèrent dans leurs détours entrelacés. Ces démarches à peine volontaires vinrent sans doute de la frontière où je suis né et du temps où j'ai vécu. L'homme ne s'appartient guère. Vogüé a remarqué qu'en devenant diplomate, je ne quittais pas tout à fait le notariat.

Dans les pages qui vont suivre, il y a donc beaucoup de passé, un peu de présent; et il y a aussi quelque chose de l'avenir. Sur les

« Chemins de l'Histoire » j'ai étudié, réfléchi, regardé, — et j'ai aussi musé : c'est ainsi que se sont passées tant de longues heures.

Comment s'est préparée, parmi ces errances, l'œuvre qui s'est accomplie au temps où nous vivions, mes contemporains et moi, on trouvera, sur ce sujet, un témoignage dans les lignes qui vont suivre. Comment la France de Sedan et de la Commune est devenue la France de la bataille de la Marne et de l'autre traité de Versailles, on en devinera peut-être aussi quelque chose. Encore une fois, cette génération fut à la fois active et grave. J'ai connu la plupart des hommes du « relèvement » : Victor Hugo et Pasteur, Renan et Taine, Gambetta et Jules Ferry, Méline et Ribot, Clemenceau et Jaurès. Ceux qui ont suivi, Millerand, Deschanel, Poincaré, Barthou, ont été mes compagnons de route. J'ai vécu, dans la paix et dans la guerre, les années qui ont ramené, une fois de plus, l'invasion sur la terre où je suis né, mais qui ont rendu à la France les frontières du temps où je suis né.

Maintenant, je puis partir. S'étonnera-t-on, pourtant, qu'au moment où j'achève cette *Histoire de la Guerre de 1914* qui fut le passionnant sujet de mes suprêmes efforts de patriote, au moment où se publie cette *Histoire de la*

Nation française qui développe le sens complet de ma vie d'historien, je me sois retourné un instant et que j'aie voulu prolonger, ne fut-ce que d'une heure, le souvenir de ce long voyage sur les « Chemins de l'Histoire »?

G. II.

AU TEMPS

DE

L'ÉCOLE DES CHARTES

L'École des chartes, qui célèbre, le 22 février 1922, dans l'amphithéâtre Richelieu, à la Sorbonne, en présence de M. le Président de la République, le centenaire de sa fondation, trouve, à ses origines, une pensée et une volonté de Napoléon : du château de Finkenstein, en Prusse, le 19 avril 1807, au cours de la campagne d'Iéna, il adressait à Champagny une note répondant à un rapport de son ministre : « Savoir ce que l'on a perdu, distinguer les fragments originaux des suppléments écrits par de bons ou de mauvais commentateurs, cela seul est presque une science ou, du moins, un objet important d'études... S'il y avait une école spéciale d'histoire et que l'on y fît, d'abord, un cours de bibliographie, un jeune homme, au lieu d'employer des mois à s'égarer dans des lectures insuffisantes ou dignes de peu de confiance, serait dirigé vers les meilleurs ouvrages et arriverait plus facilement et plus promptement à une meilleure instruction... »

L'enseignement dont l'Empereur trace les lignes essentielles est précisément celui qui se donne à l'École des chartes : la bibliographie, l'étude approfondie des textes, la recherche et le commentaire des documents originaux, la diplomatique, tels sont les sujets des leçons professées par ses maîtres. En y ajoutant la connaissance des langues du moyen âge, l'étude des institutions et celle de l'archéologie nationale, on achève le cycle. Et ce sont précisément ces sources de l'Histoire nationale dont Napoléon disait qu'elles sont un « important sujet d'études ».

Après diverses vicissitudes et faux départs, l'École des chartes fut instituée définitivement par ordonnance royale du 22 février 1821. Le comte Siméon, ministre du roi Louis XVIII, disait, dans le rapport précédant le projet d'ordonnance : « L'homme instruit dans la science de nos chartes et de nos manuscrits est, sans doute, bien inférieur à l'historien ; mais il marche à ses côtés, il lui sert d'intermédiaire avec les temps anciens et il met à sa disposition les matériaux qui ont échappé à la ruine des siècles. Que ces utiles matériaux manquent à l'homme appelé par son génie à écrire l'histoire, une partie de sa vie se consumera dans des études toujours pénibles et souvent stériles... Autrefois la studieuse congrégation de Saint-Maur s'était livrée avec succès à ce genre de science. Aujourd'hui, par l'effet du changement qui s'est produit dans nos lois politiques et dans nos lois civiles, ces mêmes études, que ne soutiennent plus ni la tradition, ni aucun enseignement public, et auxquelles les individus n'ont aucun intérêt à se livrer, s'éteignent complètement[1]... »

En fondant ainsi le « séminaire » où la science des antiquités nationales devait refleurir, la Restauration allait au-devant d'un mouvement de l'opinion publique. Précisément, en ces fécondes années 1819-1821, le romantisme éclatait, si j'ose dire, par la publication des *Poésies* d'André Chénier, des *Méditations* de Lamartine et des premiers poèmes de Victor Hugo. Dès lors, le moyen âge hantait les esprits. Victor Hugo donnait *Odes et Ballades* et il préparait *Notre-Dame de Paris*. On était las « des Grecs et des Romains ». Les Brutus et les

1. Ces renseignements sont extraits d'une *Histoire de l'École des chartes* par M. Maurice Prou, dont l'auteur a eu l'extrême obligeance de me communiquer les épreuves.

Anacharsis avaient abusé. Comme il arrive quand une génération exagérément dominatrice a succombé, les successeurs se séparaient violemment de ces ancêtres emphatiques et péremptoires. Prétendant découvrir à leur tour la vérité et la simplicité, ils recherchaient, à la suite de Walter Scott, l'émotion pittoresque dans la contemplation des siècles du moyen âge arrangés selon le caprice et la fantaisie de la mode nouvelle.

L'École des chartes fut donc portée à ses débuts par le courant romantique. Mais elle ne s'en attacha que plus fortement au principe sévère de son institution. On l'avait confinée dans l'érudition ; elle devait se contenter de « travailler pour les historiens » ; son rôle était tout de labeur minutieux, d'investigation scrupuleuse, de science appliquée ; en somme, on l'avait placée au bas bout de la table : elle s'y installa. Avec une modestie orgueilleuse, elle se consacra à ce que l'un de ses maîtres a appelé « la méthode en soi ». Elle travailla, non pour le gain, non pour la gloire, mais pour l'œuvre elle-même. Aucune besogne la rebuta, aucune longueur de temps n'usa sa patience, aucune douceur d'existence ne la séduisit. Elle mit son idéal sur une crête aride et escarpée ; et ce fut précisément l'idéal de Saint-Maur qui devint celui de ces « Bénédictins laïques ».

Il fut entendu, dans le monde de la littérature et de l'histoire, que l'École des chartes était la Cendrillon de la pensée française. Il lui appartenait, — car c'était la métaphore courante, — « d'apporter les matériaux » ; d'autres « élèveraient le monument ».

L'Ecole des chartes a, depuis cent ans, travaillé dans cet esprit et selon ces principes. Elle a enseigné une *méthode;* elle a produit des *œuvres;* elle a eu des *hommes :* voilà les différents points que je voudrais examiner.

*
* *

Voyons d'abord la *méthode*.

Aux études historiques, l'École des chartes a imposé, une fois pour toutes, un procédé de travail et de recherche emprunté à l'ordre scientifique : l'exactitude. L' « à peu près », le développement littéraire, la rhétorique, qui s'étaient établis auparavant tout au moins en marge de l'histoire, ont été écartés une fois pour toutes. Il n'est plus permis d'écrire l'histoire à vue de pays et de l'imaginer comme on imagine un roman. Si la leçon ou l'émotion se dégagent, c'est de l'exposé sincère des faits et de leur loyal enchaînement. Le « pittoresque », cher au romantisme, est désuet. Michelet, lui-même, serait obligé de rendre des comptes aujourd'hui. Archiviste, mais non chartiste, il a donné l'illusion de la vie, mais non rendu la vie elle-même, parce qu'il n'a pas touché d'assez près la vérité. Les maîtres de l'École ont imposé ces règles à tous ceux qui labourent l'histoire. Fustel de Coulanges y a donné à plein collier de toute la force de son beau génie.

La notation précise, nombreuse, exacte, en un mot, la connaissance minutieuse du sujet sont désormais la préparation indispensable. Apparent ou caché, le carnet de fiches est l'outil inséparable du travailleur et de l'écrivain. N'ayant jamais aimé, quant à moi, l'étalage des substructions, persuadé que la vérité n'est pas toute dans le « document », que la vie n'est pas collée sur le parchemin comme une fleur sur un herbier, disciple fidèle de la réflexion et de la raison, je n'en adhère pas moins de toute mon énergie à l'exigence de l'érudition moderne, je me soumets à la rigueur de sa discipline et de sa consigne. Car, la première loi de l'histoire c'est la vérité.

La méthode de l'École des chartes se résume en ce beau mot : conscience. Méthode applicable à l'histoire, mais qui serait de mise partout; car, elle ne forme pas seulement des paléographes et des écrivains, mais des hommes. Celle de l'École, une fois acquise, vous suit toujours. Entre confrères, on se retrouve et on se reconnaît à demi-mot; on se touche par ces antennes de la méthode où les habitudes et les manières même se rencontrent et communient spontanément.

C'était en 1916. J'avais obtenu l'autorisation de me rendre sur les lignes françaises pour y étudier la manœuvre de von Strantz sur le fort de Troyon et en direction de Saint-Mihiel. Il était bien entendu que je me tiendrais à distance de la zone occupée par l'ennemi et que je m'interdirais d'approcher de la Meuse, puisqu'il avait ses avant-postes à Chattancourt, sur la rive droite. L'automobile militaire roulait à vive allure et je ne m'inquiétais pas de la route, persuadé que le chauffeur savait le chemin. Cependant, voyant le terrain dévaler vers les fonds et remarquant que les collines qui bordent la rivière commençaient à s'abaisser, je me mis à regarder la carte et j'interpellais vivement le conducteur, quand soudain une sentinelle, couchée dans le fossé, se leva et se jeta devant lui, le fusil en travers de l'auto. On s'arrête. Un officier courait après la voiture. Nous avions dépassé le poste sans le voir. Nous exhibons les papiers, il lit les noms, vérifie les cachets. Tout était en règle. Or, nous allions franchir la zone permise. Quelques tours de roue et nous tombions sur les sentinelles allemandes. L'officier nous ramena à son poste de commandement, et il me dit en riant : « Eh bien! vous l'échappez belle, Monsieur, et la rencontre m'est d'autant plus heureuse que nous sommes des confrères de l'École des chartes. » Il se nomme; c'était le capitaine duc des Cars. Poignées de main; congratulations; souvenirs de la vieille maison; émotion profonde de se retrouver « vieille France » en ce point où la France de toujours se défendait si glorieusement. Le capitaine me fit les honneurs de son poste

de commandement. Il m'expliqua le lieu, les forces oppo-
sées, les données certaines, les hypothèses. Il me présenta un tableau de ce qui s'était passé là, m'expliqua
ce qu'il prévoyait. Et, tandis qu'il parlait, il puisait dans
un casier des fiches où chacune de ces indications était
soigneusement relevée et cotée. Et quand il eut fini, il
me montra, d'un geste gentil, tout le casier, en ajoutant :
« Voyez, mon cher confrère, nous appliquons à la guerre
les méthodes de l'École des chartes. »

*
* *

Disons maintenant les *œuvres*.

Les chartistes, reprenant la suite du travail des mains
des Bénédictins, se sont mis, avant toute chose, à
débrouiller l'amas confus des vieilles archives françaises.
Par leur application pénétrante, obstinée, inlassable, ces
masses documentaires, jusqu'alors impénétrables, se sont
ouvertes : elles sont devenues accessibles et même familières à l'étude et à l'opinion. Ainsi les titres de la nation
lui ont été rendus.

Prenons un exemple pour être clair. Les archives du
ministère des Affaires étrangères avaient gardé jalouse-
ment leur secret avant qu'elles aient été abordées selon
l'esprit de l'École des chartes. La France ignorait les
principes et les traditions de sa séculaire action au
dehors. Comment, pour quelles raisons, par quels
moyens avaient agi Richelieu, Mazarin, Lyonne, Choiseul, Talleyrand, Napoléon lui-même, personne ne le
savait au juste, puisque les documents où ce passé est
inscrit dormaient sous les triples serrures des armoires
de chêne. Pourtant ils étaient là : depuis le temps de
Louis XIV, les maroquins du Levant les protégeaient
somptueusement ; de rares visiteurs officiels étaient seuls
admis à parcourir ces salles immenses, à caresser des
yeux ces alignements muets. Il fallut une sorte de révolution intérieure pour qu'une mine si précieuse s'ouvrît

et que la France connût enfin sa propre richesse. Les
archives des Affaires étrangères furent inventoriées,
classées, cataloguées, estampillées selon les méthodes
de l'École des chartes. Je n'apprends rien au lecteur
en lui rappelant que des travaux d'une valeur historique sans prix ont été mis au jour à la suite de ces libé-
rales initiatives : je citerai deux noms seulement, ceux
d'Albert Sorel et de Vandal. L'histoire des époques auxquelles ils se sont consacrés s'est renouvelée du fait des
procédés de la bibliographie nouvelle. Par eux et par
leurs émules, la France commence à connaître les lois
de sa politique extérieure que la prétentieuse indolence
des âges antérieurs lui avait obstinément cachées.

Cet exemple, appliquez-le à toutes les parties de l'histoire du pays. Aux Archives nationales dormaient inex-
plorés ou mal connus les diplômes de nos rois, les dos-
siers des Parlements, les délibérations des Conseils, les
actes publics et privés depuis les siècles les plus reculés
jusqu'à nos jours : là reposait et repose encore le détail
exact et passionnant de la vie publique et de la vie privée
de nos pères; là on trouve tout ce que l'on peut espérer
d'apprendre sur la propriété, les salaires, les transac-
tions économiques, les relations des familles, des communes, des provinces, des États qui ont peu à peu, en
s'agglomérant, formé le pays. Tous nos ancêtres sont là,
— tous. Cet ossuaire, enseveli, mais vivant, c'est la
France. Par les archives, on sait ou l'on saura où habitaient Villon et Molière, quelle fut la vie particulière de
Montaigne et de Jean-Jacques, où s'est caché le « philosophe inconnu », si Louis XVII a disparu du Temple, où
est née et où est morte Manon Lescaut, comment a disparu du nombre des humains « le masque de Fer ». Les
archives racontent tout cela et mille autres secrets
encore; mais c'est le travail de termite de nos bons
archivistes paléographes qui nous a mis à même de les
explorer.

De même pour les départements et les anciennes provinces, pour la marine, les colonies, la guerre, pour tous les domaines où l'action de la France s'est exercée, pour les tâches infiniment diverses où son génie s'est déployé. A chacun de ces « lieux » de l'histoire, vous trouverez un élève de l'École des chartes procédant au relevé du passé et orientant, par le passé, l'avenir. Dans toutes les préfectures, les archivistes, les bibliothécaires, nourris des doctrines de l'École, sont au travail. L'impression des inventaires des archives départementales commença en 1861. En juin 1920, la collection comprenait 540 volumes (grand in-4°), dont 370 sont dus à des archivistes paléographes; et la collection des inventaires d'archives communales et hospitalières forme 273 volumes, dont 100 ont été rédigés par d'anciens élèves de l'École, et tous selon son esprit. Cela veut dire qu'il n'y a pas un coin de notre histoire provinciale qui n'ait été touché maintenant par un rayon de lumière.

Rien de plus attachant que ces inventaires. Pas un nom de famille française qui n'y soit mentionné en quelque endroit; le plus humble de nos paysans y trouverait là sa généalogie, ses titres de noblesse nés de la terre qu'il cultive; il y lirait aussi les conditions de l'existence ancestrale, comment ses mœurs, sa langue, sa propriété, ses voisinages, son bonheur et son malheur publics et privés se sont formés et produits. Il saurait le sang qui coule dans ses veines, la portée de ses actions, même instinctives, de ses gestes, même inconscients, de sa vigueur ou de ses tares physiques, intellectuelles et morales; il saurait pourquoi il est Breton, Picard, Gascon, Provençal; et comment, par l'effort persévérant des siècles, ses ancêtres, ces êtres humains dispersés dans les bois et dans les marécages de l'ancienne Gaule, sur un sol sans unité originelle, sont devenus des Français. Un peu de curiosité suffit désormais pour l'apprendre. Mais quel labeur il a fallu à ceux qui ont mis ces lumières à notre portée et qui nous ont guidés dans ce labyrinthe!

Personne ne le conteste, les archivistes sont excellents pour les catalogues et les inventaires. Ils ont entretenu le feu sacré de l'histoire dans la plus reculée de nos provinces. Mais est-ce tout! — Attendez.

Ces vieux parchemins, il ne suffit pas de les conserver et de les classer : il faut savoir les lire. Eh bien! l'École, et l'École seule, détient cet autre secret. Sickel écrivait : « Si la France occupe le premier rang dans les études paléographique, elle le doit à l'organisation du travail relatif à ces études. L'École des chartes peut se considérer comme la continuatrice des Bénédictins. Dans tout le pays, elle est la seule école spéciale pour cet objet : elle a reçu ses élèves de toute la France et a répandu dans toute la France ses travaux et ses méthodes. Cette unité dans l'étude de la paléographie a été pour la science un avantage précieux. »

Et il ne suffit pas de lire les anciens manuscrits, il faut les comprendre. Dans quel jargon barbare sont-ils rédigés? Faites attention, ici encore : car ce sont ces langues, filles de celle de Virgile et de Tite-Live, qui nous ont transmis le suc de la civilisation antique; et ce sont ces mêmes langues qui, par l'usage, sont peu à peu devenues la langue française; en un mot, il s'agit des *langues romanes*, celles qui furent parlées par quinze siècles de notre histoire. Elles s'écrivent et se parlent encore. Si la langue est une âme, elles sont l'âme du passé. Or, l'enseignement des langues romanes, c'est précisément la gloire des leçons de l'École.

Bas latin, latin médiéval, provençal, dialectes picard, champenois, lorrain, ces langues ont eu leurs écrivains, leurs penseurs, leurs poètes, en un mot leur littérature. Nous ne connaîtrions pas les lentes évolutions de la pensée française et des sentiments français si elles ne nous en avaient transmis l'expression; nous ignorerions ce mot si doux de « doulce France », nous ignorerions le chant si frais des « aubades » et la grâce des troubadours et l'abondance inventive des trouvères, nous n'aurions pas vu rayonner jusqu'à nous la splendeur de l'épopée française, la gloire des « chansons de geste », la virilité naissante de l'histoire nationale avec les Villehardouin, les Joinville et les Froissart, si la connaissance de ces langues oubliées n'avait été conservée et approfondie quelque part, si les manuscrits n'avaient été retrouvés, lus, colligés, si des éditions savantes ne nous avaient été fournies, si la science et la critique des Gaston Paris et des Paul Meyer n'avaient amené sous notre main ces richesses négligées. Ils ont sinon ouvert, du moins infiniment élargi le cycle. Par eux notre vie nationale a reverdi, si j'ose dire, sur sa propre racine.

Mais le sol de la France nous offre d'autres spectacles. Ces passionnés de notre histoire absconse et cachée, ces fouilleurs de cryptes, ces amis de nos antiquités ignoreraient-ils les monuments qui sont là debout et que leur cher moyen âge a élevés? Ce qu'a bâti le Français, *opus francigenum*, nos cathédrales, nos châteaux, les vieilles villes, les vieilles demeures, n'est-ce pas aussi un sujet incomparable de curiosité et d'études? Notre-Dame de Paris, Notre-Dame de Chartres, Notre-Dame de Reims, quel mystère! Ce mystère, c'est encore l'École des chartes qui l'a percé.

Sans les travaux de Jules Quicherat, sans son cours à l'École des chartes, sans ses admirables découvertes, sans sa théorie de la « croisée d'ogive », sans les travaux innombrables de ses disciples et de ses successeurs, nous ne ferions que balbutier en présence de ces monuments dont les siècles intermédiaires avaient dédaigné de nous transmettre la loi. Noms et technique des bâtisseurs, tout était perdu. N'eût-elle fait que retrouver le mot d'une telle énigme, l'École des chartes aurait rempli sa destinée : elle aurait dépassé les bornes que lui assignaient Napoléon et son fondateur, elle aurait fondé une science et ennobli l'art lui-même.

De telles œuvres parlent pour l'École. Et je n'ai pas dit la centième partie de ce qu'elle a fait, de ce qu'elle a *maintenu*. Elle a maintenu la dignité de l'histoire française. Son indépendance s'est mise au-dessus des partis ; elle a travaillé selon sa conscience et pour la vérité. La solidité des résultats obtenus par elle, la vigueur de ses méthodes, son application persévérante, l'indépendance de son caractère, la pureté de ses mœurs littéraires font sa juste renommée. L'École peut être fière de n'avoir pas dévié de sa ligne droite et forte depuis cent ans.

*
* *

Mais que sont les œuvres sans les hommes? Et quels furent donc les hommes de l'École des chartes?

Je veux ici laisser parler mes souvenirs : car, moi aussi, — quoique indigne, — j'ai été élève de l'École des chartes !

Quand je me suis présenté aux examens d'entrée, en 1879, Jules Quicherat la dirigeait encore. C'est lui qui m'a pris par la main, qui m'a conduit à la porte et qui m'a poussé un peu rudement pour que j'entre. C'était sa manière.

Ayant vaguement commencé, alors, quelques recherches historiques, je n'avais pas craint de m'attaquer à l'une des parties les plus rudes de l'histoire médiévale, celle des Croisades. Et je n'étais pas de l'École!... Jules Quicherat le sut; il m'appela. Il me fit comprendre que, sans ces études préliminaires, je ne saurais jamais rien de précis ni d'exact sur notre lointain passé. Il me dit cela de telle façon que je n'avais qu'à obéir. J'obéis. Et, à sa mémoire, je garde une fidèle gratitude, — parce que cette résolution, prise un peu en dehors de ma volonté, a incliné le reste de ma carrière. Mais le souvenir que j'ai gardé de cette explication un peu rude, c'est surtout celui de l'homme lui-même.

Jeune provincial, frais émoulu de mon lycée et assez embarrassé de mes premiers diplômes, j'ai vu qu'un homme judicieux, sage et bon me regardait amicalement et qu'il prenait la peine de guider mes premiers pas. Cet homme qui savait le passé de la France s'intéressait à moi qui avais la passion de le connaître ! Jules Quicherat était, sans que je l'eusse compris très bien en ce temps-là, une des plus grandes valeurs intellectuelles de sa génération. Historien complet, il savait, il devinait, il voyait. L'histoire était sa chose. Il la prenait non seulement comme un homme d'hier, mais comme un homme d'aujourd'hui et de demain. Grave, austère, sévère pour lui-même, il s'enfermait dans sa technique, mais elle ne le dominait pas. Le penseur restait intact dans l'érudit.

On ne savait du fond de son être que ce qu'il en laissait percer par une boutade, un propos sarcastique, une répartie brève, où l'homme du secret et de la contention parfois s'ouvrait. Mais la figure, un instant éclaircie, se refermait vite. Ayant vécu sous l'Empire, il se gardait. Philosophe, voltairien, républicain, disons le mot, *stoïcien*, Jules Quicherat se rattachait directement à la lignée des « grands ancêtres ». Je pense bien que, comme tant d'autres, à partir de 1848, il n'avait plus fait confiance à la vie. Ayant consacré le reste de son existence à l'étude scrupuleuse de notre passé, il eût répété sans doute le propos de Mme de Staël : que « ce qui est ancien en France ce n'est pas le despotisme, mais la liberté ». Ce grand connaisseur des cathédrales était un « laïque » déclaré. Mais ce voltairien était aussi un *dévot de Jeanne d'Arc ;* et, au fond, c'est lui qui, par la publication magistrale des *Procès*, donna à l'auteur de la *Pucelle* la plus jolie volée de bois vert qu'un disciple ait jamais administrée à son maître.

De cet érudit aux doctrines antiques et aux jeunes initiatives, toutes les œuvres sont magistrales. Jamais plus il ne sera possible de parler de Jeanne d'Arc et du

xve siècle sans en revenir à Jules Quicherat. Jamais plus
il ne sera possible de parler de l'art roman et de l'art
gothique sans en revenir à Jules Quicherat. Son temps
l'ignorait ou presque. Il n'en fut pas moins un fondateur
et un créateur; non sans ressemblance avec cet autre
méconnu, Fustel de Coulanges, qui, grand historien, fut
ligoté par la critique dans les fils ténus de sa scrupuleuse
érudition.

Aux premiers temps de l'École, Jules Quicherat donna
ce haut caractère moral, ce stoïcisme intellectuel, ce goût
du difficile et de l'absolu, cette fermeté de conscience qui
étaient sa nature même. J'entends encore, dans les bâti-
ments lépreux de la rue des Francs-Bourgeois, au fond
de cette cour humide, assombrie par les hauts murs de
l'hôtel Soubise, dans cette salle obscure si mal faite pour
la lecture des manuscrits, j'entends encore la voix mâle,
l'accent probe, la parole un peu lente, mais soutenue et
convaincante, du maître. Comme son geste était créateur
quand il traçait au tableau l'épure d'un arc roman ou
d'une archivolte, comme sa démonstration était pressante
et logique, comme elle se contenait pour laisser à l'esprit
des auditeurs le temps de s'imbiber du flot de sa propre
pensée; et, la leçon finie, comme nous sortions pleins et
satisfaits! J'ai beaucoup aimé ce directeur, ce savant, ce
républicain : mais discrètement; car il n'eût pas admis
que les sentiments l'approchassent de trop près. Je n'aurais pu aller vers lui que si je lui eusse soumis un travail
digne de lui. Alors sa rude physionomie se fût éclairée
d'un sourire et peut-être aurais-je aperçu les roses de
cette âme qui fleurissaient en dedans.

Mon premier professeur à l'École fut Léon Gautier. Il
enseignait la paléographie. C'était bien tout l'opposé de
Jules Quicherat. Catholique ardent, bourdonnant, il avait,
avec sa grande barbe au milieu du visage, tout à fait l'air
d'appartenir aux âges dont il enseignait les écritures.
Infatigable, il dansait sur les textes, comme David devant

l'arche, avec un entrain, une vivacité, un brio qu'on n'eût pas attendu de sa figure monacale et de son âge déjà marqué. Si quelque pièce difficile faisait ânonner notre trop jeune science, il fondait sur nous et ne nous faisait merci que quand sa forte poigne nous avait enlevés dans les sphères de « la lecture impeccable ». L'abréviation, les lettres onciales, les notes tironiennes n'avaient pas de secret pour lui. Il savait tout, ne sachant guère que cela. Mais cette âme trépidante s'élevait parfois jusqu'à la plus noble exaltation, c'était quand sa religion était en cause. Alors Léon Gautier apparaissait le vrai et pur chrétien ; la foi rayonnait de son visage soudain illuminé ; quelque chose d'infiniment respectable venait de lui à nous. Il se transfigurait. Sa barbe et ses yeux levés au ciel le dessinaient apôtre : la voix chaude, le geste large, l'âme forte et prenante, il vibrait. Le rire s'arrêtait sur nos lèvres. Nous étions conquis jusqu'à la minute où sa fièvre paléographique le reprenait et nous faisait descendre précipitamment du ciel sur la terre.

Quicherat le stoïque et Léon Gautier le catholique étaient les meilleurs amis du monde et s'accordaient très bien.

De mes professeurs aux chartes, celui qui m'a laissé le souvenir le plus charmant, celui dont je puis bien dire qu'il fut mon ami, c'est Anatole de Montaiglon. Déjà j'aimais les livres ; or, Montaiglon était le maître des livres : il enseignait la bibliographie. En fait, il était une bibliothèque vivante, d'aucuns disaient, — car il n'y avait pas d'homme de plus de désordre, — une bibliothèque renversée.

De bonne race, Français jusqu'aux moelles, esprit de « haulte graisse », dans la tradition de Rabelais et de La Fontaine, il se dispersait sur mille sujets, butinait sur toutes les fleurs, lutinait toutes les Muses, se prodiguait en mille joutes et labeurs intellectuels ; tout l'amusait. Masque de faune, bouche édentée, figure usée, sourire narquois, franc, bon raillard et bon vivant, les repas, quand il était de frairie, ne finissaient jamais avec lui; car il avait toutes les compétences, même la culinaire, et il était d'une génération qui n'avait pas dit tout à fait adieu à la dive bouteille. Son enseignement était, comme sa conversation, abondant et surabondant, parfois d'une fantaisie qui touchait à l'incohérence, parfois d'une précision qui allait jusqu'à la minutie, mais toujours intéressant, captivant, « suggestif » comme on dit, initiateur. Ayant rencogné son existence dans un logis donnant sur une arrière-cour en la place Royale, célibataire, sans ambition, sans passion, le plus inoffensif des hommes, il aimait la vie pour ce qu'elle nous donne et la pensée pour la manière dont elle s'exprime. Le verbe lui suffisait. La destinée, pour lui, c'était de découvrir un texte curieux, de le publier, de le commenter copieusement. Ses jours s'écoulaient ainsi, dans les petites chambres de son petit appartement, tout encombrées de livres écroulés les uns sur les autres, mais qui n'en étaient que mieux à la portée de sa main. Je le vois encore, content de peu dans l'ordinaire de la vie, se nourrissant d'un morceau de fromage et d'un quignon de pain sur le coin du délicieux trictrac Louis XVI qui lui servait à la fois de table et de bureau. Ce fureteur, ce curieux, cet artiste était aussi un poète. En pensant à lui, je retrouve un je ne sais quoi d'Heredia, — qui, lui aussi, fut de l'École des chartes et qui reste sa parure, — bien entendu, sans la grâce souveraine ni la flamme du génie. Dans ces après-midi du dimanche que j'allais passer chez Montaiglon, tandis que les derniers rayons du soleil caressaient l'or de ses reliures, il me lisait, de sa voix cassée, des vers, — des vers un peu vieillots, des vers d'avant les sujets de pendule, des vers de la suite du chevalier de Parny, des *Odes à Glycère*. L'homme était si candide, si sincère, tellement satisfait de son modeste sort, son érudition immense était si toute à tous, il aimait

d'un si bel amour l'aimable étude, il avait tant d'esprit et
du meilleur et du plus fin, qu'après avoir ri de ce qui le
faisait rire et un peu de lui-même on ne pouvait lui
résister.

C'était un survivant du xviiie siècle, légèrement teinté
de romantisme. Peut-être avait-il connu Chênedollé,
Fontanes, peut-être André Chénier; car, de l'ancienne
France, il connaissait tout le monde. Ce gentilhomme
marchait de plain-pied dans toute notre histoire. Son
affaire étant, maintenant, de nous dire à nous, jeunes
gens, ce qu'il avait vu, vécu, connu au cours des âges, il
nous transmettait l'héritage comme il se fait du père aux
enfants ou de l'oncle aux neveux. C'était cela son enseignement. Son existence coulait ainsi très douce. Il savait
bien qu'il ne mourrait pas, — pas plus que le passé qui
durait en lui. Donc, joyeux, plaisant et éternel!... Quel
délicieux professeur!

Avec de tels maîtres, l'École des chartes forma des
hommes. Je me suis arrêté devant ceux-ci parce que je
les ai plus particulièrement approchés. Leurs traits suf-
fisent pour marquer le large esprit d'indépendance et de
tolérance cordiale qui fut la marque spéciale de ce monde
peu connu, réservé et clos. Ils indiquent aussi comme on
se trouvait bien dans l'abri de cette cellule, *in angulo
cum libello*. Combien d'autres ont trouvé la joie, la
beauté et la noblesse d'une existence tout entière consacrée à vivre sous la loi de cette tradition! Léopold Delisle
fut le plus laborieux, le plus ingénieux, le plus sagace
des Bénédictins. Gaston Paris et Paul Meyer, frères sia-
mois des langues romanes, créèrent toute une école de
romanistes incomparables. Giry savait comme personne
la diplomatique et il renouvela l'histoire des Communes
que la belle prose d'Augustin Thierry avait un peu faus-
sée; d'Arbois de Jubainville fut un maître dans la critique, un novateur dans la science celtique, nature mor-
dante et incisive et qui eût fait carrière d'homme d'esprit

s'il n'eût préféré les rudes besognes de l'érudition; Courajod fut le « trouveur » de l'ancien art français; Héron de Villefosse fut un curieux du beau, un homme de goût maître de la science de l'art; Jules Lair appliqua les méthodes de l'École aux temps plus modernes; il fut, dans toute la force du terme, un historien.

*
* *

Un historien! L'École a donc fait craquer ses cadres! Elle ne devait travailler qu'à « fournir des matériaux ». Et elle se mettrait à « élever le monument »!

Eh bien! oui. C'était inévitable. Le pas fut franchi. L'École a rompu ses lisières : elle aussi compte des historiens, d'excellents historiens. Quicherat est un historien, qu'y faire? Léopold Delisle est un historien (*Classes agricoles en Normandie*); Siméon Luce est un historien; Morel-Fatio, Noël Valois, Lasteyrie, Durrieu, Gustave Fagniez, La Roncière, Lefèvre-Pontalis et tant d'autres sont des historiens. Qu'y faire?... Pourquoi ces hommes qui ont appris et qui ont réfléchi ne sauraient-ils pas s'exprimer? Qui donc a établi ces catégories, la science d'une part et la forme de l'autre? Comparer, approfondir, pénétrer, juger, c'est l'érudition, mais c'est aussi l'histoire. L'École n'avait pas à refuser cette part qu'elle n'avait pas cherchée, mais qui venait si naturellement vers elle.

Comme elle s'était consacrée à la France, elle sut parler de la France; comme elle s'était consacrée à la vérité, elle sut parler le langage de la vérité. Que faut-il de plus? Une grande passion et un grand scrupule font les honnêtes gens et les excellents écrivains. Si l'on veut me pousser sur cette matière, j'ajouterai que la simplicité, la raison et le tact sont seuls capables des œuvres durables et je m'abriterai, s'il le faut, derrière la forte parole de Charles Renouvier plaidant pour la littérature *aride :*

« J'aurais mauvaise grâce, dit-il, à vouloir déprécier

des dons de l'esprit dont on ne me trouvera que médiocrement doué. Cependant, je me rends ce témoignage que l'étude, le travail, puis l'effort pour m'entendre moi-même, et me faire entendre, m'ont précisément conduit à laisser s'oblitérer (mais est-ce bien le mot?), à régler sévèrement ce que la nature pouvait m'avoir départi d'imagination. Il faut que chaque chose soit à sa place : la poésie avec la jeunesse, avec l'âge mûr la raison. Mais il y a pour tout âge, et la vérité porte en elle une autre poésie que ne connaissent pas ces poètes qui veulent toujours être jeunes et qui ne sont quelquefois que de vieux enfants. L'humanité ainsi, en suivant son cours, passe lentement et péniblement des temps de la poésie aux temps de la raison, et les nations restées les plus jeunes ne sont pas, je crois, les meilleures. Quand on accuse le monde de devenir prosaïque, on le flatte sans le vouloir : on ne voit pas qu'alors même il s'élève à la poésie virile. »

Cette poésie virile, cette vérité virile, cette histoire virile, ce furent celles que se proposaient les méthodes de l'École des chartes; c'était le plan sur lequel s'avançaient d'un pas ferme les Quicherat, les Léopold Delisle, les Gaston Paris. A mon sens, ces hommes écrivaient fort bien parce qu'ils pensaient juste et, quand ils se sont élevés jusqu'aux grands sujets, ils ont été des historiens. Ainsi l'École n'a pas eu à faire craquer ses cadres; elle n'a pas outrepassé sa loi.

Après cent ans, elle peut rendre cette justice qu'elle a formé de bons Français qui ont bien travaillé pour la France. Ne doit-elle pas s'enorgueillir de les avoir vus partout à leur devoir et dignes d'elle? Pendant la Grande Guerre, malgré le recrutement si restreint de l'École, cinquante-deux de ces braves enfants sont « morts pour la France ».

[1922.]

LES VÉNITIENS

ONT-ILS TRAHI LA CHRÉTIENTÉ EN 1202?

En l'année 1202, une armée de croisés rassemblée à grand'peine de tous les coins de la chrétienté était arrivée à Venise. La fleur de la noblesse française et italienne s'y était donné rendez-vous. On comptait en outre dans ses rangs des Flamands, des Allemands et des Anglais. Le but de l'expédition n'était plus Jérusalem comme dans les âges précédents. On avait résolu de frapper au cœur l'empire musulman. Les marchands de Venise s'étaient engagés, moyennant une forte somme, à passer en Égypte l'armée des croisés. On rêvait la prise d'Alexandrie et de Babylone (le Caire).

Or, cette expédition qui commençait sous des auspices si favorables trompa l'espoir du pape Innocent III et des hommes pieux qui désiraient avant tout la délivrance du Saint-Sépulcre. Un plan si bien conçu ne fut pas exécuté. L'armée fut détournée de sa route et la Terre-Sainte abandonnée encore une fois. On s'en alla à Zara; on s'établit à Constantinople; on laissa les Musulmans pour s'en prendre aux Grecs et le résultat définitif de la croisade fut la fondation de l'empire latin d'Orient.

Résultat étrange, imprévu, qui ne fut pas sans provoquer de tout temps des étonnements et des plaintes. Déjà les contemporains cherchaient à découvrir les causes de ce changement de route. La rumeur d'une trahison vénitienne s'était répandue, explication toujours facilement accueillie par les masses populaires. Ces accusations trouvèrent crédit surtout auprès de ceux qui avaient mis toutes leurs espérances dans cette nouvelle croisade, qui, de loin, la virent avec amertume subir une impulsion nouvelle, et dont le dernier appui tomba en même temps que l'expédition se détournait de la Terre-Sainte, je veux dire les chrétiens d'Orient.

C'est Ernoul, continuateur de Guillaume de Tyr, qui, le premier, porta devant l'histoire l'accusation de trahison contre les Vénitiens. Le texte est formel :

« ... et si envoia le Soldan au duc de Venisse et as Venissiens, grans présens, et si lor manda salus et amistés ; et si lor manda que si il pooient tant faire qu'il détournaissent les Crestiens qu'il n'alassent en le tiere d'Egypte, il lor donroit grant frankise el port d'Alixandre, et grant avoir. Li message alèrent en Venisse et fisent bien ce qu'il durent et ce qu'il quisent, et puis si s'en retournèrent[1]. »

... Et plus loin, lorsqu'il a raconté le départ de la flotte pour Constantinople, Ernoul fait encore cette remarque :
« Or, eurent bien oï la prière et la requeste que li Soudan d'Egypte lor fist qu'il détournassent les pélerins a mener en Alixandre dont je vous parlai ci-devant[2]. »

Je n'ai pas à répéter ici au sujet d'Ernoul ce que nous a appris le travail de M. de Mas-Latrie à la fin de son édition[3]. Je lui emprunterai seulement quelques renseignements très précieux en pareille matière :

Ernoul faisait probablement partie de la famille de Giblet, l'une des plus nobles de l'Orient. Comme *valet* de Balian d'Ibelin, il combattit près d'un maître plein d'honneur et de courage dans les luttes suprêmes que

1. *Chronique d'Ernoul*, édit. Mas-Latrie, p. 345.
2. Id. ibid., p. 362.
3. Essai de classification des continuateurs de Guillaume de Tyr, à la suite de la *Chronique d'Ernoul*, p. 492 et suiv.

soutinrent les derniers successeurs de Godefroy de Bouillon. Il vit avec douleur la ville sainte aux mains des infidèles[1] et la défaite de la cause à laquelle il avait voué son bras. L'inutilité des efforts tentés par les croisés d'Occident dans les expéditions postérieures dut bien souvent remplir son cœur d'amertume. Aussi n'y a-t-il point lieu de s'étonner outre mesure si, au lendemain de l'avortement de la quatrième croisade, le chroniqueur syrien partagea les regrets de ses compatriotes, ressentit leurs déboires, et les exprima dans la forme toujours populaire d'une accusation de trahison contre les Vénitiens[2].

D'ailleurs il est à remarquer, d'après la comparaison du texte cité et des passages qui l'environnent, qu'Ernoul n'eut connaissance de la négociation de Zara que par ceux des croisés qui, à cette époque, quittèrent le gros de l'armée pour venir directement combattre en Terre-Sainte. Ces mécontents, ces séparés, les frères de Bove, Simon de Montfort et Guy, son frère, les abbés de Vaux, de Cercenceau, Estienne du Perche, etc., ne furent pas sans garder une forte rancune aux chefs de l'expédition de Constantinople et surtout aux Vénitiens. Nous en avons mille preuves dans les chroniqueurs que M. Riant appelle avec raison de l'*opposition*. Ils leur gardèrent rancune de leurs succès mêmes. Autant Villehardouin triomphe contre ces opposants de la belle issue de l'entreprise de Constantinople[3], autant ceux-ci devaient s'aigrir contre leurs anciens compagnons

---

1. « Oiès et entendès », dit-il en commençant, « comment la tiere de Jherusalem et la sainte Crois fu conquise de Sarrasins sour Crestiiens. » — P. 4, édit. M.-L.

2. Il n'y a rien de plus curieux à relire, au sujet de la facilité avec laquelle les croisés d'alors se rejetaient réciproquement l'accusation de trahison, qu'un passage d'Othon de Saint-Blaise à propos de la levée du siège de Thoron en 1198. La proximité des dates, l'analogie des termes, le mépris que les historiens ont montré avec raison pour de pareilles incriminations sont utiles à noter. Le texte est cité dans Michaud : *Bibliothèque des croisades*, t. I, p. 544.

3. Villehardouin, édit. de Wailly, n°⁸ 103, 121, 122, etc.

d'armes dont la destinée avait été si brillante. Tout cela est de l'homme. Ni un moraliste ni un historien ne peuvent s'en étonner.

Il ne faut donc pas écouter sans défiance les plaintes des chrétiens d'outre-mer. La chronique d'Ernoul sur ce point comme sur quelques autres est fort sujette à caution[1].

Des autres chroniques qui, plus ou moins directement, nous ont renseignés sur la quatrième croisade, on n'a pu tirer que deux passages venant à l'appui de l'accusation formulée par Ernoul. Le premier, cité fréquemment[2], et tiré de la chronique de Baudouin d'Avesnes, est un document de seconde main et emprunté à Ernoul lui-même : cela résulte clairement de l'examen du texte de la chronique qui n'est qu'une compilation parfois habile, souvent naïve, faite à l'aide d'Ernoul et de Villehardouin.

Le second texte, tiré d'une chronique des comtes de Flandre[3], rédigée loin des événements, bourrée d'erreurs et de légendes sur la quatrième croisade[4], ne peut inspirer aucune confiance. Que ce texte ait été écrit sous l'inspiration d'un des Flamands de Jean de Nesle ou d'après la chronique d'Ernoul[5], les faits invraisem-

1. Voir dans ce sens la dissertation de M. de Wailly à la suite du Villehardouin (1874), p. 430 et suiv.

2. Il est imprimé dans Tafel et Thomas sous le titre : *Chronicum gallicum ineditum* (Cod. Gall. 52, fol. 41).

3. *Chronique des comtes de Flandre*, dans Smet, t. I ; en fragments dans Tafel et Thomas, t. I, p. 293.

4. C'est ainsi que l'auteur de cette chronique place l'enrôlement des croisés dans un festin donné à Paris par le roi Philippe-Auguste, sans dire mot du tournoi d'Écry, ni de la prédication de Foulques, ni du légat, etc. Il ne sait pas un mot de l'ambassade de Villehardouin et s'imagine que Baudoin s'en alla à Venise sans avoir auparavant loué une flotte vénitienne. Il raconte en six lignes les événements qui amènent la première prise de Constantinople. Pour lui, Baudoin est l'amiral de la flotte chrétienne, etc. D'ailleurs, l'éditeur est le premier à reconnaître qu'il faut tenir peu de compte des récits contenus dans cette chronique au sujet des événements qui se sont passés en pays étranger (Smet, Introduction, p. xxxj).

5. On peut voir dans le travail de M. de Mas-Latrie la rapidité avec

blables dont il entoure cette affirmation en détruisent complètement la valeur.

En face de cette rumeur mentionnée, aux deux bouts de la chrétienté, par deux écrivains dont l'un peut à bon droit être accusé de prévention, l'autre d'ignorance, qui, ni l'un ni l'autre, n'ont fait partie de l'expédition, et n'en ont connu les détails qu'indirectement, s'élèvent, avec un concert unanime, tous les récits les plus autorisés qui nous sont restés de la quatrième croisade.

Villehardouin, homme d'affaires et d'expérience, familier des princes, qui fut de tous les conseils, se montre en tous points favorable aux Vénitiens. Il faut donc supposer qu'il ait été leur complice[1], ou qu'il se soit laissé tromper par eux pendant plusieurs années consécutives. Robert de Clary, chevalier instruit et curieux, qui voit les choses à un point de vue différent, mais avec une grande netteté, qui a su dire ce qu'il pensait de la direction de la croisade, est également favorable aux Vénitiens.

Que dis-je ! Même parmi ceux des écrivains qui leur sont hostiles, il n'en est aucun qui ait formulé contre eux une pareille accusation. Ni Innocent III dans ses lettres, ni l'auteur des *Gesta*, ni Gunther, ni l'abbé de Vaux-Cernai, ni Albéric, aucun de ceux qui ont vu de près les affaires de la croisade, ou qui ont écrit au moment où elle s'accomplissait, n'a eu connaissance d'un fait de ce genre. Pense-t-on que, s'ils en avaient su quelque chose, ils se fussent fait faute de nous le répéter, eux qui se montrent partout opposés aux projets de Venise, qui sont devant l'histoire les organes de l'*opposition*, et qui se sont plu à reprocher aux Vénitiens leur perfidie, leur avarice et leur cruauté?

laquelle la chronique d'Ernoul se répandit et fut copiée en Occident (*Essai de classif.*, p. 497 et suiv.).

1. Cette complicité, M. Riant s'est efforcé de l'établir sur un rapprochement fort hasardeux tiré de la chronique d'Ernoul et du texte d'un traité postérieur entre Venise et Boniface de Montferrat. Voir, p. 92, *Innocent III et Boniface de Montferrat*.

Prenons à revers pour ainsi dire l'histoire de cette croisade, interrogeons les chroniqueurs arabes : le silence est le même. Ni Ibn al Athir, ni Aboulféda, ni Aboulfarage ne nous ont parlé d'une entente entre les Vénitiens et le sultan pour le détournement de l'expédition. En présence d'un pareil concert, l'histoire ne pouvait hésiter. Inaperçues ou dédaignées, les accusations portées contre les Vénitiens furent négligées jusqu'à nos jours.

Maimbourg, Michaud, Hurter lui-même (quoi qu'en dise M. Riant)[1], n'admettent point qu'il y ait eu trahison de la part des Vénitiens. C'est M. de Mas-Latric qui, le premier en France, reprit formellement cette thèse[2]. Sentant bien que les témoignages cités plus haut n'avaient point une autorité suffisante pour établir un fait aussi grave, il appela l'attention sur quelques traités conservés dans les archives de Venise et publiés pour la première fois dans la collection autrichienne de Tafel et Thomas[3]. Dans ces documents, M. de Mas-Latric ne voyait pas seulement un témoignage des bons rapports existant à cette époque entre Arabes et Vénitiens, il reconnaissait, dans les avantages garantis par ces traités à la République, le paiement et la preuve d'une trahison vénitienne lors de la quatrième croisade.

L'importance de ces textes me force à les citer en entier.

1. Le texte de Hurter est des plus clairs : après avoir nié que le projet d'aller à Zara eût été arrêté dans l'esprit des Vénitiens lors du contrat de nolis, Hurter ajoute : « Cependant nous croirions encore plutôt cette assertion que ce qui est avancé par quelques historiens, savoir que le sultan Saffeddin, frère de Saladin, ayant entendu parler des préparatifs qui se faisaient en Occident, promit aux Vénitiens de riches présents, de grandes franchises dans le port d'Alexandrie, s'ils réussissaient à détourner les barons de se rendre en Égypte. » Hurter, *Innoc. III*, t. II, p. 45.

2. Dans son *Histoire de l'île de Chypre*, t. I, p. 163.

3. Ces documents sont publiés en entier dans Tafel et Thomas, *Fontes rerum austricarum, Diplomataria et Acta*, XIII, Band., Documents

TRAITÉS ENTRE LE SULTAN D'ÉGYPTE
ET LA RÉPUBLIQUE DE VENISE.

(N° 1)[1].

Privilegium Soldani de Babilonia, altissimi domini, imperatoris fidelis, qui est spata mundi et legis, rex regum Saracenorum, et Saracenus, B. Berc, filius Job, amicus Miri Amamoni.

Venerunt littere a presentia maximi Confalonarii, qui carus est, fortis et validus, leo fortis, dux prudens, miles militum, prudens comes stabilis, spata legis Christianorum, major totius gentis latine, capitaneus totius exercitus Christianorum, cui Deus vitam augeat! et conservet sanitatem et honorem, opus suum et consilia sua! et protegat bona sua et populum suum ad bonum suum! Notificavit nobis de salute et prosperitate sua, cujus presentiam oculus affectaret videre, pro cujus fama loquitur lingua nostra et certitudine amoris quem habet ad eum, firmavit caritatem amicitie sue, letificavit de sanitate sua et salute.

Cognovimus que nobis significastis, et que intelliximus de vestris agendis quod nobis estis amicus intimus et carus, et quod erga nos habetis integrum dilectionis affectum sine fraude et sine dolo. Cujus legalitatis famam regratiamur et bonitatis, sicut eum qui pro bono amico habemus. Venerunt ad nos nuntii vestri, fortes milites Marinus Dandolus et Petrus Michael quos Deus salvet! Recepimus eos magnifice et gloriose. Et audivimus, cum venissent ad presentiam nostram que proposuerunt, et intelliximus eorum dicta, et placuit nobis eorum sapientia et intellectus. Quorum complevimus facta et voluntatem ad beneplacitum eorum, et confirmavimus dicta eorum quod dixerunt de Cuffo et Arso.

Precipimus ut omnes qui habent quid facere in duana et qui

de Venise (Vienne, 1856), p. 186 et suiv., et en partie seulement par M. de Mas-Latrie, *Traités de paix*, supplément, p. 70. Le texte de M. de Mas-Latrie a été revu sur un ms. de Venise antérieur à celui de Vienne, consulté par Tafel et Thomas.

1. Archives de Venise, *Lib. Pactor.*, fol. 145. Mss. vus par Tafel et Thomas, II, 246; I, 233.

cum mercatoribus Venitie aliquid facere habent, ut nichil superfluum auferatur, ut augeatur et crescat factum mercatorum. Et junximus eis fundicum in Alexandria, ut habitent in eo, ut honoremus eum et mercatores veneticos ab hodie in eternum. Et hec omnia dux cognoscat quem Deus salvet! Et hec ostendat omnibus mercatoribus suis, ut sint bone voluntatis, ut leti veniant et vadant in omni terra Egypti, sentientes quod tale responsum dedimus vobis duci. Sicque licentiavimus legatos vestros cum honore et magnificentia et exaltatione; volentes ut litteras vestras nobis mittatis, ut ostendatur amicitia nostra vera utrimque. Mittimus vobis de balsamo et septem captivos, exceptis illis quos missis vestris dedimus. Sciatis sanus, si Deo placet.

Fuit scripta die decima nona Saben, mensis Martii.

Excellentissimi domini, fidelis, imperatoris magne potentie, fortunati, fortis, qui spata est legis et mundi, res Saracene, et Saracenus, dominus regum et imperatorum, amicus Miri Amamoni, cui Deus firmavit imperium suum!

Presentie magnorum militum comitis stabilis, qui carus est et fortis et prudens, miles militum, confalonarius Christianorum exercitus, spata legis, major totius gentis, comestabilis omnis exercitus Christianorum, cui Dominus vitam augeat, atque sanum conservet!

Ego Vivianus, scriptor, notarius et judex, autenticum hujus vidi et legi, nec addidi, nec minui, nisi quod in eo inveni, ideoque fideliter in libro isto exemplavi, et propria manu mea firmavi atque subscripsi.

(N° 2)[1].

Questa est la fidantia de domino Soldano. Haec est securitas. Precipio ut scribi deberet. Ego, Dominus, potestas, imperator Sarracenie et Sarracenorum, dominus imperator et potestatum, amicus de Mir Momuni, salvet Deus victoria ejus! Omnibus baiiliis et capitaneis omnis exercitus qui per mare vadit; qui debeant salvare et honorare omnes mercatores Venecianos qui vadunt et veniunt per totam terram Egypti, et per omnes partes; qui non eos offendant sed salvent eos et

---

1. Mss. des *Libri Pactorum,* vus par Tafel et Thomas, II, 247, et I, 233.

honorent in habere, et personis, et rebus et nave. Et sint salvi
et securi, per Dei securitatem, et securitatem nuntii Dei
Machometi, et per nostram securitatem. Non habeant timorem
nec tormentum, quod eis malum inferant. Et omnes qui vadunt
in peregrinationem ad sanctum Sepulchrum cum Veneticis sint
salvi et securi in personis et rebus. Et omnes qui mandatum
hoc servaverint, sic facere debeant. Et quod precepimus de
Cuffo et Arso, sic observari debeat sicut statuimus.

Ego Vivianus scriptor (comme plus haut).

(N° 3) [1].

Preceptum de custodiendis mercatoribus Veneticis, nec
debeat eis vim ab aliquo inferri de eo quod voluerint compa-
rare et vendere; sed vendant merces eorum cui voluerint.

Exivit altum mandatum majoris domini, Imperatoris fidelis
— cui Deus det victoriam et altitudinem — omnibus Bailijis et
Amiragli Alexandriae et totius terrae Aegypti — quibus Deus
det fortunam bonam et custodiat eos et salvet — et debeant
dare licentiam universis mercatoribus Veneticis quod vendant
suas merces ubi voluerint, et merces supra se accipiant, et
debeant honorare et custodire omnes mercatores Veneticos, et
esse contrarii eis qui volunt mala facere illis.

Precepimus mercatoribus nostris de Alexandria ut non cre-
dant de suo Veneticis mercatoribus absque pignore.

Nullus alius Veneticus tenebitur inde, nec calumpniabitur.
— Et hoc nostrum perceptum volumus ut sciatur inter omnes
Veneticos.

Fuit factum scriptum decimo et nono die Lunae Saba. Gra-
tias Deo omnipotenti.

Ego Vivianus scriptor (comme plus haut).

(N° 4) [2].

Aliud privilegium Soldani Babiloniae.

Primum [3] preceptum factum pro mercatoribus Venetiarum

---

1. Tafel et Thomas, n° ccxlv, t. II, Doc. de Venise, p. 188. — *Libri
Pactorum*, II, 247; I, 234.

2. Tafel et Thomas, n° ccxlvi. — *Libri Pactorum*, II, 248; I, 234.

3. Var. *Premissum*.

ut habitant fondicum in Alexandria ad habitandum in eo quod dicitur Soguediki ; et habeant potestatem mittendi in eo custodes, quos voluerint.

Exivit altum preceptum domini et Senioris Soldani, fidelis Imperatoris — quem Deus honoravit et manifeste magnificavit — ut potestatem tribuat mercatoribus Veneticis ad eum venientibus et missis Venetorum, qui in Alexandriam veniunt ; et habitent in ipso fundico suprascripto, quousque steterint in Alexandria, et in eo nullam habeant contrarietatem ; et nullus presumat eos inde amovere, vel alium aliquem suum fondicarium.

Quod preceptum satisfaciat Mirus Faididinus et ducat eos isto modo ; et omnes illi qui Bajulatum habuerint in terra illa, semper in perpetuum sic facere debeant, secundum quod hujus precepti continentia declaratur.

Fuit scripta die decima nona Saben noñ[1].

Ego Vivianus scriptor (comme plus haut).

Une lecture attentive de ces documents montre que, sous la forme d'une lettre adressée au doge de Venise, nous devons reconnaître ici le texte d'un traité de commerce fait entre le sultan Malek el-Adel Abou-beker, soudan du Caire, et la République de Venise. Je dis d'un traité, car il est facile d'établir que ces quatre textes ne doivent point être séparés l'un de l'autre et que les trois derniers sont le développement et la confirmation spéciale des clauses comprises dans le premier, celui-là seul étant le véritable traité. La simultanéité de ces quatre documents résulte : 1° de leur place dans les copies vues par Tafel et Thomas, où ces quatre documents se suivent aux fol. 246, 247, 248 d'une part, et 233, 234 de l'autre ; 2° de la date « *die decima nona Saben* », qui se reproduit dans le 1er, le 3e et le 4e de ces textes ; 3° de la con-

---

1. Le texte de Tafel et Thomas, qui omet *decima*, est fautif. Je le complète d'après un fac-simile que M. Budinger, le savant professeur viennois, a bien voulu faire prendre pour moi sur les deux copies des *Libri Pactorum* qui se trouvent aux Archives nationales de Vienne. Quant à *noñ*, j'y lirais *nona die mensis*, cf. p. 96.

formité des clauses contenues dans le premier document
d'une part et développées spécialement dans chacun
des trois autres; 4° enfin dans ces mots : « *Haec est securitas* », ou « *Preceptum de custodiendis* », ou bien
« *Exivit altum mandatum* », ou encore « *Aliud privilegium Soldani Babiloniae :* Primum ou premissum *preceptum factum*, etc. », formules qui viennent en tête des
clauses des trois derniers textes et qui les rattachent
d'une façon évidente à un traité antérieur qui n'est autre
que le n° 1.

Après ces remarques, il est facile de comprendre à
quoi nous avons affaire : d'abord, le traité de commerce
avec toutes les formalités requises dans les diplômes de
ce genre : énumération des parties; indication des
motifs; noms des ambassadeurs; exposition détaillée et
ordonnée des clauses du traité; date; indication des parties assistantes et ayant concouru à l'acte. 1° L'énumération des parties : d'une part, le nom du soudan avec
accompagnement de tous les titres que lui prodigue la
diplomatie arabe dans les diplômes de ce genre; —
d'autre part, le non moins loué doge de Venise, gonfa-
lonier, chef de l'armée chrétienne, etc., etc. 2° Puis les
considérants, c'est-à-dire l'affection intime et chère,
entière et loyale, sans fraude ni malice que le doge a
déclaré ressentir pour le sultan d'Égypte; affection qu'il
prouvera par des actes « *vestris agendis* ». Il faut aussi
ajouter à ces considérants l'importante remarque faite
plus bas « *ut augeatur et crescat factum mercatorum* ».
3° Vient ensuite le nom des ambassadeurs qui, —
remarquez-le, — ont été envoyés près du sultan par le
doge : « *Venerunt ad nos nuntii vestri.* » C'est Marinus
Dandolo, c'est Petrus Michael, nobles vénitiens à qui l'on
donne ici le titre de « *fortes milites* ». Il ont été reçus
avec honneur et magnificence et ont conclu le traité de
commerce dont suivent les clauses. 4° Clauses du traité :
les ambassadeurs ayant exposé certaines demandes rela-

tives aux droits de *Cuffo* et d'*Arso* (c'est-à-dire de droits de douane particuliers perçus en Égypte), on leur a donné satisfaction et l'on interdit à tous les employés des douanes de rien exiger en trop, « afin que le commerce s'accroisse ». A ces premiers avantages, le soudan ajoute la création d'un *fondouc* à Alexandrie en faveur des Vénitiens. (Un *fondouc* c'était l'ensemble des magasins où habitaient les marchands européens et où étaient, pour ainsi dire, transportés tous les droits, us et coutumes de la terre chrétienne[1].)

Enfin, la lettre invite les marchands de Venise à venir sans crainte et à l'abri d'un sauf-conduit naviguer et commercer dans les parages de l'Égypte. 5° Après de nouvelles protestations d'amitié, avec envoi d'autres présents, nous lisons la date si importante quoique incomplète : « *Fuit scripta die decima nona Saben, mensis Martii* », et une nouvelle indication des parties assistantes et contractantes avec énumération des titres indiqués plus haut.

Une souscription du notaire Vivianus, qui transcrivit ce traité sur le registre : « *Liber Pactorum* », nous apprend que la copie a été faite fidèlement et sans altération, d'après l'authentique lui-même. Il n'est pas inutile de faire remarquer ici que le lieu où fut fait le traité n'est nullement indiqué dans l'acte.

Les trois autres documents se rattachent à ce traité et en sont, pour ainsi dire, des appendices : ce sont des lettres spéciales destinées à être communiquées aux officiers chargés de l'exécution du traité, ou, d'autre part, aux marchands qui auront besoin de les invoquer. Chacun d'entre eux a son objet, sa raison d'être particulière, il développe et confirme avec plus de détails chacune des différentes clauses contenues au premier document.

---

1. On peut voir des détails plus précis à cet égard dans les différents documents publiés par M. de Mas-Latrie, entre autres *Suppl. aux Traités de paix*, p. 70, 79 et suiv.

C'est d'abord le sauf-conduit : « *Haec est securitas.* »
Il est adressé à tous les baillis et capitaines de la flotte
musulmane. Il leur ordonne de sauver et honorer tous
les marchands vénitiens qui vont et viennent dans l'empire d'Égypte, et, — clause importante, — il accorde
sauvegarde et sécurité pour corps et biens à ceux qui
vont avec les Vénitiens en pèlerinage au Saint-Sépulcre.
— D'ailleurs, on rappelle la clause au sujet des droits de
Cuffo et d'*Arso*.

Le document qui suit est encore un sauf-conduit; mais
il diffère du premier. Celui-là, en effet, visait surtout la
liberté de *navigation;* celui-ci, au contraire, veille à pro-
téger le *commerce* des Vénitiens : « *Preceptum de custodiendis mercatoribus Veneticis.* » Les marchands pourront
faire commerce là où bon leur semblera; on devra toujours leur accorder aide et protection. Une clause spéciale
et assez curieuse interdit aux marchands de l'Égypte de
prêter aux marchands vénitiens sans qu'ils aient fourni
un gage. Ainsi aucun Vénitien ne sera plus retenu, ni on
ne leur fera plus tort à ce sujet. Cette lettre devra être
communiquée à tous les marchands vénitiens. Le texte
est daté du 19 du mois de Saba.

Le quatrième document a pour objet spécial la question
du *fondouc* créé à Alexandrie. Il détermine la situation
de ce *fondouc* dans un lieu spécial appelé *Soguediki;* les
Vénitiens pourront y placer des gardes. — Les Vénitiens
qui viendront à Alexandrie devront habiter dans ce *fondouc;* ce sera là qu'ils se tiendront tant qu'ils resteront
dans cette ville et personne ne pourra venir les y troubler. L'émir Faideddin est chargé d'exécuter cet ordre
« *et duca eos isto modo.* » D'ailleurs, cet édit est adressé
à tous les baillis qui gouvernent sur le continent. Ici
encore nous avons la date : « *Scripta die decima nona
Saben* », et la souscription du notaire Vivianus.

Ces textes, je le remarquerai tout de suite, ne sont pas
isolés; ils font partie d'une longue série de traités entre
Arabes et Vénitiens, renfermant des clauses analogues et

publiés également par Tafel et Thomas et par M. de Mas-Latrie[1]. L'ensemble de ces traités établit d'une façon évidente à la charge des Vénitiens une entente permanente, pendant tout le moyen âge, entre la République et les Musulmans; cette entente persiste même parfois en temps de guerre et de croisade[2]. Mais peut-on appliquer cette notion générale à l'époque particulière qui nous occupe? Du texte de quelques-uns de ces traités peut-on tirer un argument invincible pour établir la trahison des Vénitiens en 1202?

J'écarterai tout d'abord les traités dont la date est certaine, c'est-à-dire ceux des années 1225 et suivantes. Restent dans Tafel et Thomas six textes sans date précise; les quatre premiers, nous l'avons vu, ne forment qu'un seul et même traité. Quant aux deux derniers, ils s'isolent des autres documents par une date de mois différente et par les clauses qui y sont contenues. M. Riant admet pour ces deux derniers documents la date de 1217 proposée par Tafel et Thomas.

Restent donc les documents n°ˢ 1, 2, 3 et 4, cités plus haut en entier. Dans ces documents, il manque précisément ce qu'il y a de plus important, c'est-à-dire la date, ou plutôt cette date est incomplète.

C'est ici qu'il faut faire intervenir un nouveau texte. Quoiqu'il ne soit que de seconde main, il est important de le connaître pour se rendre compte de l'état de la

1. Voir dans Tafel et Thomas, traités de 1217, 1225, 1252, etc.; dans Mas-Latrie, traités de 1238, 1244, 1254, 1288, etc.

2. Voir dans le Supplément de M. de Mas-Latrie le traité fait entre la République, sous Renier Zeno, et le sultan Malek Moezz Izzeddin Aïbeck; j'y trouve les clauses suivantes : « 1 cap. Quod mercatores Veneti sint salvi et securi et suprasalvi per totam terram Egypti... cum omnibus suis amicis et omnibus qui per eos se clamant de sua gente, *tempore pacis et guerre*. — — 2 cap. Item, quod Veneti sint salvi in terra Egypti et toto suo regno, quod astringit dominus Soldanus, ... *tempore guerre inter ipsum et Christianos*, et quod sint liberi ire cum eorum personis navilio et suo habere ad suam voluntatem, secundum quod eis placuerit sine ulla contrarietate » (anno 1254). Mas-Latrie, *Suppl. aux Traités de paix*, p. 77.

question. L'érudit allemand K. Hopf, l'un des hommes qui connurent le mieux les faits de l'histoire gréco-romane, a, dans le tome 85 de l'Encyclopédie Ersch et Grüber, indiqué le 13 mai 1202 comme la date d'un traité signé entre Malek el-Adel et la République de Venise. Je cite le passage, car, quoique M. Hopf n'ait fait connaître aucune des sources d'où il a tiré un renseignement si précieux, le texte de cet érudit jouit auprès de quelques personnes d'une faveur singulière, et on veut bien lui reconnaître une autorité quasi pareille à celle d'un document authentique[1] :

On prétendit que Venise ne pouvait pas loger tous les étrangers et on leur assigna pour camp l'île Saint-Nicolas du Lido. C'est là que, bien approvisionnés de vivres, nos croisés s'établirent sous la tente. Il y eut bientôt des alternatives de crainte et d'espérance. De mauvais bruits circulaient. On disait que le sultan Malek-el-Adel avait envoyé des ambassadeurs à Dandolo et aux seigneurs-marchands de Venise avec de riches présents et leur avait offert un traité de commerce avantageux, à condition qu'ils détourneraient l'entreprise de l'Égypte. Déjà l'inquiétude se communiquait. On craignait de tomber dans un piège, de se voir bientôt lié par la parole donnée; et ce bras, que l'on avait consacré à une cause sainte, de l'employer à satisfaire des ambitions profanes, peut-être même à combattre des peuples chrétiens. Ces bruits étaient-ils réellement fondés ou n'était-ce qu'une panique qui s'emparait des esprits incertains? Nous sommes en état d'éclaircir enfin ce point obscur. Bientôt après que Venise se fut alliée avec les barons français pour la croisade contre Malek el-Adel, Marino Dandolo et Domenico Michieli, peut-être par suite d'une invitation envoyée par le sultan à Venise, *avaient été envoyés en ambassade au Caire, avaient été reçus par le sultan avec la plus grande prévenance et s'étaient bientôt entendus avec lui.* Le doge avait déclaré qu'il était l'ami fidèle et loyal de l'Ayoubide, qu'il lui vouait une affection sans fraude ni malice. Tandis que les croi-

---

1. Voir Riant, *Innocent III et Ph. de Souabe.* Appendice *in fine;* M. Klimke, *Bibliographie et chronologie de la IV⁰ croisade;* Hertzberg, *Gesch. Griech.* Gothu, 1876, p. 408.

sés sur le Lido se consumaient dans l'impatience, attendant
l'heure où l'on se mettrait en marche contre les infidèles, les
ambassadeurs avaient, *le 13 mai 1202*, réellement conclu le
traité de commerce en question. Il garantissait aux Vénitiens,
outre de nombreux privilèges, un quartier à eux dans Alexandrie, avec ce qui en dépendait ; aux pèlerins qui s'en allaient
au Saint-Sépulcre avec les Vénitiens, il promettait toute sûreté
pour corps et biens. Pour la ratification du traité, l'émir Sead-
eddin fut envoyé à Venise ; les conditions favorables qu'Adel
promettait décidèrent du sort de la croisade[1].

On voit toute l'importance de pareilles affirmations.
M. Hopf est en mesure d'établir qu'un traité a eu lieu au
Caire entre le sultan et les envoyés de Venise. Ce traité,
M. Hopf semble le connaître très bien. Il nous donne le
détail précis de ses clauses et de ses causes. Bien plus,
il indique la date : le 13 mai 1202. Le 13 mai 1202 !
C'est-à-dire la veille même de la croisade, alors que les
croisés, ramassés dans l'île Saint-Nicolas, prisonniers
pour dettes, attendaient de la bonne volonté des Vénitiens un passage en terre d'outre-mer ; la veille même des
propositions du doge pour la prise de Zara. Cette fois, il
n'y a plus à hésiter ; si cette date est confirmée, la trahison est flagrante.

Cette date doit être rejetée, au moins dans l'état
actuel de nos connaissances à ce sujet. Remarquez
d'abord que M. Hopf ne dit pas qu'il ait vu un traité
nouveau ; il dit « qu'il est enfin en mesure d'éclaircir ce
point obscur (*wir sind im Stande, diesen dunkeln Punkt
endlich aufzuhellen*) ». Ces termes n'ont rien de décisif
et laissent parfaitement le champ libre à la discussion.

Je ferai d'abord deux observations : 1° si le traité
indiqué par M. Hopf a existé réellement, comment se
fait-il que l'on n'en trouve pas trace dans les différents
manuscrits des *Libri Pactorum* qu'ont consultés minu-
tieusement, et publiés, MM. Tafel et Thomas et de Mas-

____

1. Encyclopédie Ersch a Grüber, t. LXXXV, p. 188.

Latrie? Comment : voici une convention importante, créant en faveur de la République des privilèges avantageux au premier chef, et nulle mention n'en a été faite sur les registres que Venise conservait dans ses archives! La République marchande s'entendait trop bien à la tenue de ses livres et à la conservation de ses droits pour qu'une pareille omission puisse s'expliquer facilement. Qu'on ne dise pas que, par suite des motifs honteux qui auraient été la cause des avantages concédés aux Vénitiens, ceux-ci se seraient fait scrupule d'en transmettre la trace à la postérité. Ce motif eût été tout aussi fort en 1217, en 1225[1] et en 1252 qu'en 1202; et nous ne voyons pas que les singulières clauses de ces traités, établissant l'entente des Vénitiens avec les Arabes, même en temps de croisade, aient empêché d'enregistrer ces différents actes. 2° Après avoir daté son traité en mai 1202, M. Hopf envoie l'émir Scad-eddin en ambassade à Venise pour obtenir la ratification. L'émir n'a pu arriver dans cette ville avant juillet 1202[2], c'est-à-dire au moment même où l'armée des croisés rassemblée tout entière se morfondait au Lido. Or, n'est-il pas étrange que les Vénitiens aient osé, à la face des croisés, recevoir un ambassadeur arabe et traiter avec lui de la trahison des intérêts chrétiens. N'est-il pas étrange, si cela eût eu lieu, qu'aucun des narrateurs de la croisade, tous présents à Venise à cette époque et dont quelques-uns sont pleins d'hostilité pour la République, n'aient rien su ni rien dit d'un pareil scandale.

Ces considérations suffiraient presque pour mettre en doute l'existence du traité indiqué par M. Hopf, mais il y a un fait : aucun traité n'a pu être conclu *au Caire* par le sultan Malek el-Adel *en mai 1202*, par l'excellente raison qu'en mai 1202 le sultan n'était pas en Égypte, mais en Syrie. Un chroniqueur arabe, Aboulféda, a pris soin

---

1. Voir Traités avec le sultan, Tafel et Thomas, p. 256.
2. Voir Klimke, *Chronologie de la IV* croisade.*

d'indiquer, avec l'exactitude chronologique la plus minutieuse, la suite des séjours et voyages de Malek el-Adel
à cette époque. Il suffit de citer quelques passages de son
texte pour faire tomber les hypothèses de M. Hopf :

An 597 de l'Hégire (1200-1201, J.-C.) : au commencement
de cette année, El Malek el-Adel était en Égypte...; ayant
appris que Damas était assiégée par ses deux frères, il se mit
en marche à la tête de l'armée égyptienne et s'avança jusqu'à
Naplouse, d'où il surveilla le siège... — An 598 (1201-1202).
Quand El Malek el-Afdal et El Malek el-Daher se furent éloignés
de Damas, El Malek el-Adel s'y rendit... El Malek el-Adel étant
parti de Damas arriva auprès de Hamah et campa sur la colline appelée Tell-Safroun... (puis le chroniqueur raconte les
négociations qui de là s'engagent entre le frère du sultan et le
sultan lui-même). Après la ratification de la paix entre El-Daher
et El-Adel, celui-ci repartit pour Damas et y fixa son séjour.
— An 600 de l'Hégire (1203-1204), au commencement de cette
année, El Malek el-Adel se trouvait à Damas.

On le voit donc : dans le courant de l'année 1202,
Malek el-Adel a été à Damas, puis à Hamah, puis à
Damas encore, mais jamais au Caire; la scrupuleuse
exactitude avec laquelle Aboulféda enregistre, là comme
ailleurs, les moindres déplacements de Malek el-Adel
rend impossible la présence du sultan au Caire le 13 mai
1202. Il n'a donc pu y recevoir les ambassadeurs vénitiens. Il n'a pu y conclure avec eux ce traité, dont le fantôme évoqué par M. Hopf préoccupait depuis quelque
temps les érudits consciencieux qui s'occupent de la quatrième croisade.

Je ne sais si, après avoir établi d'une façon si formelle
l'erreur dans laquelle est tombé M. Hopf, il est inutile
de rechercher l'explication de cette erreur même. C'est
peut-être insister beaucoup sur une affirmation à l'appui
de laquelle son auteur n'avait cru devoir apporter aucun
renseignement, aucune indication de sources. Cependant
la rumeur causée par le prétendu traité qu'aurait vu

M. Hopf m'engage à insister davantage et à tirer au clair cette question.

L'esprit du lecteur, j'en suis sûr, a remarqué tout à l'heure les singulières analogies qui existent entre le passage de l'auteur allemand et le texte du traité que nous avons étudié plus haut. Si nous insistons un peu plus sur ces rapports, nous arriverons à cette conclusion, que le traité vu par M. Hopf ne peut être autre que celui publié dans Tafel et Thomas avec les appendices qui en font partie. En effet, non seulement les clauses, mais les termes mêmes des deux traités sont identiques. Une seule différence les distingue. M. Hopf donne aux deux ambassadeurs les noms de Marino Dandolo et de *Domenico* Michaël; nos traités appellent ces mêmes ambassadeurs Marino Dandolo et *Pietro* Michaël[1]; ce désaccord doit provenir d'une erreur volontaire ou involontaire et nous ne croyons pas y trouver une raison suffisante de douter de l'identité des deux traités.

Voyons maintenant les rapports entre les deux textes cités : M. Hopf dit que les ambassadeurs ont été reçus avec la plus grande prévenance; c'est dans le traité : « *Magnificè et gloriosè* ». Il ajoute que le doge avait déclaré qu'il était l'ami fidèle et loyal de l'Ayoubide, qu'il lui vouait une affection sans fraude ni malice; c'est dans le traité : « *Cognovimus quæ nobis significastis, et quæ intelleximus de agendis vestris, quod nobis estis amicus intimus et carus, et quod erga nos habetis integrum dilectionis affectum, sine fraude et sine dolo.* » Le traité, dit M. Hopf, garantissait aux Vénitiens, outre de nom-

---

1. Une note trouvée par M. Streit dans les papiers de M. Hopf nous donne la clef de ce singulier changement de noms. C'est que M. Hopf avait remarqué qu'en 1202 Pietro Michaël ne pouvait être au Caire, puisqu'il était à Constantinople; et il a, sans façon, changé *Pietro* en *Domenico*. Hopf tire ce fait d'une charte de 1206 publiée dans Cicogna (*Insc. Ven.*, t. IV, p. 538). Voir Streit, *Venedig und die Wendüng des vierten Kreuzzuges gegen Konstantinopel* (Anklam, 1877), p. 46, n. 206, et p. 49. App. C. [Note ajoutée après l'impression.]

breux privilèges, un quartier à eux dans Alexandrie. Ces privilèges, nous les avons énumérés plus haut; ce quartier dans Alexandrie, c'est le *fondouc* du traité.

« Aux pèlerins qui s'en allaient au Saint-Sépulcre avec les Vénitiens, le traité promettait toute sûreté pour corps et biens », traduit M. Hopf. — Le texte donne mot pour mot : « *Et omnes qui vadunt in peregrinationem ad sanctum sepulchrum cum Veneticis sint salvi et securi in personis et rebus.* »

Enfin, pour la ratification du traité, l'érudit allemand envoie l'émir Sead-eddin à Venise. C'est l'émir Faid-eddin que le texte nous montre chargé de l'exécution du traité; en ajoutant cette clause assez obscure « *et ducat eos isto modo.* » Aussi du premier coup, sans tant insister sur ces rapprochements, M. Riant a-t-il admis l'identité du traité dont parle M. Hopf et du traité publié par Tafel et Thomas.

J'irai plus loin et je dis que ces traités ne peuvent être différents; la logique nous impose cette affirmation. En effet, on a vu que, dans les deux textes, il est question de la création d'un *fondouc* en faveur des Vénitiens à Alexandrie. Or, si nous observons les termes employés dans le traité et les appendices, nous remarquerons deux choses : 1° que la clause qui concerne le *fondouc* indique évidemment une *création* et non une *confirmation* d'un *fondouc* préalablement existant. Cela résulte encore plus clairement de l'appendice où nous voyons l'indication précise du lieu où sera créé le *fondouc* : « *In eo quod dicitur Sognediki* »; 2° que cette clause, dans la manière dont elle est rédigée, exclut formellement l'existence d'un autre *fondouc* établi antérieurement. En effet, s'il eût, à cette époque, existé deux *fondoucs* en faveur des Vénitiens à Alexandrie, ce n'eût pas été dans ces termes exclusifs que se fût exprimée la lettre concernant spécialement la création du second : « *... ut potestatem tribuat mercatoribus Veneticis ad eum venientibus, et mis-*

sis Venetorum qui Alexandriam veniunt, et HABITENT IN IPSO FUNDICO SUPRASCRIPTO, *quousque steterint in Alexandria, et in eo nullam habeant contrarietatem..., etc. »* N'est-il pas évident que si les Vénitiens eussent possédé, à cette époque, un autre *fondouc* dans Alexandrie, ils n'eussent pas manqué de faire reconnaître ici le droit qu'ils auraient eu d'y habiter et de n'y pas être molestés, aussi bien que dans l'autre. Ainsi donc la clause de notre traité relative au *fondouc* n'est pas une confirmation d'un avantage de cette sorte établi antérieurement; d'autre part, elle exclut l'existence simultanée d'un autre avantage analogue. Il n'y avait certainement pas de *fondouc* vénitien à Alexandrie antérieurement au traité publié par Tafel et Thomas, et nous possédons dans ce texte la clause de création du premier établissement de cette sorte.

Donc l'indication de tout traité établissant ce *fondouc* vise certainement le document de Tafel et Thomas; donc le texte de M. Hopf n'a pas d'autre base.

Pour résumer la discussion relative au passage de M. Hopf, j'espère être parvenu à établir ces deux propositions : 1° il ne peut y avoir de traité fait *au Caire* en mai 1202 par le sultan Malek el-Adel, et M. Hopf n'a pu voir un traité ainsi daté; 2° le traité qu'a vu M. Hopf n'est autre que celui que nous avons cité d'après la collection Tafel et Thomas, c'est-à-dire d'après les manuscrits des *Libri Pactorum* conservés à Venise et en Autriche. Seulement M. Hopf a mal daté ce traité[5].

1. Si l'on s'étonne que, le traité portant la date de mois : *mensis martii*, M. Hopf lui ait donné la date de mois : *mai* 1202, et que l'on tire de ce fait une objection contre l'identité des deux traités, je renverrai le lecteur à l'appendice du travail de M. Riant. Il y verra comment cet éminent érudit a été amené à altérer la date du mois de *mars* et à la transformer en une date de *mai* par la correction de *madji* en *martii*. Ce travail de M. Riant est curieux en ce qu'il montre la suite des raisonnements par lesquels a dû passer M. Hopf pour obtenir sa date de 1202. Le point de départ de ces erreurs et de ces corrections arbitraires est dans un faux raisonnement qu'avaient fait Tafel et Tho-

Serons-nous plus heureux que l'érudit allemand et trouverons-nous dans les termes mêmes du traité les éléments nécessaires pour arriver à une date probable ou certaine? Nous savons déjà que le traité a été accordé par le sultan d'Égypte Malek el-Adel Abou-bekr. Cela nous donne la date extrême de 1218, année de la mort de ce prince. En outre, les deux éditeurs des traités nous apprennent que le doge à qui sont adressées les lettres de sauvegarde est Pierre Ziani, qui succéda à Dandolo en 1205. Mais, à vrai dire, le nom ne se trouve point dans le texte des lettres, et, comme dit M. Riant, elles sont adressées à un doge anonyme. L'indication donnée par les éditeurs est probablement tirée de la place qu'occupent les actes dans les divers manuscrits des *Libri Pactorum*. Nous ne devrons prendre cette donnée que comme une présomption très forte en faveur d'une date postérieure à 1205.

Nos traités eux-mêmes nous fourniront les moyens de préciser davantage ; nous y trouvons en effet une date qui, quoique incomplète, n'en est pas moins des plus précieuses. La voici telle qu'elle est écrite dans le premier des documents cité plus haut : « *Fuit scripta die decima nona Sabe mensis Martii.* » Elle nous donne donc l'indication du jour et du mois arabe, le 19 de Shaban, et celle du mois chrétien correspondant : le mois de mars. Or, si nous consultons l'*Art de vérifier les dates*, il nous apprend que dans tout le cours du règne de Malek el-Adel, le 19 de Shaban n'est tombé que trois fois en mars[1] :

Le 31 en 1206 ;
Le 21 en 1207 ;
Le 9 en 1208.

mas, qu'ont répété M. Riant et probablement M. Hopf, sur une des clauses du traité ; c'est la clause « *et omnes qui vadunt in peregrinationem ad sanctum Sepulchrum...* » dont je parlerai tout à l'heure.

1. Ce rapprochement curieux a été observé par M. Riant, qui n'en a tenu nul compte pour la date des traités. J'en ai vérifié l'exactitude.

Or, ces trois années sont toutes trois comprises dans le dogat de Pierre Ziani. C'est donc à lui seul, ainsi que l'avaient déjà établi MM. de Mas-Latrie et Tafel et Thomas, que ces lettres ont pu être adressées. — Ces points capitaux une fois obtenus, je suis obligé de relever une erreur qui a trompé successivement MM. Tafel et Thomas, M. Riant et peut-être aussi M. Hopf lui-même.

Après avoir établi par élimination les deux dates extrêmes de 1205-1218, les éditeurs autrichiens avaient essayé de préciser encore; ils disaient « *at in ipsis documentis quædam afferentur quæ temporis momentum probabilius videantur constituere. Non enim Venetis solum mercandi quædam licentia ac securitas promittitur, verum sociis eorum atque amicis : « et omnes qui vadunt « in per- « egrinationem ad sanctum sepulchrum cum Veneticis « sint salvi et securi in personis et rebus... » Inde simul docemur eodem tempore novam cruce signatorum expeditionem in terras orientis fuisse preparatam.* » Étrange raisonnement, à vrai dire! Si le sultan donne un sauf-conduit aux chrétiens, c'est qu'il prévoit qu'ils vont venir l'attaquer en grand nombre; le sultan protège les pèlerins : nous sommes donc à la veille d'une croisade! Ne serait-il pas beaucoup plus naturel d'imaginer que cette clause indique un moment de paix ou de trêve entre les chrétiens et les Arabes? Les Vénitiens, grands voituriers de la mer Méditerranée et des lieux saints, devaient, plus que personne, avoir besoin de sauf-conduit pour leurs transports tout pacifiques. C'est évidemment à ces passages isolés que fait allusion la clause du traité. Il n'est d'usage de donner des sauvegardes à ses ennemis au moment même où on les craint.

MM. Tafel et Thomas partirent de cette remarque sans fondement pour dater nos traités de la veille de la croisade du roi André de Hongrie, en 1217. Je n'ai plus à critiquer cette date approximative. Le rapprochement des mois arabe et chrétien, emprunté au texte même du traité,

nous a fourni une indication qui l'exclut complètement.
Ce dont il y a lieu de s'étonner, c'est que M. Riant, qui,
dans la recherche de cette date, avait procédé jusqu'ici
avec une méthode excellente, se soit laissé égarer par la
remarque des éditeurs[1], au point d'altérer le texte de nos
traités dans sa partie la plus délicate, c'est-à-dire la date
elle-même. Cela n'était pas utile et nous pouvons, en
nous tenant dans les termes stricts de nos documents,
obtenir de nouveaux moyens d'approximation de plus en
plus précis.

Les traités nous fournissent les noms des deux ambassadeurs vénitiens qui les ont conclus : c'est Marino Dandolo et Pietro Michaël. Ces deux personnages, membres
des premières familles vénitiennes, honorés de la confiance des doges qui se succédèrent, ont joué un rôle
assez important à cette époque pour que l'histoire ait conservé leur trace. Voici quelques dates relevées dans les
chartes ou chroniques publiées jusqu'à ce jour.

Marino Dandolo, en 1192, est des 40 qui élisent
Henri Dandolo[2]. En 1194, il signe une charte à Constantinople[3]. En 1205, il exerce un commandement dans
l'armée gréco-vénitienne, qui s'empare des îles de l'Archipel[4]. Au mois de février 1207-1208, Marinus Dandolo

1. Voici le passage de M. Riant : « Le second traité, ainsi que l'ont
fait remarquer avec juste raison Tafel et Thomas, porte en outre avec
lui la preuve qu'il a été, ainsi que les trois autres, conclu au moment
même où les Vénitiens se préparaient à transporter en Orient un grand
nombre de pèlerins, le sultan accordant à ces pèlerins, dès l'instant
que leur voyage perdait tout caractère agressif, la libre entrée des
lieux saints (en note le passage du traité : « Omnes qui vadunt in
« peregrinatum ad sanctum Sepulchrum cum Veneticis, sint salvi et
« securi in personis et rebus »); la date d'année doit *donc être cherchée
avant la quatrième ou la cinquième croisade*, p. 129. »

2. *Chron. des ducs de Venise* en Muratori, t. XXII, col. 526, et And.
Dandolo; *ibid.*, t. XII, col. 333.

3. Tafel et Thomas, *Doc. de Venise*, t. I, p. 215.

4. Latinorum igitur superaucta potentia et Graccorum examinata,
plerique nobiles, ceteris Graecis sibi colligatis, Graeciae oppida inva-
dere statuunt... Marinus Dandolo Andrem (Andros). — (And. Dandolo,

signe à Venise une charte concernant un monastère de Constantinople et datée ainsi : *Anno Incarnationis MCCVII, mense Februarii, indictione undecima, Rivoalti*[1]. En 1210, Marino Dandolo est à Venise, présent comme conseiller du doge à une charte faite en septembre de cette année concernant l'évêque de Durazzo[2]. En 1211, il est un de ceux qui sont désignés pour habiter l'île de Candie[3]. En 1218, il est envoyé en ambassade près de l'empereur Othon[4]. Enfin, il meurt en 1233[5].

L'autre ambassadeur, Pietro Michaël, n'est pas un personnage moins important. En 1187, il était en ambassade pour la conclusion de privilèges très importants près d'Isaac, empereur de Constantinople[6]. En 1199, il est envoyé de nouveau comme ambassadeur à Constantinople pour hâter la très grave affaire des privilèges qu'Alexis III refusait de renouveler. Son nom est dans la charte[7]. En juin et septembre 1205, il est à Constantinople, souscrivant une charte et contribuant à l'élec-

in *Chronic. Muratori*, t. XII, col. 334. Tafel et Thomas, id. ibid., t. II, p. 3). — A cette année 1205, une chronique publiée par Hopf (*Chron. gr. rom.*, p. 178) lui attribue l'occupation de Gallipoli; mais il me semble que c'est par erreur, car A. Dandolo, sous cette époque, indique comme chef de cette expédition *Marcus* Dandolo et Jacobus Viadio (Muratori, id. ibid., p. 334).

1. L'année 1207 correspond à l'indiction 10; si donc nous jugeons d'après l'indiction, cette charte doit être de 1208. — Voir Tafel et Thomas, t. II, p. 49.

2. Tafel et Thomas, t. II, p. 123.

3. *Chron. des ducs de Venise*, Muratori, XXII, p. 563.

4. Id. ibid., p. 539. M. Riant indique une ambassade du même près de l'empereur Othon en 1208. Peut-être a-t-il confondu avec celle de 1218? En effet, il lui donne pour compagnon dans cette ambassade Roger Premareno, et il renvoie simplement comme source à A. Dandolo, p. 335. A cette page, je vois bien le nom de Roger Premareno, mais allié à celui de Regnier Dandolo et pour la conquête de Corfou. Voir aussi : Da Canale, *Archiv. Storico italiano*, t. VIII, p. 350, n° 68 et suiv., et *Chronique des ducs de Venise*, p. 536 de Muratori.

5. Hopf, *Dynasties vénitiennes de l'Archipel*, dans *Chron. gr. rom.*, p. 485, et la chronique citée plus haut, sous 1243 (id.).

6. A. Dandolo, p. 313. Tafel et Thomas, p. 178.

7. A. Dandolo, *Chron.*, p. 318. Tafel et Thomas, t. I, p. 248.

tion de Marino Geno, sous le titre de *judex communis*[1].

Nous le retrouvons à Venise en 1205, parmi ceux qui concourent à l'élection du doge Pierre Ziani[2]. En 1206, il signe une quittance dans laquelle il reconnaît avoir reçu, du doge Pierre Ziani, un fonds de terre en dédommagement des frais à lui occasionnés par son ambassade à Constantinople[3]. Puis, à partir de cette année, il prend une part importante dans cette expédition de l'Adriatique et de l'Archipel qui dure pendant les années 1205, 1206 et 1207, et qui a pour but de faciliter la navigation de ces deux mers. Les Vénitiens ont à cela un intérêt de premier ordre depuis qu'ils sont devenus les propriétaires, dans ces régions, d'*un quart et demi de l'empire grec*[4]. Pietro Michaël assiste à la conquête de Corfou; et nous le voyons enfin dans une charte de juillet 1207 partager la possession de cette île avec quelques autres nobles vénitiens[5].

De la comparaison de ces différents textes, nous pouvons au moins tirer la conclusion que, vers ce temps et après la prise de Constantinople, Marino Dandolo et Pietro Michaël jouèrent un rôle actif, important, dans les mers grecques; qu'ils exercèrent même des commandements dans les armées chargées de les soumettre.

On peut voir dans le rapprochement des faits et dans la compétence évidente que ces personnages avaient

1. Tafel et Thomas, p. 559 et 568.

2. *Chron. des doges de Venise,* Muratori, t. XXII, p. 535.

3. Voir Cicogna, *Insc. Ven.,* IV, 538. Cette ambassade ayant eu lieu du temps d'Henri Dandolo, M. Hopf croit devoir la placer en 1203 (voir plus haut).

4. Voir sur cette expédition A. Dandolo et la *Chronique des ducs de Venise,* Muratori, t. XXII, p. 535. — Voir aussi Da Canale, *Chron. ann. Stor. ital.,* t. VIII, p. 346 et suiv., n° 56 et suiv. — Renier Dandolo et Roger Premareno vont de Venise à Corfou; l'année suivante, ils ruinent les pirates de l'Archipel (n° 66) et des côtes de la Grèce, puis de là vont à Candie dans l'île de Crète (n° 68).

5. Charte de juillet 1207. « Concessio castri Corphuensis cum tota ejus insula et pertinenciis, per illustrem dominum Petrum Ziani, ducem Venecie, facta Angelo Acotanti, Petro Michaeli et aliquibus aliis, et eorum heredibus » (Tafel et Thomas, t. II, p. 54).

alors pour toutes les questions de navigation et de commerce dans ces parages les causes du choix qu'en fit vers ce temps le doge Pierre Ziani pour les envoyer près du sultan d'Égypte demander les avantages commerciaux concédés par les traités.

Que nous apprennent à cette époque les historiens arabes sur les occupations et les séjours du sultan lui-même? « An 602 de l'Hégire (1205-1206) : au commencement de cette année (c'est-à-dire sur les derniers mois de 1205), El Malek el-Adel était encore en Égypte, et aucun changement n'avait eu lieu dans les États de ce prince. — An 603 (1206-1207) : El Malek el-Adel se rend d'Égypte en Syrie et s'arrête en face d'Acre pour en faire le siège. Les chrétiens lui rendent un grand nombre de musulmans prisonniers... El-Adel se rendit alors à Damas, d'où il alla aux environs d'Émesse, sur les bords du lac de Cadès... Quand le mois de Radaman (avril 1207) fut passé, il se mit en marche et alla camper devant la forteresse de Curdes... Ensuite, il se dirigea vers Tripoli...; vers la fin du mois *douliddja* (fin juillet 1207), il retourna au lac Cadès. — An 604 (1206-1208) : au commencement de cette année, El Malek el-Adel se tenait toujours campé sur les bords du lac Cadès. Ayant ensuite conclu une trêve avec le seigneur de Tripoli, il repartit pour Damas. — An 605 (1208-1209) : au commencement de cette année, El Malek el-Adel se trouvait à Damas ayant auprès de lui ses fils[1]. »

Ces dates nous apprennent que, vers le temps où fut conclu notre traité, Malek el-Adel fait des séjours assez fréquents en Syrie et qu'il eut avec les chrétiens des rapports plutôt de trêve que d'hostilité. Rapprochons ce renseignement de la remarque que nous avons faite plus haut, que le texte de nos documents n'indique nullement qu'ils aient été faits au Caire. Nous serons amenés à conclure, avec une somme de probabilité très grande, que

____

1. *Histor. des croisades*, Acad. des Inscr. et Belles-Lettres : *Orientaux*, vol. I, p. 77-84 (Aboulféda).

ces traités ont été passés le 9 MARS 1208, précisément au moment d'une des trêves indiquées, vers cette époque, par l'historien arabe[1].

Or, si nous considérons la direction donnée alors à la politique des Vénitiens, nous remarquerons que, maîtres de la partie maritime de l'empire grec, une de leurs principales préoccupations fut d'en faciliter la navigation. Ils poursuivent ce but, soit par des expéditions militaires, soit par des traités faits avec les princes du littoral.

Les expéditions maritimes sont précisément celles auxquelles nous avons vu participer Marino Dandolo et Pietro Michaël. C'est la prise de Corfou, la ruine des pirates de l'Archipel et des côtes de la Grèce, l'occupation des îles de l'Archipel, le siège de Candie dans l'île de Crète, etc.[2].

Les traités n'ont pas une moindre importance et ceux qui nous sont connus contribuent également à faire la lumière sur la direction de la politique vénitienne à cette époque.

C'est précisément en 1207-1208 que des ambassadeurs envoyés par Pierre Ziani à Ghiateddin Ghazi, sultan

1. La date de mars 1207 est exclue par la présence de Marino Dandolo à Venise en février 1207. Il est vrai que la date de la charte laisse dans le doute; car si l'année est 1207, l'indiction 11 donnée par le même texte correspond à 1208. J'ai cru cependant devoir dater cette charte en 1207, parce que le plus souvent, à cette époque, c'est sur la mention de l'indiction que porte l'erreur et non sur celle de l'année.

Restent donc 1206 et 1208. Voici les motifs qui me font préférer la dernière date à la première. Nous avons vu que les deux ambassadeurs sont occupés très activement dans les expéditions de l'Archipel. Marino Dandolo commande même le corps d'armée qui s'empara d'Andros. Or, ces expéditions commencent vers la fin de 1205 (*). Il n'est pas admissible que les ambassadeurs aient pu abandonner la flotte dès les premiers jours de l'année suivante pour faire le voyage de Syrie. Il faut bien laisser à Marino Dandolo le temps d'arriver à Andros, de la conquérir et de s'y installer. Voir, en outre, le texte d'Aboulféda cité à l'appendice.

2. Voir à ce sujet les textes cités plus haut, p. 93, n. 3, et p. 94, n. 8.

(*) Je dis la fin, puisque en septembre 1205 Pietro Michaël était encore à Constantinople (voir plus haut).

d'Alep, conclurent avec lui un traité de sauvegarde qui présente avec nos lettres de particulières analogies[1]. C'est de 1203 à 1211, sans que l'on puisse préciser davantage, qu'il faut placer un chrysobulle du sultan de Turquie (Rum), Ghajaseddin Keichosrew Ier, accordant aux Vénitiens des avantages analogues[2].

N'est-il pas facile de trouver à cette même époque la place d'un traité avec le sultan d'Égypte, dicté par le même intérêt et renfermant des clauses de même sorte? La date de 1208 ressort donc aussi bien des circonstances environnantes que du texte même du traité.

Cette date approximative une fois connue, elle explique les termes si chauds dont le sultan se sert à l'égard des Vénitiens et du doge, lorsqu'il l'appelle « *amicus carus et intimus* »; évidemment, les ambassadeurs n'avaient pas été sans faire valoir, sans exagérer peut-être auprès du sultan, l'importance qu'avait eue l'influence vénitienne sur le changement de direction de la croisade. — Cette date et les considérations que nous avons exposées expliquent encore la remarque que fait le sultan dans la lettre, que les ambassadeurs de Venise sont venus le trouver d'une façon spontanée : « *Venerunt ad nos nuntii vestri.* » — Cette date et ces considérations expliquent la clause du traité relative au transport des pèlerins qui avait égaré M. Riant. En effet, aucune action importante ne menaçait en ce moment la Terre-Sainte, et le sultan pouvait sans danger accorder des sauf-conduits aux pèlerins montés sur les vaisseaux de la République.

Enfin, cette date éclaire aussi une clause spéciale du

---

1. Voir Tafel et Thomas, t. II, p. 62; *Liber Albus*, fol. 210; *Libri Pactorum*, II, 219. Pour la date, voir les remarques des éditeurs.

2. Il est fait mention de ce chrysobulle dans le pacte du Turc Alaeddin Keikobad, fils de Ghajaseddin, qui dit en 1220 : « Et nemo de potestatibus soldane sue dominationis audeat auferre aliquod ab eis (Venetis) nisi solum duo per centenarium, secundum tenorem chrysobulli bonae memoriae patris. » Il y eut là trois soudans qui firent successivement des avantages aux Vénitiens : Ghajaseddin Keichosrew (1203-1211), son fils aîné Aseddin (1211-1220) et son plus jeune fils Alaeddin Keikobad (1220-1237). (Tafel et Thomas, n° 255.)

premier document, clause qui a échappé à l'attention de ceux qui ont daté le traité en 1202. Le texte dit : « *Presentic magnorum militum comitis stabilis, qui carus est et fortis et prudens, miles militum, confalonarius Christianorum exercitus spata legis, major totius gentis, comesta bilis omnis exercitus Christianorum, cui Dominus vitam augeat atque sanum conservat!* »

Que peut-on saisir au milieu du latin barbare et diffus du scribe vénitien? Que le traité a été fait en présence des « grands soldats d'une armée chrétienne », au nom du chef de cette armée. Or, si ce traité eût été signé en mai 1202, qui eût pu prendre ces titres de grands soldats, de chef d'une armée chrétienne? Tandis qu'en 1206-1208, cette clause est des plus claires. En effet, il y a une armée chrétienne; c'est celle qui vient de conquérir les îles de l'Archipel; dans cette armée, Marino Dandolo et Pietro Michaël ont joué un rôle important; celui qui les envoie en est le chef. C'est à ces titres, c'est à cette situation des ambassadeurs que fait allusion la clause du traité qui, autrement, me semble inexplicable.

Cette date établie, il reste à apprécier l'importance des traités relativement à la quatrième croisade. Les retourner encore contre les Vénitiens, voir dans les avantages qu'ils y obtiennent le prix d'une trahison remontant à 1202 : c'est là ce qu'a fait M. de Mas-Latrie. Quoique cette opinion soit assez spécieuse, je ne pense pas qu'on doive l'épouser complètement. Peut-être les marchands de Venise n'eussent pas attendu six années pour exiger le paiement d'un acte aussi important pour le sultan que le détournement de la quatrième croisade. Il semble même que le texte de nos traités, pris dans son sens le plus strict, soit contraire à cette opinion. En effet, le sultan donne pour raison des faveurs qu'il accorde aux Vénitiens les promesses qu'ils lui ont faites, « *vestris agendis* »; ce qui indique un futur et non un passé.

Tout ce qu'on peut conclure du traité, c'est que, quelques

annécs après la prise de Constantinople, des rapports de bonne amitié existaient entre Venise et les Sarrasins. Mais cela n'est pas nouveau! Ces bons rapports, nous l'avons vu, persistèrent pendant tout le moyen âge. Venise n'était pas seule à rechercher l'amitié des princes de l'Orient, dispensateurs alors des richesses du monde. Le gros volume de M. de Mas-Latrie en fait foi pour les relations avec les Sarrasins d'Afrique. Il en fut de même pour les Sarrasins d'Orient, malgré les croisades qui, de temps à autre, venaient troubler la tranquillité de ces bonnes relations[1].

Tous les peuples méditerranéens, même ceux qui étaient chargés spécialement de la défense du Saint-Sépulcre, furent, avec les musulmans, en rapport constant de trêves, de traités, d'amitié même. La mauvaise foi dans l'exécution des conventions n'était même pas toujours du côté des infidèles. Venise, qui « reposait tout entière sur le commerce et la navigation », moins que toute autre, était tenue d'épouser les querelles de la chrétienté contre les Sarrasins. Innocent III lui-même le reconnaissait. Nous voyons qu'en 1198, en pleine prédication de la croisade[2], il adoucissait en leur faveur la sévérité des défenses que ses prédécesseurs et lui-même avaient portées de commercer avec les infidèles.

Nous pouvons constater, par un grand nombre de traités extraits des *Libri Pactorum* et publiés par Tafel et Thomas, combien Venise multipliait ces relations avec tous les peuples du littoral. Il reste, de cette époque, des traités avec les Arabes, avec le roi d'Arménie, avec les Grecs, avec les Turcs mêmes. En échange d'avantages commerciaux, Venise passait sur tout et promettait tout ce

---

1. Voir aussi sur ce sujet (car il faut toujours citer M. de Mas-Latrie) deux articles que l'éminent érudit a publiés sur les relations politiques et commerciales de l'Asie Mineure avec l'île de Chypre (*Biblioth. de l'École des chartes*, 2ᵉ série, t. I, p. 301 et suiv.).
2. *Innocentii III Epistol.*, let. 139, édit. Migne.

qu'on voulait[1] ; pareille à ces Hollandais des siècles plus modernes qui, pour obtenir l'entrée de l'empire du Japon, marchaient, dit-on, sur le crucifix.

Cette conduite explique en même temps l'aversion que les riches marchands de la République inspiraient aux peuples féodaux et catholiques de cette époque. Innocent III, lui aussi, sentait bien qu'il y avait là un esprit nouveau, différent de l'ancienne foi. Il ne cachait pas sa défiance pour les Vénitiens et leur politique non moins tolérante qu'avide, ayant comme un pressentiment que ceci tuerait cela. Aussi, lorsque, dans l'étonnement que causa le changement de direction de la croisade, on chercha à s'en prendre à quelqu'un des alliés, les soupçons n'hésitèrent pas longtemps. Ce fut sur les Vénitiens que l'accusation de trahison tomba naturellement. Les chrétiens d'Orient qui, dans leur désespoir, jetèrent leurs plaintes aux quatre vents de la chrétienté, ne durent pas ménager la République détestée. La rumeur d'une trahison vénitienne circula de bouche en bouche. Le peuple, les opprimés, les faibles, tout ce qui n'avait rien compris à l'expédition de Constantinople ou qui en avait souffert, l'accueillit facilement. Tout était à la charge des Vénitiens : l'expédition de Zara, l'excommunication lancée et maintenue si longtemps par le pape, les mauvais traitements que « la menue gent de l'ost » avait reçus de l'aristocratie vénitienne lors du séjour au Lido ; peut-être aussi, pour finir, la nouvelle de ces traités qui ne furent obtenus que quelques années plus tard, mais qui, connus par l'opinion publique, pouvaient si facilement être reportés en arrière et considérés comme le paiement et la preuve d'une trahison.

L'histoire, aujourd'hui, doit avoir plus de clairvoyance et plus d'indulgence. Nous n'avons aucune raison sérieuse d'incriminer, en cette circonstance spéciale, la bonne foi

---

1. On sait que c'est au mépris d'un serment d'alliance conclue avec Alexis pour obtenir de lui des avantages commerciaux que les Vénitiens allèrent attaquer Constantinople en 1204.

des Vénitiens. S'ils furent dans cette occasion, comme tout semble le démontrer, les véritables instigateurs de l'expédition de Constantinople, d'autres motifs durent les pousser dans cette politique. La répression de Zara révoltée ; le trône de Constantinople soumis à un empereur, leur créature ; la vengeance tirée des faveurs qu'Alexis Comnène avait accordées aux Pisans[1] ; peut-être l'espoir entrevu du démembrement de l'empire grec à leur profit, c'étaient là des motifs suffisants pour jeter la politique des « seigneurs-marchands » dans l'aventure de Constantinople. Il n'est pas besoin, pour expliquer leur attitude, d'avoir recours à une accusation de trahison, que rien de sérieux dans les documents connus jusqu'ici ne nous autorise à admettre et que plusieurs sources assez dignes de foi nient, au contraire, formellement.

Appendice. — Ce travail était imprimé lorsque M. Riant voulut bien me communiquer une brochure que M. Streit vient de faire paraître en Allemagne sur ce même sujet (*Veneding und die Wendung des vierten Kreuzzuges gegen Constantinopel*, von Ludwig Streit. Anklam, 1877). M. Streit a eu entre les mains les papiers de M. Hopf. Il en a tiré nombre de renseignements précieux sur les travaux de cet érudit. Ces renseignements confirment de tous points les conclusions que je m'étais efforcé d'établir. L'identité du traité, daté par M. Hopf, avec les textes publiés par Tafel et Thomas y est reconnue. La substitution du nom de *Domenico* à celui de *Pietro* et du mot *martii* au mot *madji*, dans le texte du document, y est avouée (voir p. 3, 32, et appendice, p. 49).

Enfin, M. Streit me met sur la voie d'un renseignement du plus haut intérêt qui m'avait échappé : Aboulféda nous apprend que Malek el-Adel ne prit les titres de *Rex regum* et de *Amicus atque delicium principis fide-*

1. Voir Nicetas, liv. 5, chap. ix, cité par Daru, p. 251.

lium qu'à partir de 604 de l'Hégire (1207-1208 de l'ère chrétienne). Ce fait apparaît beaucoup plus clairement dans la traduction latine de Reiske que dans la traduction française de l'Académie des inscriptions et belles-lettres, dont je m'étais servi : « Eodem anno ineunte, faciebat M. el-Adel cum Tripolitano inducias, in castris apud locum Cadas : deinceps Damascum redibat; ibidemque permanens, excipiebat legatum Chalisæ Imami Naseri, summis, quibus poterat, honoribus... Diploma quod legatus perferebat, in fiduciam committebat Adelo, ea omnia quæ tunc temporis possidebat; eique titulos tribuebat *schahinschah* et *Malek-el-Moluc* [quorum ille Persicus, hic Arabicus, idem uterque notans, *regem regum* scilicet], et *Chalil el-mumenin* [seu *amicus atque delicium principis fidelium*][1]. »

Si l'on considère que l'un et l'autre de ces titres sont pris par Malek el-Adel dans les deux diplômes que nous avons étudiés ci-devant, on avouera qu'il est impossible d'adopter pour ces documents une date antérieure à celle que nous nous étions efforcés d'établir. Ainsi, rapprochement du mois arabe et du mois chrétien, titres du soudan, noms des ambassadeurs, direction générale donnée à la politique vénitienne, tout concourt à assurer l'exactitude de la date de 1208. On ne peut trop s'étonner qu'en présence d'un tel ensemble de faits, M. Streit, ne pouvant, comme il le dit lui-même, accepter la date de 1202, n'ait rien fait autre chose que de reporter nos traités au printemps de 1203. Aucune raison plausible ne pouvait l'autoriser à indiquer une pareille date.

[1877.]

---

1. Reiske, *Abulfedæ Annales* (t. IV, p. 224-225). Voir aussi *Histor. des croisades : Orientaux* (t. I, p. 84).

THÉORIE DU GALLICANISME

I.

LES LIBERTÉS DE L'ÉGLISE GALLICANE
DEPUIS LES ORIGINES DE LA MONARCHIE FRANÇAISE
JUSQU'A LA PRAGMATIQUE SANCTION DE CHARLES VII.

On ne peut dégager la philosophie d'un système politique tant qu'il subsiste. Il faut attendre que, par sa fin, il ait expliqué et complété son évolution : c'est donc à peine si l'heure est arrivée d'esquisser une théorie du gallicanisme.

Son origine se perd dans les temps obscurs où les aspirations du monde se cherchaient parmi la barbarie du moyen âge. Il atteignit son apogée, alors que la royauté chrétienne brillait, sous Louis XIV, du plus vif éclat. Notre siècle l'a vu décliner et mourir, après l'insuccès d'une restauration momentanée de cette même royauté. Sa carrière est achevée, comme est terminée, selon toute apparence, la destinée de la monarchie du droit divin. Ces deux ordres de faits sont arrivés simultanément à leur terme, laissant à la postérité l'exemple et le secret commun de leur principe, de leur grandeur et de leur décadence.

L'Empire romain avait étendu sur le monde occidental la plus puissante et la plus vaste organisation de discipline qu'il ait jamais connue. Quand cet Empire s'affaissa sous le poids de son immensité et de sa durée, le

régime qui lui succéda, par une sorte de réaction, poussa
à l'extrême le principe du particularisme et du morcel-
lement. Pendant plusieurs siècles, le monde reprit un
aspect de chaos.

En vain, certains esprits éminents ou de rares chefs
d'État essayaient d'évoquer quelque image ou de restaurer quelque vestige de l'ordre ancien. Leurs regrets
ou leurs efforts restaient stériles. Le monde, pour
quelques instants séduit ou emporté par eux, retom-
bait bientôt dans l'anarchie. Il ne devait pas revoir un
second exemple d'une aussi longue et aussi vaste domination.

Cependant, l'organisation du monde moderne se
reprenait, en quelque sorte, par dessous. Les combinaisons simples réussissaient, alors que les vastes synthèses
avaient échoué.

La féodalité établissait sa hiérarchie sur les rapports
du sol et du propriétaire, du vassal et du suzerain.
Ainsi, lentement, de l'un à l'autre et par un lien extrêmement fort, parce qu'il était essentiellement naturel,
se reconstituait un nouvel ordre social. Mais la conception de l'État en avait pour ainsi dire disparu.

On ne peut en dire tout à fait autant de l'idée de
patrie. L'Empire romain n'avait été qu'une immense
machine d'administration et de guerre. Il avait laissé
subsister au fond des cœurs un très vague sentiment des
liens de race ou de situation qui unissaient entre eux les
habitants d'une même terre. Il n'y a pas une époque,
si reculée qu'elle soit dans le moyen âge, où les mots de
Gallia, Italia, Hispania, Germania n'aient eu aucun sens.

Les habitants des différentes régions qui portaient ces
noms de toute antiquité gardèrent, en dépit de la conquête romaine, les titres de famille qui faisaient d'eux
des frères. Les nouveaux venus s'accoutumèrent vite à
cette ancienne classification. Tandis que le monde, au

bout de quelques siècles, ne comptait plus un Romain, il s'habitua à reconnaître et à distinguer des Français, des Espagnols, des Italiens, des Allemands et des Anglais.

Vers la très vague lueur laissée ainsi sur l'horizon durant la nuit du moyen âge, se mirent en route, lentement, les nouvelles générations européennes. Progrès instinctif, souvent contrarié, mais sûr, parce qu'il s'opérait, lui aussi, dans des conditions naturelles et par la force inconsciente de la plus ancienne des traditions. C'est par ce mouvement que se constituèrent les nations modernes.

Parmi les divers essais de restauration de l'*Orbis Romanus* que le haut moyen âge avait vu se produire, le plus heureux avait été tenté par un des rois francs, Charlemagne. Il avait porté le nom et la couronne d'Empereur. Sa domination avait été assez vaste pour qu'une sorte de reflet de la grandeur ancienne eût rejailli de lui sur ses faibles successeurs.

Pour ajouter au prestige de sa nouvelle puissance, Charlemagne avait eu recours à la consécration de la seule autorité contemporaine des empereurs romains, alors existante en Occident, celle de la papauté. Il était allé la chercher jusqu'en Italie, l'avait délivrée de l'oppression dans laquelle elle gémissait; il l'avait agrandie, restaurée, remise en honneur, et sa puissance s'était inclinée devant l'autorité morale, déjà séculaire, qui avait été la conseillère des Constantin, parfois l'égale des Théodose et des Justinien.

Si quelque image de la grandeur romaine était restée quelque part, c'était dans l'Église chrétienne et particulièrement dans la papauté. Elle occupait Rome. Elle parlait la langue latine. Elle avait été le centre d'où la foi s'était répandue dans le monde occidental. Les Églises locales lui restaient attachées, comme à une mère ou du moins comme à une sœur aînée. Enfin, quoique l'Église fût loin d'avoir établi dès lors le lien hiérarchique qui devait plus tard rattacher au successeur de saint Pierre le dernier des fidèles, les idées de fraternité chrétienne et de catholicité facilitaient une organisation qui, religieuse à son origine, pouvait rapidement devenir politique.

Cette tendance fut encouragée par Charlemagne lui-même lorsque, pour assurer l'indépendance du saint-siège, il confirma et accrut la donation, qu'avait déjà faite Pépin, de l'exarchat de Ravenne. Le pape devint ainsi prince temporel, et prince temporel relativement puissant dans un pays extrêmement morcelé, où aucune organisation politique sérieuse ne pouvait mettre obstacle à ses ambitions.

Il en fut de l'empire de Charlemagne comme de ceux d'Alexandre et de Napoléon : il ne survécut pas à l'homme qui l'avait fondé. Mais il laissa des ruines imposantes et qui suffirent pendant longtemps à l'habitation des générations nouvelles.

Les dépouilles se partagèrent ainsi : le nom d'empereur fut transporté à des princes allemands. Du respect que lui avait témoigné le conquérant et des bienfaits qu'il en avait reçus, le pape retint l'exercice de l'autorité souveraine à Rome et la conviction qu'une part lui revenait désormais dans l'établissement du pouvoir civil chez les nations chrétiennes. Enfin le roi de France, détenteur du sceptre par lequel s'étaient faites de si grandes choses, conserva sur ses vassaux une supériorité, à l'égard des étrangers, des prétentions qui préparèrent la naissance d'une nouvelle forme de gouvernement.

Cependant, le système féodal s'affirmait par la faiblesse des successeurs de Charlemagne. Ce qui était dans les mœurs s'inscrivait dans les lois. Bientôt, dans le royaume, il n'y eut plus de terres sans seigneurs. Le pouvoir se dépouillait de ses propres mains et jusqu'à l'aliénation héréditaire, non seulement de l'autorité effective, mais du droit même de suzeraineté[1].

C'est ce qui arriva notamment dans les relations du pouvoir laïque et du pouvoir ecclésiastique. Tandis que les premiers Carlovingiens avaient essayé de résister à l'agrandissement du domaine clérical par l'usage des *commendes*, les derniers rois de la seconde race accrurent à l'infini les *immunités*, les *privilèges*, qui laissaient aux clercs l'exercice entier de tous les droits d'État sur les bénéfices dont ils étaient détenteurs.

Quant à la désignation de ces possesseurs de bénéfices, elle échappa partout à l'autorité du pouvoir central. On vit s'établir, à travers mille incertitudes, mille divergences, une tradition éminemment médiévale en ce qui concernait les bénéfices majeurs, à savoir la désignation du titulaire ecclésiastique par le choix du clergé et l'acclamation populaire. C'est à peine si l'on respecta, en divers lieux, l'usage établi antérieurement de ne considérer l'élection comme valable que si elle obtenait la ratification du prince.

En ce qui concernait les bénéfices mineurs, l'évêque avait généralement le droit de collation. Mais, dans des cas nombreux, le créateur, le donateur du bénéfice retenait par devers lui ce droit, c'est-à-dire que lui et ses héritiers se réservaient de choisir le bénéficiaire. Il ne restait plus à l'évêque qu'à ratifier ce choix par l'institution canonique : c'est ce qu'on nommait le droit de patronage.

On comprend que ces coutumes, jointes à un système de propriété et de droit public fondé tout entier sur la conquête et sur le service militaire, fussent loin de s'accorder avec les préceptes évangéliques. Même dans ces temps d'infinie brutalité, les abus découlant des élections

1. « L'hérédité des fiefs et l'établissement général des arrière-fiefs éteignirent le gouvernement politique... L'arbre étendit ses branches et la tête se sécha. » Montesquieu, *Esprit des Lois*, XXXI, 22.

ou des désignations patronales parurent intolérables. La
simonie, l'ignorance, la débauche, l'avarice furent les
moindres défauts des évêques et des prêtres nommés
sous ce régime. Il n'est pas une âme honnête qui ne
gémisse sur les maux qui frappent l'Église et la chrétienté tout entière. Pour les guérir, tous se tournent
vers Rome : « Si Rome ne revient pas dans la voie
des améliorations, écrit Pierre Damiens, nul doute
que le monde entier ne reste encore longtemps dans
un abîme d'erreurs. Il faut que la réforme parte de
Rome, comme la pierre angulaire du salut des hommes.
L'Église romaine est le seul, l'unique port, étant à la fois
le chef des élus, la mère, le pôle et la sommité de toutes
les églises, en un mot l'église des églises, la sainte des
saintes[1]. »

Cet appel répondait aux nouvelles ambitions de la cour
de Rome. Abattue dans le cours du xie siècle jusqu'à se
soumettre entièrement aux empereurs, jusqu'à reconnaître à ces princes le droit de désigner les pontifes ou
du moins d'assister à l'élection et de la confirmer, la
papauté reprenait vigoureusement l'offensive par les conseils et bientôt sous la direction d'Hildebrand. Elle engageait en Allemagne la querelle des investitures qui avait
pour objet, en même temps que la réforme si nécessaire,
l'extension au loin de l'autorité spirituelle du pape.

Dans l'ardeur de la lutte, Grégoire VII ne s'arrêtait
même pas au domaine des choses sacrées. Il franchissait
la limite qui séparait le champ des deux pouvoirs et
réclamait, à son tour, le droit de disposer des couronnes
et de déposer les souverains, celui de délier les sujets
du serment de fidélité prêté au prince.

Il y avait double profit pour la papauté à se réserver la
désignation des titulaires de bénéfices. D'une part, elle
s'assurait ainsi de la qualité de ceux qu'elle choisissait.

1. *Epist.*, II, 19; cité dans Voigt, *Grégoire VII*, édit. 1842, in-12,
p. 62.

D'autre part, elle multipliait les défenseurs de ses droits et les missionnaires des idées ultramontaines. Aussi la voit-on s'efforcer de supplanter les personnes qui avaient auparavant le droit de désignation. Telle est l'origine des *réserves*, c'est-à-dire de la prétention qu'avait le pape de choisir, dans certains cas, le titulaire du bénéfice.

Au début, on procéda lentement. Le pape réclama, par exemple, la désignation du successeur de l'évêque mort à Rome, « in curia » comme on le disait, puis du successeur d'un cardinal, puis du titulaire de certains bénéfices appelés incompatibles, tout cela très lentement, très prudemment, préparant le temps où le pape Jean XXII, au xiv⁰ siècle, devait revendiquer la réserve générale de toutes les églises cathédrales de la chrétienté. C'eût été établir, du même coup, l'autorité absolue du pape sur le spirituel et donner une singulière extension à son autorité sur le temporel.

Cette même politique se développe par l'emploi des *mandata de conferendo*, qui furent tout d'abord de simples prières (*preces*) adressées à un évêque pour lui recommander un candidat, puis qui devinrent peu à peu *monitoires*, puis *préceptoires* et enfin *exécutoires*, et emportant non seulement commandement, mais prise de possession immédiate. Les *expectatives* promirent à des clercs, choisis par le pontife, l'échéance de certains bénéfices en cas de vacance, et cela contre les décisions du troisième concile de Latran, qui défend de prévenir la vacance d'un bénéfice, comme de disposer de la succession d'un vivant. Le *privilège des gradués* réserva aux clercs présentés par les universités comme méritants une partie des bénéfices. Enfin, le droit d'*annate* réclamé par le pape lui attribuait l'évaluation d'une année de revenu à chaque vacance du bénéfice.

Encore une fois, ce système, qui n'allait à rien moins qu'à rendre le pape maître de toute la fortune ecclésiastique, fut loin de présenter, du premier coup, tout son développement. Mais on le vit se dessiner de bonne heure. En France, le x⁰ siècle n'était pas terminé que déjà l'Église gallicane se plaint des empiétements de l'Église de Rome et, au moment même où Hugues Capet demandait au pape Zacharie une sorte de consécration de son usurpation, les évêques qui le soutenaient formulaient, en corps, des plaintes contre Rome, plaintes que l'on a considérées avec raison comme une des plus anciennes manifestations du gallicanisme. Dans le concile de Saint-Bâle de Reims, l'archevêque d'Orléans, faisant allusion aux excès des papes Jean XII, Jean XIV, qui désolaient Rome à cette époque, s'écrie : « Est-ce à de tels monstres, qui sont remplis de toutes les ignominies humaines, qui sont vides de toutes les sciences divines, que nous soumettrons les prêtres innombrables de Dieu qui se signalent sur toute la terre par leur science et le mérite de leur vie? » Ces paroles, qui témoignent d'un sentiment d'hostilité très vif, nous sont rapportées par Gerbert, celui qui, sous le nom de Sylvestre II, devait, plus qu'aucun de ses contemporains, s'efforcer de remédier aux abus signalés par ses compatriotes.

L'époque des premiers Capétiens nous a laissé peu de renseignements sur les rapports des deux puissances. On peut être assuré cependant que les idées de résistance aux empiétements de Rome se perpétuèrent en France, tant parmi le clergé que chez les divers détenteurs du pouvoir.

Le roi de France prenait conscience de sa force; il ne pouvait accroître son autorité qu'en l'étendant sur le domaine où jusqu'alors l'Église avait régné.

L'origine de la royauté capétienne est essentiellement féodale. C'est dans la possession immédiate des vastes domaines du duc de France que les premiers rois de la race trouvent leur véritable force. Ils agissent sur leurs terres avec l'étroite et vigilante autorité du seigneur et, si ce domaine s'étend, c'est en vertu de cette même conception que les rois établissent leur gouvernement sur les nouvelles acquisitions. Le titre de roi venait en quelque sorte par surcroît, plutôt pour autoriser les acquisitions que pour modifier la puissance effective du prince. Dans son domaine direct, incessamment accru, le Roi réclamait les services féodaux, c'est-à-dire le serment, l'ost, les aides, la justice. Si le fief était ecclésiastique, c'étaient les droits de surveillance, de patronage, de rachat, et autres analogues qui appartenaient à tout autre seigneur.

Du prélèvement de ces droits en ce qu'ils avaient de pécuniaire à un excès qu'on pouvait qualifier de simonie, il n'y avait qu'un pas : aussi voyons-nous que Grégoire VII incrimine avec la plus grande vivacité le langage et les actes de Philippe Ier. Il tonne contre lui à l'occasion du choix de l'évêque Landri pour le siège de Mâcon ; il menace d'excommunication, non seulement le Roi, mais le royaume tout entier : *aut rex ipse, repudiato turpi simoniacæ hæresis mercimonio, idoneas ad sacrum regimen personas promoveri permittet, aut Franci, pro certe, nisi fidem christianam abjicere maluerint, generalis anathematis mucrone percussi illi ulterius obtemperare recusabunt*[1]. C'était la doctrine de l'interdit dans ce qu'elle avait de plus audacieux.

L'Église gallicane affirme, par contre, son indépendance, et fait cause commune avec la royauté. Quand les canons du concile de Rome de 1074 parvinrent en France, accompagnés d'une *Apologétique* où le pape proclamait sa supériorité sur tous les évêques[2], ceux de France se réunirent à Paris, dans un synode et, à leur tour, ils rejetèrent les décrets de Grégoire, en les traitant « d'absurdes et d'intolérables ».

Cet incident contient en germe toute la querelle des

1. *Sancti Gregorii VII romani pontificis epistolæ et diplomata pontificia.* Paris, Biblioth. ecclésiast., 1877, in-8° (t. I, p. 141).
2. *Loc. cit.* (t. II, p. 151), et Voigt (*loc. cit.*, p. 284).

libertés gallicanes, la papauté s'efforçant d'étendre son autorité à la fois sur les élections ecclésiastiques et sur le Roi, les évêques français, au contraire, se rangeant derrière le Roi pour soutenir à la fois l'indépendance de la couronne et la subordination du siège apostolique au corps entier de l'Église. Il est vrai que ces idées sont encore bien vagues dans l'esprit de ceux qui les formulent; mais il ne faut que le temps pour les préciser et pour développer les conséquences qu'elles portent naturellement.

Sous Louis VII, le Jeune, à la suite d'une querelle de même nature (la désignation par le pape de Pierre de la Châtre comme archevêque de Bourges), un démêlé tout aussi violent éclata entre les deux cours. Innocent II frappa le roi de France d'interdit, comme Grégoire avait frappé Philippe Ier. Mais les conseillers du roi de France, Suger, abbé de Saint-Denis, et Gosselin, évêque de Soissons, conseillèrent au Roi de persévérer dans sa résistance, préférant, comme dit l'historien, « voir les élections à la merci du roi que du pape ». Ils étaient déjà, dans toute la force du terme, des gallicans.

Il y a longtemps que Pépin le Bref a employé, pour la première fois, la formule *Dei gratia Francorum rex*, non pas tant par esprit de dévotion que pour manifester son indépendance à l'égard de toute autre puissance terrestre. Cette formule s'introduit définitivement dans les actes de Philippe-Auguste et, s'il écrit au pape, il se met sur un pied d'égalité, même quand ce pape s'appelle Innocent III : *Reverendo patri et domino sanctissimo Innocentio, Dei gratia sanctæ Romanæ Ecclesiæ summo et universali pontifici, Philippus eadem gratia Francorum rex*[1].

Il est vrai que, dans la fameuse querelle du divorce, Philippe-Auguste finit par s'incliner devant la volonté

1. L. Delisle, *Catalogue des actes de Philippe-Auguste*. A. Durand, 1856, in-8° (p. LXV).

papale ; mais ici, Innocent III prend en main les intérêts spirituels de l'Église. Il exerce un droit strict en s'opposant au mépris des sacrements. Il prend bien soin d'ailleurs de ménager les susceptibilités du Roi, car, dans un acte contemporain, il déclare que le roi de France ne reconnaît aucun supérieur dans les choses temporelles[1].

A cette même époque, on voit les barons et grands seigneurs du royaume, Eudes, duc de Bourgogne, Robert de Courtenai, Guillaume, comte de Sancerre, Pierre, comte d'Auxerre, Henri, comte de Nevers, Enguerrant, comte du Perche, Gui de Dampierre, se grouper autour du Roi pour « résister aux injustes prétentions du pape » ; et, comme Innocent III s'était avisé de délivrer du paiement de leurs dettes les personnes partant pour la croisade, le duc de Bourgogne écrit à Philippe-Auguste que le pape ne peut, sans le consentement du prince, rien établir qui porte préjudice aux droits du Roi et des barons ; il lui conseille donc de s'opposer aux innovations qu'on voudrait introduire dans le royaume[2].

C'est, en effet, le temps où le pouvoir laïque, quel qu'il soit, commence à ressentir fortement les inconvénients de la puissance ecclésiastique. Vers la même époque s'ouvre en France une querelle des plus ardentes et qui est intimement unie aux démêlés entre la cour de Rome et la cour de France : je veux dire la rivalité entre les deux juridictions, la concurrence des tribunaux civils et des cours ecclésiastiques.

Dans le naufrage du moyen âge, l'Eglise n'avait pas gardé seulement quelques-unes des traditions d'unité et d'ordre qui avaient été celles de l'Empire ; elle avait aussi conservé le dépôt de ce qui avait fait la véritable grandeur de la domination romaine : la jurisprudence.

Le tribunal arbitral des évêques s'était peu à peu trans-

---

1. *Libertés de l'Église gallicane* (édit. 1639, t. II, p. 114).
2. *Ibid.*, n°⁵ 940-946 (p. 217).

formé. L'autorité de lier et de délier, fondée sur les paroles mêmes du Christ, s'était accrue. La soumission des fidèles et des princes eux-mêmes aux lois de l'Église et à l'autorité des clercs avait fait le reste. Si bien qu'on avait vu s'établir sur les bases les plus larges la compétence du for ecclésiastique.

L'Église s'attribuait juridiction, « à raison de la personne », sur tous ceux qui, de près ou de loin, touchaient aux fonctions cléricales ou recouraient à la protection de l'Église ; c'étaient les clercs, qui, comme défendeurs, ne pouvaient être arrachés aux tribunaux ecclésiastiques, les croisés, les veuves, les orphelins. On vit s'étendre à l'infini le « privilège de clergie » ; car il suffit de quelque cérémonie purement symbolique, la tonsure, le port du vêtement ecclésiastique, pour que des personnes, attachées d'ailleurs à des emplois purement laïques et vivant de la vie commune, mariées même, prétendissent échapper à la juridiction ordinaire. Cet abus alla si loin que, à des époques beaucoup plus voisines de nous, alors que les cours du Roi avaient tout fait pour briser ce privilège, on pouvait encore évaluer aux quatre cinquièmes des affaires celles qui étaient portées devant les officialités.

Ce n'était pas seulement, en effet, à raison de la personne, c'était aussi « à raison de la matière », comme on disait en termes techniques, que ces tribunaux étendaient leur compétence : ils réclamaient, bien entendu, les affaires spirituelles, tout ce qui avait trait aux points de droit, culte, dogme, hérésie, superstition, mais aussi les affaires connexes. Et jusqu'où cette appellation n'allait-elle pas dans un temps où la vie religieuse était si étroitement unie à tous les actes de l'existence sociale ? Mariage, fiançailles, séparation ; matières bénéficiales, patronages, dîmes ; testaments, jusqu'à tel point qu'à défaut d'autre désignation, l'évêque était reconnu de droit exécuteur testamentaire ; serment et, par dérivation, simple violation de tout engagement ou contrat.

L'Église trouvait, dans cette extension de son autorité, l'occasion de profits considérables[1]. Le pape, dont
les besoins croissaient sans cesse, avec la charge et la
responsabilité de la conduite du monde et surtout de
l'entreprise des croisades, les papes comprirent qu'ils
pouvaient puiser, à cette même source, une grande aug-
mentation de leurs revenus. C'est pourquoi nous voyons
s'installer dans les principales villes de la chrétienté des
notaires apostoliques dont les actes étaient considérés
comme valables dans toutes les cours du royaume. « Les
délégués du pape, dit un jurisconsulte contemporain,
s'efforcent de connaître des causes temporelles; ils
traînent hors de leurs diocèses les laïques qui leur
résistent, les excommunient, les lassent par toutes sortes
de dépenses et de vexations jusqu'à ce qu'ils cèdent. »

Cependant, le pouvoir civil reprenait possession de
lui-même : il avait le sentiment de ses droits et l'expérience nouvelle des charges qui lui incombaient. Or,
parmi ces devoirs, figurait au premier rang celui de
rendre la justice, et, pour faire face à ses dépenses, il
lui fallait de l'argent, beaucoup d'argent. Tout ce qui
s'échappait pour grossir les prébendes ou pour aller à
Rome était enlevé à ses ressources, à ses besoins les
plus étroits. Son prestige et ses intérêts étaient compromis par le succès du for ecclésiastique.

En 1225 sont publiées les « plaintes que les barons de
France, les plus hauts seigneurs du royaume adressent au
Roi contre les entreprises des clercs et les grands maux
et dommages qu'ils en ressentent[2] ».

Ils ne précisent pas davantage pour cette fois, mais le

----

1. « A la fin du XIIIe siècle, presque tous les contrats qu'on rencontre
dans les archives sont revêtus du sceau de l'official; les sceaux des
évêques de Normandie, qui ne rapportaient rien du temps de saint
Louis, donnaient, sous Philippe le Bel, tous frais faits, un revenu de
plus de 20 000 livres. » Boutaric, *la France sous Philippe le Bel*, p. 75.

2. *Libertés de l'Église gallicane* (t. II, p. 116).

sens exact de ces plaintes est expliqué dans des documents analogues qui se suivent de très près. C'est, en en 1235, la « plainte des princes et barons du royaume faite au pape sur les entreprises ecclésiastiques[1] ». C'est, en 1246, « l'alliance des barons de France contre les entreprises des prélats sur la justice séculière » avec citation de la fameuse formule, nœud de tout le débat : *Reddite quæ sunt Cæsaris Cæsari et quæ sunt Dei Deo[2]*.

Si l'on rapproche ces documents de ceux qui datent de l'époque de Philippe-Auguste et que nous citions plus haut, on voit par quelle suite non interrompue s'établit en France une tradition qui remonte à l'origine même de la monarchie. Aucun anneau ne manque à la chaîne, et l'on ne pourrait dire à quelle époque précise il faudrait placer l'origine d'une résistance qui est contemporaine du premier sentiment de l'existence nationale.

On voit donc combien sont précaires les arguments de ceux qui, pour nier l'authenticité de la Pragmatique Sanction dite de saint Louis, ont affirmé qu'elle ne correspondait nullement aux sentiments et aux doctrines ayant cours en France à l'époque de ce roi. Louis IX, assurément, était dirigé dans sa conduite à l'égard de l'Église, en général, et de la cour de Rome, en particulier, par de hauts sentiments de piété et par une conscience religieuse d'une délicatesse extrême. L'exemple des princes qui, dans l'entraînement de la lutte où les intérêts de leur empire les avaient engagés contre Rome, avaient fini par encourir l'excommunication, était présent à son esprit. Il devait appréhender, par-dessus tout, une telle infortune. Ce serait donc se tromper que de considérer, comme l'a fait la science gallicane, sur la foi d'un document sans doute apocryphe[3], son règne comme une des époques de la lutte du gallicanisme contre Rome.

---

1. *Libertés de l'Église gallicane* (t. II, p. 117).
2. *Ibid.*, p. 116.
3. Sans remonter aux discussions qu'a provoquées autrefois la ques-

Mais ce serait aller trop loin dans le sens contraire que d'attribuer au saint Roi des sentiments de soumission aveugle à l'autorité des évêques et du saint-siège. Sa conscience de roi eût été atteinte s'il eût accepté la moindre diminution de l'autorité qu'il avait reçue de ses prédécesseurs et de l'idée qu'il se faisait lui-même de cette autorité.

D'ailleurs, c'est sous le règne de ce prince que s'établit, d'une façon durable, l'institution qui sera l'organe le plus hardi des revendications gallicanes; la cour du Roi devient permanente; elle séjourne à Paris. Elle est déjà le Parlement.

Pour qu'une pareille transformation pût se faire, il fallait que l'autorité du Roi fût accrue et acceptée au loin, il fallait que même les hauts seigneurs du royaume se fussent accoutumés à lui obéir et à le considérer comme la plus haute image de la patrie commune, il fallait surtout qu'autour de ce Roi siégeassent, en nombre suffisant, des hommes instruits, capables de rendre la justice dans les formes convenables.

Les premiers efforts des Capétiens avaient eu pour objet l'extension du domaine. Les croisades eurent pour effet d'accoutumer les nobles à la discipline sous un chef commun. L'enseignement nouveau du droit dans les universités fournit à la royauté les hommes dont elle avait besoin : ce sont les *légistes*.

Les plus nombreux et les plus ardents d'entre eux

tion de l'authenticité de la Pragmatique Sanction de saint Louis, il suffit de mentionner ici les travaux les plus récemment parus : *les Deux Pragmatiques Sanctions attribuées à saint Louis*, par Ch. Gérin, 2ᵉ édit. corrigée et considérablement augmentée. Lecoffre, 1869, 1 vol. in-18. — *La Pragmatique Sanction attribuée à saint Louis. Examen critique d'un ouvrage de M. Ch. Gérin*, par Paul Viollet. Paris, Ernest Thorin, 1870 (extrait de la *Bibliothèque de l'École des chartes*). — *La Pragmatique Sanction de saint Louis*, réponse à la *Bibliothèque de l'École des chartes*, par Charles Gérin (extrait de la *Revue du Monde catholique*). Paris, J. Lecoffre, 1870, in-12. — Et, enfin, *Précis de l'histoire du droit français*, par Paul Viollet. Larose et Forcel, 1884, in-8ᵉ, p. 67.

vinrent du Midi, ou plutôt des régions d'outre-Loire, Auvergne, Guyenne, Gascogne, Périgord, Poitou, Limousin, pays de civilisation précoce et libre, jusqu'à la triste croisade des Albigeois, pays où les institutions romaines s'étaient gardées plus que nulle part ailleurs, et surtout pays *de droit écrit*. Montpellier d'abord, puis Toulouse, puis Poitiers[1] furent les grands centres de cet enseignement et de ces idées. C'est de là que descendirent, comme du cheval de Troie, ces hommes qui devaient concevoir et exécuter pour la royauté française, au dedans, une œuvre d'unification et de domination ; au dehors, une œuvre d'indépendance et de résistance d'abord, puis d'expansion et de conquête.

Les premiers légistes eurent pour élèves, sur toute la surface du sol, ces magistrats, ces avocats, ces « gens du Roi » qui prirent à cœur, — parce que c'était leur intérêt le plus étroit, — d'accroître, de fortifier, d'honorer la justice royale, la puissance royale, la loi royale.

On ne peut exagérer l'influence qu'ont eue, sur les destinées politiques de l'ancienne France, les rivalités de boutique qui firent de ces nouveaux conseillers de la royauté les adversaires des justices seigneuriales et des justices ecclésiastiques. Pour autoriser leurs empiétements de part et d'autre, ils conçurent très rapidement et simultanément les deux théories que nous allons voir jointes désormais : la théorie régalienne et la théorie gallicane, ou plutôt ces deux théories n'en firent qu'une dans leurs livres et dans leurs sentences.

Ils eurent de bonne heure la claire conception d'un pouvoir fort, tirant sa raison d'être de lui-même, n'ayant aucun compte à rendre ici-bas, personnifiant l'État, tant

1. Orléans a fleuri quelque temps au XIIIᵉ siècle, mais avec un esprit particulier et qui, pour employer un mot de Savigny, « n'a laissé aucune trace » (voir *Li livres de Jostice et de Plet*, dans la *Collection des documents inédits*, préface, p. XXXI). Voir aussi un article de M. Flach, dans la *Nouvelle Revue historique du droit français*, mars-avril 1883.

à l'égard des intérêts particuliers qu'il mate qu'à l'égard des rivalités étrangères qu'il a pour premier devoir de refouler; ne laissant aucune résistance se produire, aucune indépendance s'affirmer devant la loi sombre et sans réplique du *Salus populi suprema lex esto*.

Ces hommes sont à l'œuvre dès le règne de Philippe le Bel. Ils traduisent en français la formule du Digeste : « *Quod principi placuit legis habet vigorem* » : *Que veut le roi, si veut la loi*[1]; au même moment où le tiers état, uni aux ordres supérieurs dans une assemblée qu'on considère comme la première réunion des États Généraux, confie au Roi les subsides et la force morale nécessaires pour lutter victorieusement contre les prétentions pontificales.

Cette lutte de Philippe le Bel et de Boniface VIII n'est pas à raconter ici. Fixons-en seulement les principaux traits[2].

En 1297, Boniface VIII, plein d'anxiété sur le sort de la Terre Sainte et désireux de réunir toutes les armées de l'Europe dans un suprême effort, renouvelle, de sa propre autorité, une trêve entre Édouard d'Angleterre et Philippe le Bel, trêve dont il avait été antérieurement le médiateur et dont le terme était échu sans que le conflit fût apaisé. Philippe le Bel refusa de prendre connaissance de la Bulle avant d'avoir fait les protestations suivantes : « Que le gouvernement temporel de son

---

1. Voici les deux textes, le latin et la traduction en français, dans *Li livres de Jostice et de Plet* :

« Quod principi placuit legis habet vigorem, utpope quum lege regia quæ de imperio ejus lata est, populus ei et in eum omne suum imperium et potestatem conferat. » Ulp. Dig., l. I, tit. IV, fr. I, *in proœmio.*

« Ce que plest au prince vaut loi ausint com se toz li peuples donoit son poer et son commandement à la loi que li rois envoie. » *Li livres de Jostice et de Plet (loc. cit.,* p. 9).

2. Je m'appuie sur le livre de M. de Boutaric, déjà cité : *la France sous Philippe le Bel*, livre V : *le Roi et le saint-siège*, p. 88.

royaume appartenait à lui seul ; qu'il ne connaissait en cette matière aucun supérieur ; qu'il ne se soumettrait jamais à âme qui vive à cet égard ; qu'il voulait exercer sa juridiction dans ses fiefs, défendre son royaume et poursuivre son droit avec l'aide de ses sujets, de ses alliés et de Dieu. »

On ne pouvait parler un langage plus noble, plus légitime. Philippe poussait la sagesse politique jusqu'à s'incliner expressément devant la puissance spirituelle du Saint-Père et à déclarer qu'il acceptait la médiation de Boniface, non comme pape, mais comme simple particulier.

Telle fut l'origine de la lutte. Posée dans ces termes de haut dissentiment politique, elle ne pouvait avoir qu'une solution : la rétractation ou la défaite de l'une ou l'autre des deux parties. Il faut observer, en outre, que la conduite des deux adversaires était en conformité absolue avec la tradition des deux pouvoirs dont ils étaient temporairement les détenteurs : Boniface VIII parle comme tous les papes, depuis Grégoire VII[1]. Quant aux paroles de Philippe le Bel, elles sont presque tex-

---

1. Grégoire IX écrivait à Frédéric II : « C'est un fait notoire et manifeste que Constantin, qui possédait la monarchie universelle, a voulu, du consentement du peuple de Rome et de l'Empire romain tout entier, que le vicaire du prince des apôtres, qui avait l'empire du sacerdoce et des âmes dans le monde entier, eût aussi le gouvernement des choses et des corps dans tout l'univers, persuadé que celui-là devait régir les choses terrestres à qui Dieu avait confié sur la terre le soin des choses célestes... Tu oublies que les prêtres du Christ sont les pères et les maîtres de tous les rois et de tous les princes chrétiens (lettre du 23 octobre 1236. Huillard-Bréholles, *Introduction à l'Histoire diplomatique de Frédéric II*, p. CDXXX; Boutaric, *loc. cit.*, p. 114). Comparer avec ces paroles de Boniface VIII : « Nous venismes devant le pape, écrit un contemporain, et li monstrasmes le grand fiance que vous aviés en lui et comment vous vous asseüriez bien de vo droit et comment il estoit en lieu de Dieu en terre et souvrains dou roy de France en espirituel et en temporel... Li pape respondi tantost tele reponse : ... mais bien estoit voir que souvrains estoit-il dou roy de France en espirituel et en temporel » (*Biblioth. de l'École des chartes*, 4ᵉ série, t. II, p. 602).

tuellement les mêmes que celles qui ont déjà servi aux
conseillers et aux barons de Philippe Ier et de Philippe-
Auguste.

Au même moment, une autre querelle avait éclaté. Le
clergé de France se plaignait des exactions de Philippe
le Bel. Par la bulle *Clericis laicos*, Boniface VIII excom-
muniait non seulement ceux qui prélevaient des contri-
butions sur le clergé, mais aussi les clercs qui consen-
taient à les payer.

Par contre, ce même clergé français se plaignait d'être
ruiné par les redevances qu'il payait à la cour de Rome;
le Roi lança un édit (avril 1296) interdisant la sortie
de l'or, de l'argent et des marchandises hors du royaume.
La question de gros sous accompagnait et donnait une
acuité toute pratique à la rivalité de doctrines. Dès cette
phase de la lutte, tandis que le clergé régulier prenait
parti pour le pape, le clergé séculier s'attachait énergiquement à la fortune du Roi. Le pape cède alors : la bulle
Clericis laicos est en quelque sorte biffée par la bulle *Nove-
ritis nos*.

Les choses en seraient peut-être restées là, si le jubilé
de 1300 n'avait mis une sorte de folie des grandeurs dans
le cœur orgueilleux de Boniface VIII. La doctrine du
pape *détenteur des deux glaives* est reprise, en présence
du concours solennel des pèlerins, dans un sermon
prêché à Saint-Jean-de-Latran. Bernard Saisset, évêque
français, est envoyé comme légat auprès de Philippe,
pour lui rappeler ses devoirs envers la chrétienté et le
pousser à la croisade. Il insulte le Roi. Un procès est
intenté au légat par-devant les barons et pairs du royaume.
Ce procès pose la question, souvent reprise, de la compétence d'un tribunal autre que celui du pape dans la
cause d'un évêque.

En réponse, le pape convoque un concile à Rome pour
pourvoir à la défense de l'Église, à la correction du Roi
et au *bon gouvernement de la France*. Le Roi refuse aux

évêques de France l'autorisation de se rendre à ce concile. Le départ de quelques-uns d'entre eux pose une question, non moins agitée, celle de l'interdiction aux clercs de sortir du royaume sans l'expresse permission du gouvernement.

La bulle *Ausculta fili* reprend, avec plus de vigueur, la thèse du droit de correction remis au pape sur les rois. Le Roi fait brûler solennellement cette bulle. En outre, il convoque les Etats du royaume et, par ce trait hardi, lie la cause de la nation à celle de la royauté. Le méridional Pierre de Flotte fait le procès de Boniface VIII. Le Roi lui-même intervient et dans une allocution de la plus adroite brièveté, Philippe le Bel revendique l'indépendance du royaume que ses prédécesseurs lui ont transmis et qu'ils tenaient eux-mêmes « uniquement de Dieu, de leur propre courage et de celui de leurs peuples[1] ». L'assemblée acclame ces paroles[2]. Le clergé lui-même ne peut refuser son assentiment.

L'année suivante (1303), une autre assemblée moins nombreuse, mais où les trois ordres ont encore leurs représentants, en appelle du pape au futur concile et pose ainsi, au point de vue gallican, la question de la supériorité du concile sur le pape.

En réponse, la bulle *Juxta verbum propheticum* délie les sujets du Roi du serment qu'ils ont prêté au prince; la bulle *Petri solio excelso* le frappe d'excommunication, mettant ainsi en action les théories et se servant des der-

---

1. Picot, *Histoire des États généraux*, t. I (p. 22).

2. Les sentiments de l'assemblée sont formulés dans une « supplique du peuple de France » à laquelle on donna la plus grande publicité : « A vous, très noble prince, notre seigneur, par la grâce de Dieu, roi de France, supplie et requiert le peuple de votre royaume, pour ce qu'il lui appartient que ce soit fait, que vous gardiez la souveraine franchise de votre royaume, qui est telle que vous ne reconnaissiez de votre temporel souverain en terre fors que Dieu, et que vous fassiez déclarer, pour que tout le monde le sache, que le pape Boniface erre manifestement et fit péché mortel en vous mandant qu'il étoit votre souverain de votre temporel... » (Boutaric, p. 24).

nières armes pontificales. Elles sont sans efficacité, en raison de la volonté nettement arrêtée de la nation qui, consultée au moyen d'une sorte de plébiscite jusque dans les plus petites communes, se prononce pour la royauté[1]. Ce mot seul d'indépendance gallicane, adroitement placé dans la question posée par le Roi, décide en sa faveur. La France prend conscience d'elle-même sur une simple menace de l'ingérence étrangère.

Les événements qui suivent sont le développement naturel d'une telle situation. Boniface VIII, que des ambitions démesurées avaient acculé aux solutions extrêmes, périt victime d'une force brutale qu'il avait déchaînée lui-même.

Philippe le Bel n'est pas seul responsable de cette lamentable histoire. D'autres colères et d'autres vengeances, que l'esprit agressif du pape avait excitées, y eurent leur part. Mais le grand démêlé dont elle fut la suite naturelle eut pour effet de donner à la royauté française conscience de sa force, à la nation le sentiment de son existence, à l'une et à l'autre la certitude qu'elles étaient unies pour la défense de leur indépendance, quelle que fût la grandeur, quelle que fût l'autorité, quelle que fût la sainteté des prétentions qu'on pouvait élever contre elle.

Dans cette crise, le clergé séculier français demeura fermement attaché aux doctrines défendues par les deux autres classes de la nation et par la royauté. Cette attitude est d'autant plus remarquable que, dès cette

---

1. Les actes d'adhésion à la proposition d'appel au futur concile ont été conservés en très grand nombre. Il y a *plus de six cents adhésions ecclésiastiques* au Trésor des chartes. Un pareil chiffre prouve combien il est difficile de dire que le clergé ait eu la main forcée, surtout si l'on observe que plusieurs corps refusèrent l'adhésion. Ce fureut, en général, les ordres réguliers (voir Boutaric, p. 29, 111, etc.). On a conservé les adhésions de Limoges, Nevers, Saint-Junien, Cordes, Reims, Montcornet, Chaudardes, Amiens, Bapaume, etc., c'est-à-dire de grandes métropoles ainsi que de simples communes rurales.

époque, la lutte s'était engagée, dans le royaume, entre la juridiction ecclésiastique et la juridiction laïque; déjà les hommes du parlement s'étaient déclarés les adversaires du pouvoir ecclésiastique à l'intérieur aussi bien que du pouvoir papal au dehors. Des ecclésiastiques français avaient dû recourir à la haute intervention du saint-siège pour maintenir la compétence de leurs tribunaux. Mais ceux qui avaient agi ainsi avaient toujours été l'exception; ils avaient été le plus souvent l'objet du blâme et même de la condamnation de leurs collègues. En somme, la masse restait fidèle au sentiment national, aux principes gallicans, pour les appeler par leurs noms.

Les raisons ne manquent pas pour expliquer cette fidélité. La plupart des hauts dignitaires ecclésiastiques étaient d'ores et déjà désignés par le pouvoir royal à l'élection ou au consentement des chapitres et des fidèles. Il n'est pas étonnant qu'ils restassent attachés à un pouvoir dont ils étaient les créatures.

En outre, depuis la plus haute antiquité, les évêques avaient considéré avec envie ou avec crainte les progrès de la monarchie pontificale. L'activité des grands papes, les Léon, les Grégoire, les Nicolas, effrayait tant de prélats semi-laïcs, semi-ecclésiastiques, que les hasards de ces temps sombres mettaient à la tête des métropoles. L'éloignement de leurs sièges, la gloire universelle de certains de leurs prédécesseurs, l'autorité des conciles provinciaux les avaient accoutumés à se considérer comme maîtres chez eux. Les primats, les patriarches, les chefs des églises africaine, hispanique, gallicane, anglaise, souffraient impatiemment ce dernier appel à son tribunal que l'évêque de Rome prétendait imposer.

Enfin, leurs privilèges, tant en ce qui concernait la justice qu'en ce qui touchait à la collation des bénéfices mineurs, étaient singulièrement atteints par les nouvelles entreprises de la papauté : « Dès la fin du xiiie siècle, dit M. Boutaric, les églises de France envoyaient à Rome des sommes considérables. L'abbé de Saint-Denis écrivait au Roi que son abbaye était ruinée par les redevances qu'il payait au saint-siège. » On voit donc que si le clergé français lia de bonne heure sa fortune à celle des rois, ce fut autant par intérêt et par nécessité que par dévouement et par choix.

Après le court règne de Benoît IV qui rétablit la paix dans l'Église, celui de Clément V mit la papauté dans la main et sous la coupe de la maison de France. Le siège apostolique fut transporté à Avignon, où il demeura fixé pendant soixante-douze ans.

Il résulte de cette translation deux ordres de faits qui, de prime abord, paraissent contradictoires : d'une part, la papauté et la royauté française se montrent, au début, très étroitement unies; d'autre part, l'autorité pontificale prend, en France, un essor qu'elle n'avait jamais eu; c'est le temps où le pape Jean XXII pousse à l'extrême les prétentions des papes au sujet de la collation des bénéfices majeurs. Il réclame la disposition générale de toutes les églises cathédrales de la chrétienté.

Si l'on y regarde de près, la simultanéité de ces deux résultats s'explique : du moment où la *concorde* était rétablie entre l'empire et le sacerdoce, il était naturel qu'ils s'unissent pour disposer en commun des bénéfices les plus importants. L'historien de Philippe le Bel, qui est entré dans un examen très précis des faits particuliers, montre très bien comment les choses se passaient dans la pratique : le Roi désignait son candidat au pape; celui-ci le consacrait[1]. Ainsi, les deux pouvoirs avaient

---

1. « *On ne vit plus d'élections d'évêques par les chapitres.* Philippe commandait, il fallait obéir. Moyennant cette soumission, le Roi *permettait au pape de nommer* directement aux évêchés... Le Roi prétendait bien profiter de ce droit de nomination qu'il laissait au pape pour placer ses propres créatures » (Boutaric, *loc. cit.*, p. 165). Voir, à la suite, les nombreux exemples cités par cet auteur.

satisfaction au détriment des anciennes règles et des véritables libertés de l'Église. Ce partage sans façon, où chacune des deux puissances disposait de ce qui ne lui appartenait pas, était comme un premier essai de l'entente qui, deux siècles plus tard, devait intervenir entre elles sous le nom de *Concordat*.

Cependant, l'autorité des tribunaux ecclésiastiques ne paraît nullement ébranlée au cours du xive siècle.

Les réclamations qu'elle provoque deviennent de plus en plus fréquentes, soit qu'elle eût en effet reçu de l'accroissement, soit qu'on en sentît plus lourdement le poids.

Ce sont les légistes qui élèvent ces plaintes, et dont la voix vient jusqu'à nous. Tandis que Philippe de Valois affectait de ramener sur le trône quelque chose, sinon des vertus, au moins de la dévotion du bon roi saint Louis, Pierre de Cugnières, avocat au Parlement de Paris, engage le grand débat qui devait se terminer par la ruine des officialités.

Il prend texte du *Reddite Cæsari quæ sunt Cæsaris* et devant la cour du Parlement, le Roi y étant, les grands et les évêques du royaume rassemblés, il développe, dans les propositions suivantes, les abus des cours ecclésiastiques : elles instruisent indûment contre des laïques et prétendent se faire payer les dépens ; elles étendent le privilège de clergie à des hommes de toutes sortes, bâtards, serfs, gens sans feu ni lieu, pour accroître leur autorité ; leurs notaires exercent dans les justices royales et seigneuriales, et par les contrats qu'ils reçoivent soumettent les contractants à la juridiction ecclésiastique ; les officialités rendent une justice dérisoire, pécuniaire, « si bien qu'un homme qui entrait dans la prison ecclésiastique par la porte de fer en sortait par la porte d'argent » ; elles étendent abusivement la force de l'excommunication, traduisant et condamnant à de grosses amendes ceux qui avaient seulement eu des rapports avec un excommunié ; elles accusent les hommes riches d'usure pour recourir contre eux et leur extorquer de fortes sommes; enfin, dans la matière des testaments, réclamant une compétence qui ne leur appartient pas, ces mêmes juges profitent du moindre vice de forme, ou du moindre prétexte pour se faire « foncer le poignet » par les héritiers avant de reconnaître la validité de l'acte.

Ces doléances de Pierre de Cugnières furent célébrées par toute l'école gallicane parlementaire, comme un des actes les plus hardis et les plus forts en faveur de leurs prétentions. On voit cependant de quoi elles se composaient. C'était uniquement la rivalité étroite, mesquine d'avocats et de juges se disputant les clients et les plaideurs, les honoraires et les épices.

Elles paraissent cependant avoir touché les ecclésiastiques à l'endroit sensible. Pierre de Cugnières fut traité d'hérétique et la fureur du clergé de Paris se perpétua traditionnellement dans la légende bouffonne de Pierre du Coignet[1].

Les plaintes de l'avocat n'eurent d'ailleurs aucune suite immédiate. Si le Roi eut quelque velléité de suivre ces conseils, il en fut détourné par l'autorité des évêques qui l'admonestèrent sévèrement : « Il leur fit répondre, dit le chroniqueur, que les droits et les libertés que ses prédécesseurs avaient donnés aux églises, il n'entendoit pas à en rien oster, ni amenuisier, ains estoit son entente de les avant accroistre. »

L'heure n'était pas arrivée d'engager une lutte qui devait demander de longs efforts et dont l'issue était incertaine. Au moment où s'ouvre la guerre de Cent ans, le pouvoir royal entre dans une période d'affaiblissement et de crise qui coïncide avec l'humiliation et l'abaissement de la papauté d'Avignon. A la faveur de ces circonstances, l'épiscopat français reprend vigueur et il mène plus vivement que jamais le campagne ecclésiastique tant contre le pouvoir civil que contre le pouvoir pontifical.

1. Voir E. Pasquier, *les Recherches de la France*, t. III, p. 33 (édit. 1723, t. I, p. 287), et les *Grandes Chroniques de France*, édit. Paulin Paris (t. V, p. 336).

II.

LE GALLICANISME ÉPISCOPAL
LA PRAGMATIQUE SANCTION DE BOURGES.

Ce qui paraît caractériser, au point de vue politique, l'époque, historiquement si obscure de la guerre de Cent ans, c'est un retour offensif des autorités inférieures contre la constitution un peu trop hâtive des pouvoirs centralisés.

Sans sortir de la France, on voit, dans le cours de cette guerre, le trône perdre deux fois son assiette, et, pour ainsi parler, menacer ruine. En même temps, les papes d'Avignon déshonorent le siège pontifical; bientôt le schisme le divise et l'abat.

Ceux que l'autorité des grands rois et des grands papes avaient matés relèvent la tête. Ce n'est pas l'ancienne féodalité ni l'ancien épiscopat, étroitement domaniaux, qui renaissent. C'est quelque chose de nouveau qui apparaît et qu'il faut appeler d'un nom nouveau : ce sont les aristocraties laïque et ecclésiastique.

La conception de l'autorité centrale est trop bien établie dans les esprits pour que personne songe à la briser et à la répartir de nouveau dans l'émiettement des particularismes locaux. Mais cette autorité étant constituée, existant, fournissant à celui qui la possède les satisfactions du commandement et la disposition de la fortune publique, chacun cherche à s'en emparer. Ce n'est plus une lutte pour la domination et la conquête : ce sont des rivalités d'influence et d'institutions.

La noblesse, le clergé et cette partie du tiers que la création des parlements appelle à la vie publique se groupent en corps politique, s'agitent autour des rois pour les servir ou les combattre, selon les circonstances. Si le pouvoir est fort, ils se déclarent ses plus fermes

appuis et implorent ses bonnes grâces ; s'il est faible, ils
deviennent ses plus dangereux adversaires et se disputent les lambeaux d'une autorité détruite par leurs
coups. Dans les querelles intestines, ou même dans les
luttes contre l'étranger, ils changent de parti selon leurs
intérêts du moment, plus préoccupés des privilèges
qu'ils peuvent arracher à une autorité diminuée, — fût-
elle étrangère, — que du repos et de l'honneur dont ils
pourraient jouir sous une plus forte discipline, — fût-elle
nationale.

En un mot, l'Europe assiste à un effort vigoureux pour
la constitution de pouvoirs aristocratiques. Cet effort,
qui réussit en Angleterre, échoua en France pour des
raisons qui sont connues. Il est seulement utile de rappeler, ici, qu'il se produisit dans l'Église en même
temps que dans le monde laïque. Là non plus il ne réussit pas. Mais son échec laissa dans les esprits les traces
d'un mécontentement qui devait avoir des suites jusque
dans les révolutions religieuses du xvi⁰ siècle.

Le Grand Schisme d'Occident est de l'année 1378. La
démence de Charles VI est de l'année 1392. Si l'on exa-
mine avec quelque soin les décisions des assemblées du
clergé, ou plutôt des conciles tant provinciaux que généraux réunis en France ou dans les pays limitrophes à
partir de l'année 1398 jusqu'en 1438, date de la Pragmatique Sanction de Charles VII, on remarque que cet acte
n'est que le couronnement d'une œuvre conçue, poursuivie, exécutée avec la volonté la plus claire, la plus persévérante pendant toute cette période.

Cette œuvre est à la fois hostile au pouvoir royal et au
pouvoir pontifical. Elle est toute ecclésiastique et épiscopale ; c'est une véritable entreprise de liberté pour
l'Église gallicane. Celle-ci cherche à se mettre hors de
page, à se débarrasser de tout contrôle, à se réserver à
elle-même son propre recrutement.

Elle est secondée, dans les conseils du Roi, par le

parti aristocratique, le parti des Armagnacs. Le Roi, qui
en est réduit à craindre autant ses partisans que ses
adversaires, subit cette politique. Il finit par la sanction-
ner solennellement, mais sans jamais y accéder d'un consentement plein et volontaire.

Dès qu'il le peut, il reprend une ligne de conduite différente : il se rapproche de la papauté, essaye de s'entendre avec elle, incline, en un mot, vers ce qu'on peut
appeler, dès maintenant, une politique *concordataire*.

Mais cette conception, dix fois sur le point de se réaliser, ne peut être définitivement mise en pratique que
par un pouvoir dégagé de toute entrave : c'est-à-dire au
début du xvie siècle, après l'avènement de François Ier.

Nous avons eu l'occasion de dire déjà comment, dans
le désarroï du monde catholique, suite du transfèrement
du siège pontifical à Avignon, les papes, appuyés sur les
rois de France, avaient pu, pour la première fois, réclamer la réserve de tous les bénéfices cathédraux. C'était,
du même coup, se placer au-dessus du corps des
évêques.

Pour cette œuvre, une sorte d'entente se faisait entre
le roi et le pape. Le premier désignait ses candidats, le
second les nommait. Cette combinaison, avons-nous dit,
inaugurait le régime de l'accord des deux pouvoirs.

Mais elle atteignait l'ordre ancien des élections et des
collations. Elle blessait les intérêts des seigneurs, obligés de renoncer à leurs droits de patronage ; elle mécon-
tentait le corps ecclésiastique, habitué à une indépendance qui s'appuyait alternativement sur l'un ou sur
l'autre pouvoir. Aussi ne faut-il pas s'étonner de voir
toute la partie active de la nation s'élever contre une
tendance nuisible à tant d'intérêts encore puissants.

L'entente des deux pouvoirs ne put être assez longue
pour qu'un système qui devait réussir deux siècles plus
tard s'invétérât dans les mœurs. Outre l'opposition du

clergé et de la noblesse, il soulevait celle du parlement, hostile à tout ce qui pouvait étendre l'autorité romaine et celle du corps enseignant, de cette Université, à laquelle la renaissance des lumières assurait une place chaque jour plus considérable dans l'administration ecclésiastique du royaume.

A la première lacune qui se présenta dans l'exécution du pacte tacite qui liait les deux pouvoirs, et dans la force même de ces pouvoirs, l'union des intérêts combinés pour une cause commune se fit jour.

Dès l'année 1398, une assemblée ecclésiastique se réunit à Paris, sous le prétexte d'aviser aux meilleurs moyens de faire cesser le schisme. Elle décide que le plus efficace serait d'enlever au pape, non seulement la collation des bénéfices, mais tout exercice de son autorité, par une soustraction entière d'obéissance. Le Roi, qui n'avait pas pris cette initiative, l'approuve, et un édit, enregistré en parlement, le 29 août, donne force de loi à la décision du concile.

En 1403, un léger mouvement de réaction semble se produire; mais, en 1404, en 1406, en 1407, en 1408, de nouvelles assemblées du clergé de France maintiennent et développent ce que l'on appelle dès lors officiellement les « libertés et franchises de l'Église gallicane ». La fréquence même de ces assemblées est un signe des temps. Un pouvoir fort, soit à Rome, soit à Paris, ne les eût pas tolérées. Les décisions prises par le corps ecclésiastique assurent les droits de l'ordinaire, c'est-à-dire de l'évêque, enlèvent au pape la collation des bénéfices, le dernier appel des causes ecclésiastiques et les réserves, établissent en un mot la puissance des évêques et l'autorité presque sans appel des conciles provinciaux.

Des ordonnances royales confirment la plupart de ces décisions. La France traverse, à cette époque, la période la plus tragique de la lutte des Armagnacs et des Bourguignons. Le dauphin Charles gouverne la France ou plutôt il laisse tout aller à la dérive. C'est le moment où le roi de Bourges perd si gaiement son héritage.

En 1414, la chrétienté tout entière, à la suite de l'Église gallicane, se soulève contre l'indignité ou l'insuffisance de ceux qui la dirigent. Le schisme continue. Entre les trois papes qui se disputent le saint-siège, on ne peut dire où est le pouvoir, ni en quelles mains reposent les clefs de saint Pierre. Il faut pourtant que quelqu'un tranche le grand différend : et qui paraît plus autorisé que l'Église elle-même?

Un concile œcuménique est réuni à Constance. Trente-trois cardinaux, trois cent quarante-deux évêques, deux mille cent quarante-huit abbés, théologiens et docteurs, cinq cent soixante-quatre chefs d'ordres ou religieux, seize cents ducs, comtes, barons, margraves, nobles de toutes sortes et leur suite, l'Empereur avec mille personnes, Frédéric d'Autriche avec sept cents personnes, les ambassadeurs de presque tous les princes de l'Europe, les docteurs des Universités de Paris, Toulouse, Montpellier, Oxford, Cambridge, Cologne, Prague, Vienne, Cracovie, Bologne et Florence se trouvent réunis[1]. Jamais on n'avait vu un tel concours de personnages éminents en dignité, en puissance, en sagesse. C'était vraiment la chrétienté tout entière, se posant à elle-même la question de la vie ou de la mort, du dépérissement ou de la réformation.

L'œuvre de ce concile fut double : d'une part, il réagit vigoureusement contre la tendance à la séparation, à l'hérésie, à la révolte que le spectacle des misères du schisme avait développées. Il condamna les erreurs de Wiclef, de Jean Huss et de Jérôme de Prague, et, parmi ces erreurs, non seulement celles qui touchaient au

1. Voir *les Conciles généraux et particuliers*, par Mgr P. Guérin. Palmé, 1869, in-8° (t. III, p. 90).

dogme, mais aussi celles qui atteignaient la discipline romaine[1]. En outre, le concile faisait acte de sagesse chrétienne et de soumission au siège apostolique.

Mais, d'autre part, il proclamait que ce pouvoir du saint-siège n'était pas l'autorité suprême, sans recours, devant lequel tous devaient s'incliner; que l'Église elle-même, rassemblée en concile, avait une autorité plus haute; que c'était aux conciles qu'appartenait le dernier mot du gouvernement et de la réformation, et que, pour les maux qui frappaient la chrétienté, nul remède n'était plus assuré et plus efficace que la continuation des conciles, tant généraux que provinciaux.

C'étaient les sentiments de l'Église gallicane. Ils avaient été soutenus brillamment, devant la grande assemblée, par le savant protagoniste de l'Université de Paris, Jean de Gerson. Ils furent dans la troisième, la quatrième et la cinquième session adoptés par le concile, plus tard confirmés par le pape Martin V.

Ces décisions, tant de fois citées et discutées, rétablissaient dans l'Église un régime aristocratique analogue à celui dont les ambitions agitaient, à la même époque, le monde laïque. Le nouveau pape, qui tirait toute sa force des décisions du concile, était obligé de

---

1. Propositions de Wiclef condamnées :

« ... 8. Si le pape est réprouvé et mauvais et conséquemment membre du diable, il n'a sur les fidèles d'autre pouvoir que celui qu'il tient de l'Empereur. — 10. Il est contre l'Écriture que les ecclésiastiques aient des biens en propre. — 12. Le prélat qui excommunie un clerc qui a interjeté appel au Roi ou à l'Assemblée du royaume est lui-même traître au Roi et à l'État. — 32. Il est contre l'institution de Jésus-Christ d'enrichir le clergé, etc... »

Propositions de Jean Huss condamnées :

« 7. Pierre n'a jamais été le chef de la sainte Église catholique. — 9. Le pape et ses prérogatives sont institués par l'Empereur. — 12. Personne n'est vicaire du Christ ou de Pierre, s'il ne les imite dans leurs mœurs; car il n'y a pas de .succession valable que celle-là, et on ne peut obtenir le pouvoir de remplacer Dieu d'une autre manière. — 13. Le pape n'est pas le vrai successeur de Pierre quand ses mœurs sont en contradiction avec celles de Pierre, etc. »

subir celles qui touchaient à son autorité, de même que
le roi de France, implorant de sa noblesse et des grands
corps de l'État les moyens de lutter pour le salut de la
monarchie, en était réduit à leur accorder les privilèges
réclamés par eux et notamment, sans quitter l'ordre
d'idées qui nous occupe, une large part dans la disposition des biens ecclésiastiques.

L'une des suites des délibérations du concile de Constance avait été l'élection du pape Martin V. L'Église gallicane comprit que le retour à un ordre de choses régulier pouvait être fâcheux pour ses prétentions. Malgré
l'insistance de l'Université, qui avait obtenu, au cours
des sessions, des privilèges tout à fait avantageux, une
nouvelle assemblée réunie à Paris, dans les premiers
mois de l'année 1418, décida de suspendre toute adhésion à la nomination du nouveau pape. Selon les délibérations de cette assemblée, une ordonnance royale confirma les privilèges et franchises du royaume, décida
qu'il serait pourvu aux bénéfices électifs au moyen
d'élections régulières, aux autres, sur la désignation des
ayants droit; annula toutes réserves expectatives et
autres grâces; interdit l'usage des annates et prohiba
l'exportation des matières d'or et d'argent.

Cette ordonnance de 1418 fut au concile de Constance
ce que la Pragmatique Sanction devait être au concile de
Bâle. Il est vrai que bientôt, par un revers de politique
qui mettait aux mains du duc de Bourgogne l'influence
qui avait jusque-là appartenu aux Armagnacs, l'ordonnance de 1418 fut rapportée. Mais elle subsista, en fait,
et fut appliquée par tous les tribunaux du royaume[1].

Cependant, le pape Martin V, à peine élevé sur le
trône, reprenait la nouvelle politique romaine, la politique concordataire. Puisqu'on ne pouvait imposer partout l'autorité absolue du saint-siège, mieux valait faire

---

1. Voir Beaucourt, *Histoire de Charles VII*, t. I, p. 269.

la part du feu, s'entendre avec les pouvoirs laïques et
échapper ainsi à une difficile contention d'intérêts avec
le corps épiscopal entier, avec chaque église nationale,
avec chaque évêque en particulier. Dans l'espèce d'insur-
rection qui s'était faite contre l'autorité du saint-siège,
les rois paraissaient moins dangereux que les membres
mêmes de l'Église du Christ.

Aussi, par une conception très hardie et très habile à
la fois des intérêts de Rome, le pape présenta aux puissances un ensemble de mesures réformatrices pour lesquelles il sollicita leur adhésion. C'est ce qu'on nomme
les *Concordats de Martin V*. La papauté faisait des concessions importantes : plus de réserves pour les évêchés,
les abbayes et les premières dignités des chapitres,
point de commendes dans les monastères nombreux, plus
de droit de dépouille, plus de décimes générales sur le
clergé, si ce n'est pour quelque cause qui regarde toute
l'Église ; les annates seront réduites à une taxe raisonnable ; les dispenses seront plus rares, aussi bien que les
indulgences et les exemptions. Le concordat offert à la
France présentait même quelques dispositions plus favorables en ce qui concernait les annates et les privilèges
de l'Université.

Mais, quelque avantageuses que pussent être ces nouvelles propositions, le Roi n'était pas assez fort pour
traiter directement avec le pape. Un concordat, quel qu'il
fût, ne pouvait être que la suite d'une négociation où les
deux parties, traitant d'égale à égale, retireraient l'une
et l'autre, du contrat, des avantages certains. Il fallait
attendre encore ; et, malgré le vif désir que paraît avoir
eu, dès cette époque, le Dauphin de reconnaître le pape
et de s'entendre avec lui, le parti épiscopal et seigneurial
resta le plus fort et les légats du pape durent se satisfaire de la vaine abrogation de l'ordonnance de 1418,
sous l'influence du duc de Bourgogne.

Lorsque Charles VII monta sur le trône, il eut à prêter

le serment de défendre les libertés et franchises de
l'Église. Il le fit, et par une ordonnance, datée de février
1423, il confirma celle de 1418. Mais il faut reconnaître
que cette conduite du Roi était en contradiction avec ses
propres sentiments, car, tandis que le clergé prétendait
se tenir en dehors de la nouvelle organisation de l'Église,
le Roi envoya, de son propre mouvement, une ambassade solennelle, chargée de présenter l'obédience au
pape Martin V. « Cette ambassade, dit l'historien de
Charles VII, devait, en outre, solliciter du pape une
dispense pour le serment prêté par le Dauphin à Paris,
devant le parlement, de maintenir inviolablement les
ordonnances relatives à l'Église gallicane[1]. » Les instructions comprenaient, en outre, des prescriptions qui
indiquent formellement que la négociation de concordat
était poursuivie sous main entre le pape et le roi. Les
conditions de Charles VII étaient celles-ci : il demandait
qu'on lui accordât le privilège de nommer cinq cents
personnes aux bénéfices dans son royaume et que son
propre confesseur eût, pendant trois ou quatre années,
des pouvoirs exceptionnels.

Martin V s'empressa, bien entendu, de délivrer le Roi
de son serment. « Il comprenait que le Roi, pressé par
la nécessité, avait dû faire de pareilles concessions. Mais
maintenant un mot de sa bouche suffirait pour corriger
les maux causés par la faute d'autrui. » Martin accordait
à Charles le privilège de nommer non à cinq cents, mais
à trois cents bénéfices.

Comme suite à cette négociation, le Roi rendit l'ordonnance de 1425, qui abrogeait solennellement celle de
1423. Il stipulait formellement qu'en agissant ainsi il
obéissait aux suggestions de sa propre conscience, *motu
proprio conscientiæ nostræ*, et semblait ainsi répudier
tout concours volontaire aux actes qu'il avait dû sanc-

----

1. Beaucourt (t. II, p. 343).

tionner antérieurement comme Dauphin et comme Roi.

Mais les tribulations de l'Église n'étaient pas terminées, pas plus que celles de la royauté française.

En 1431, après les trop courts succès de Jeanne d'Arc, Henri VI d'Angleterre était couronné comme roi de France à Notre-Dame de Paris. La même année se réunissait à Bâle un nouveau concile qui allait reprendre à l'égard de la papauté, représentée maintenant par Eugène IV, la même politique qu'avait inaugurée le concile de Constance.

On l'a déjà fait observer, le concile de Bâle ne fut qu'une répétition plus violente du concile de Constance. Même nombre de sessions, mêmes doctrines, mêmes différends avec les papes. Mais les Pères de Bâle, moins nombreux que ceux de Constance, se montrèrent aussi plus ardents, et tandis qu'aucun auteur sérieux ne discute l'authenticité et la sainteté des actes du concile de Constance (quitte à en donner des interprétations très diverses), toute l'école ultramontaine s'entend pour rejeter, presque absolument, les actes de celui de Bâle.

Il suffit d'ailleurs de constater ici, en nous plaçant uniquement au point de vue historique, que les doctrines antérieurement consacrées à Constance furent confirmées, étendues, à Bâle, quinze ans plus tard. Dès sa deuxième session, le concile reproduit textuellement les actes de l'assemblée précédente qui établissent la suprématie des conciles sur le saint-siège et s'attribue à lui-même tout droit de correction et de réformation, même sur le pape.

Eugène IV, que cette attitude effraye, prétend dissoudre le concile. Celui-ci résiste et frappe à son tour le pape. Il intervient dans le gouvernement de l'Église et jusque dans l'administration du domaine temporel. L'infaillibilité est reconnue à Dieu seul et à son Église. « Si le pape l'avait, comment plusieurs papes auraient-ils pu tomber dans l'hérésie? » Le pape menacé, non seulement dans ses prétentions, mais dans sa personne, — car il est cité à comparaître devant le concile et l'empereur Sigismond autorise, par sa présence, les actes de l'assemblée, — finit par céder, et il adresse aux Pères une bulle par laquelle il reconnaît la validité de leurs délibérations et donne une sorte d'adhésion aux doctrines qu'elles contiennent. Dix sessions ont lieu alors sous la présidence des légats du pape. L'accord paraît établi.

Mais le concile, dans sa vingt-unième session (9 juin 1434), poursuit ses succès. Il touche aux questions d'autorité et aux questions d'argent : il rétablit les élections et supprime les annates. Le désaccord éclate de nouveau, et cette fois irréductible. Tout est sujet de querelle. Le pape nie toute autorité au concile et le transporte à Ferrare; le concile cite le pape, le condamne comme contumax. Poussant sa pointe, il interdit l'appel en cour de Rome, supprime les grâces expectatives, réglemente dans un sens hostile au saint-siège toute l'attribution des bénéfices, tant réguliers que séculiers. Enfin, dans la trente-quatrième session, Eugène IV est déposé comme *désobéissant, opiniâtre, perturbateur de l'unité ecclésiastique.* Bientôt l'antipape Félix V (le duc Amédée de Savoie) est élu par un conclave que le concile lui-même a désigné. Le concile se disperse en 1443, après avoir duré douze ans. Il lègue à l'Église catholique d'infinis sujets de dissension et un nouveau schisme.

La conduite et les doctrines du concile de Bâle furent pleinement approuvées et reçues par l'Église gallicane. Une première assemblée tenue à Bourges, dans un avis adressé au Roi, avait conseillé à celui-ci de considérer la réunion du concile comme *heureuse et sainte* et avait sollicité, pour les prélats français, l'autorisation de se rendre à Bâle.

En 1438, une nouvelle assemblée solennelle est réunie

aux mêmes lieux et c'est de ces délibérations qu'est issue, sous forme de publication et d'approbation des décisions de Constance et de Bâle, la *Pragmatique Sanction* dite de Charles VII.

L'assemblée réunie à Bourges avait une grande importance. Elle pouvait se considérer comme une sorte de tribunal appelé à juger le grand conflit qui partageait l'Église. Le pape Eugène IV et les Pères du concile y avaient envoyé leurs représentants.

Devant les prélats et les clercs du royaume réunis en grand nombre, un débat solennel s'éleva. Les ambassadeurs du pape demandaient que le roi de France désavouât le concile de Bâle et se fît représenter devant le concile de Ferrare, convoqué par Eugène IV. Les ambassadeurs du concile plaidaient la cause contraire et demandaient la reconnaissance de leurs décisions et de l'élection de Félix V. Dans le sein de l'assemblée, les deux opinions trouvèrent des défenseurs. Mais deux prélats influents, Gérard Machet, évêque de Castres, et Philippe de Coëtquis, archevêque de Tours, soutinrent la cause du concile. Le chancelier de France résuma impartialement le débat et, loin de prendre, au nom du prince, l'initiative d'une décision, il demanda à l'assemblée quelle conduite le Roi devait tenir.

En ce qui concernait le différend entre le pape et le concile, l'assemblée conseilla au Roi de s'offrir comme médiateur et de travailler à la concorde. Mais pour tout ce qui touchait à la discipline de l'Église, les prélats statuèrent de leur propre autorité et, sauf quelques modifications de détail, ils adhérèrent pleinement aux décrets du concile. Six prélats ou docteurs furent chargés de formuler l'expression des sentiments du clergé français. Ils soumirent ensuite leur travail au Roi. C'était la *Pragmatique Sanction*, que Charles VII se contenta de promulguer sous forme d'édit, le 7 juillet 1438.

Le terme même dont on se servait pour qualifier cet acte suffit pour indiquer son origine et le distinguer des manifestations ordinaires de la volonté royale. L'ancienne diplomatique reconnaissait en effet comme *pragmatiques* « les constitutions dressées en conséquence d'une délibération dont l'autorité souveraine ne prenait pas l'initiative, mais qu'elle se contentait d'homologuer ».

C'est bien là, en effet, le caractère de cette décision que Charles VII, à peine sorti des périls de la guerre de Cent ans, à la veille des plus graves crises intérieures, signa sous la pression des ambitions déchaînées autour de lui.

Charles VII ne pouvait que donner son adhésion aux sentiments exprimés d'une façon si haute et si suivie par tout le clergé de son royaume. Ses conseillers, son parlement étaient attachés aux mêmes principes. Il avait trop besoin de tous en ce moment pour qu'il pût suivre ses propres sentiments, sa propre politique, c'est-à-dire la politique royale.

Nous l'avons déjà vu, en 1425, implorant de Martin V l'autorisation de violer le serment qu'il avait prêté en conformité avec les doctrines de l'assemblée de Bourges. Nous avons des raisons de croire que ses sentiments intimes n'avaient pas changé depuis cette époque, quel que fût le caractère des actes publics auxquels il donnait la sanction royale.

Il devait, dès lors, se rendre compte du tort qu'un système tout favorable à la puissance des seigneurs, des évêques et des communautés religieuses faisait au pouvoir suprême. On voit des traces de ses hésitations dans la bienveillance persistante qu'il témoigne au pape Eugène IV, dans les ambassades nombreuses qu'il lui envoie, dans la persévérance avec laquelle il s'efforce de reprendre sous mains, avec la cour de Rome, la tractation d'un concordat.

D'ailleurs, Eugène IV ne s'y trompe pas[1]. Les divers légats qu'il envoie en France pour demander avec insistance la suppression de la Pragmatique ont charge de le lui répéter : « Nous savons que cet acte a été rédigé *non par vous*, ainsi qu'on vous l'a assuré, *mais par des hommes recherchant leur intérêt propre et non celui de Jésus-Christ.* » Et ces derniers mots visent le clergé de France. Un autre fois, avec plus de précision encore, le pape s'exprime en ces termes :

« Quant à cette sorte de Pragmatique publiée à Bourges et qui lèse si profondément les libertés du saint-siège, Sa Sainteté ne peut admettre qu'un acte, aussi préjudiciable à l'âme qu'à l'honneur du Roi, *soit émané de son consentement. D'ailleurs, l'auteur et le consommateur de cet acte odieux est connu de tous*[2]. »

Ces dernières paroles faisaient probablement allusion à l'archevêque de Tours ou à quelqu'un des prélats influents de l'assemblée de Bourges. Quoi qu'il en soit, elles manifestent l'opinion du pape que Charles VII avait donné, à son corps défendant, son adhésion au texte de la Pragmatique.

A la date même où les instructions qui contiennent

1. Les partisans des doctrines épiscopales paraissent avoir eu également connaissance des véritables sentiments des pouvoirs laïques sur la question des privilèges des églises locales. En effet, dans un document daté de 1413, et qui forme une apologie des plus exactes et des plus précises de leurs revendications, on lit ce qui suit : « Par le régime des vacances, des exactions, des dîmes et autres secours réclamés par le saint-siège, le clergé est comme mis à l'encan, et toute liberté ecclésiastique enlevée, *et l'on accorde aux princes et aux communautés une part dans ces exactions pour qu'ils ne s'y opposent pas, qu'ils ne viennent en aide au clergé et ne lui prêtent le secours du bras séculier;* et ainsi de nouvelles exactions étant consenties sur les clercs, dans beaucoup de pays, la situation des prélats, clercs et religieux est pire même que celle des laïques : ce que le pape ne peut faire, car... etc... » Voilà, dans toute leur force, les doléances du gallicanisme épiscopal.

2. Instructions données par le pape Eugène IV à ses ambassadeurs en France, Lecoy de la Marche, *le Roi René* (t. II, p. 245).

cette phrase étaient écrites, le pape avait, d'ailleurs, les meilleures raisons pour être assuré des sentiments du Roi. La négociation d'un concordat était reprise encore une fois. Un projet en vingt-deux articles était soumis à l'étude de la chancellerie française. Eugène IV, en le rédigeant, avait fait des concessions plus fortes encore que celles de Martin V : suppression des grâces expectatives, réglementation très stricte des réserves, maintien du régime des élections pour les bénéfices cathédraux et les monastères ; pour les autres bénéfices, établissement de l'*alternative*, reconnaissance du droit des seigneurs laïques, prise en considération des demandes de l'Université, etc., etc.

Il y avait bien loin de là aux prétentions non seulement de Boniface VIII, mais même de Jean XXII, même de Martin V. C'était pour la cour de Rome l'aveu d'une défaite.

Les propositions pontificales furent très sérieusement examinées et discutées en cour de France. Cependant, le projet de concordat n'aboutit pas. En y regardant de près, on remarque, en effet, que, si l'Église gallicane était assez favorablement traitée dans ce traité, la royauté elle-même ne paraissait pas devoir en retirer des avantages appréciables.

Quinze ans auparavant, la cour de France demandait au pape la concession de cinq cents bénéfices. Martin V en avait accordé trois cents. Aujourd'hui, cinq cents ne suffisaient plus. La royauté se sentait forte, vivace ; ses ambitions, oublieuses du cruel passé de la veille, embrassaient déjà l'avenir. Le conseil du Roi comptait certainement des gens avisés qui, s'appliquant à établir sa puissance parmi l'universel épuisement, lui ouvraient les larges horizons. Ce rôle, de simple surveillant et ordonnateur du festin qu'on voulait bien lui réserver, ne convenait plus à sa grandeur nouvelle. Il voulait s'asseoir à la table et s'y servir lui-même largement.

Tant que Charles VII règne, les choses restent dans l'état. Mais les appétits royaux se manifestent dès que son fils est monté sur le trône. C'est Louis XI; c'est le grand profligateur de toutes les libertés, celui que les pamphlets républicains du xvi⁰ siècle représentent comme le « premier tyran ».

A peine monté sur le trône, il supprime la Pragmatique Sanction : conduite qui, jusqu'ici, a été mal expliquée.

D'où vient, chez un roi si assuré de ses droits, cette humble soumission à l'égard de la cour de Rome? Les uns ont pensé que l'abolition de la Pragmatique Sanction était l'erreur d'un prince inexpérimenté; les autres l'ont attribuée à un scrupule de sa bizarre dévotion; d'autres enfin l'ont considérée comme la contre-partie d'un marché proposé au pape en échange de l'investiture du duché de Naples en faveur de René d'Anjou. Cette considération fut certainement une de celles qui déterminèrent Louis XI. Mais si l'on considère la précipitation avec laquelle une pareille mesure a été prise, on peut croire qu'elle réalisait un vœu secret et tout personnel de Louis XI. Jeune encore, quelque peu imprudent et se croyant maître de sa destinée, il réalisait par un simple acte de sa volonté ce qui avait été le désir secret, mais toujours dissimulé, du sage Charles VII. « L'évêque d'Arras, dit Duclos, venait d'être nommé légat auprès de Louis XI. Il s'attacha à gagner sa confiance et lui rappela les plaintes qu'il lui avait entendu faire au sujet de l'autorité que les grands du royaume avaient usurpée sous les règnes précédents. Il lui représenta que l'unique moyen de diminuer leur puissance était d'abolir la Pragmatique, parce que le crédit qu'ils avaient dans les élections leur faisait un très grand nombre de créatures qui s'attacheraient uniquement au Roi lorsqu'il y aurait tout à espérer de sa recommandation auprès du pape qui ne lui refuserait jamais rien. »

Ce raisonnement détermina Louis XI. Abattre les derniers vestiges de la féodalité, détruire les derniers restes de l'autorité des grands, telle était l'œuvre à laquelle il se consacrait lui-même. Voyant dans l'abolition de la Pragmatique un moyen d'atteindre ce but, il n'hésite pas. Le 27 novembre 1461, il fait écrire au pape que la Pragmatique est supprimée.

A cette nouvelle, celui-ci montra une joie extrême, excessive, qui dut faire réfléchir le nouveau Roi. Il n'était pas d'humeur à tirer les marrons du feu.

La chose, en effet, était plus complexe qu'il ne l'avait cru tout d'abord. Si l'on se place uniquement au point de vue royal, la Pragmatique était fâcheuse, en ce qu'elle augmentait l'influence des seigneurs et des prélats; mais elle était excellente en ce qu'elle bridait les ambitions de la papauté. L'abolir, c'était toucher au vif les premiers; mais c'était aussi faire gratuitement le jeu du second.

La tactique du Roi était donc de ne consentir à la suppression que s'il obtenait, en retour, du souverain pontife, un engagement très précis remettant, en mains propres, au pouvoir civil, la disposition de tout ou partie des bénéfices. A ce sujet, le légat du pape avait fait, il est vrai, au Roi, de belles promesses; mais on avait été un peu prompt en le croyant sur parole. La cour de Rome, contente de son succès, oubliait déjà ses engagements. Louis XI s'arrête à son tour, et il tend l'oreille aux remontrances de son parlement.

Le parlement, en effet, plus royaliste que le Roi, lui est d'un grand secours. Il ne veut entendre parler d'aucune concession au pape. Il énumère les maux de toutes sortes dont l'abolition de la Pragmatique menace la France; il refuse l'enregistrement.

Louis XI se trouve ainsi dans une excellente posture : la Pragmatique à la fois maintenue et abolie, selon qu'il lui plaît, il en use à son gré, fait ses choix, poursuit ses négociations, flatte ou rudoie alternativement l'un ou l'autre parti. En un mot, il est le maître, et c'est ce qu'il veut.

En février 1463, en septembre 1464, de nouvelles ordonnances rétablissent la Pragmatique, prennent des mesures contre les exactions de la cour de Rome.

En 1465, le parlement, à l'instigation du Roi lui-même, rédige ces fameuses remontrances[1], qui sont un des réquisitoires les plus vifs qu'on ait jamais fait entendre contre la cour de Rome.

Ces remontrances furent, paraît-il, une arme puissante entre les mains de Louis XI; car, quelques années après, en octobre 1472, une ambassade solennelle, qu'il envoyait à Rome auprès du pape Sixte IV, signait avec celui-ci un nouveau concordat dont l'histoire, trop négligente, parle à peine, mais qui marque un progrès considérable dans la série des actes de cette nature, qui trouve son dernier terme dans le concordat de 1516.

C'est dans le texte du concordat de Louis XI[2] qu'on peut suivre les progrès qu'avait faits si rapidement l'adroite et égoïste politique des rois.

Le principe de l'arrangement est le même que celui du concordat proposé à Charles VII; c'est l'application de l'*alternative* pour les collations de bénéfices (le pape ayant six mois et l'*ordinaire*, six autres mois pour en disposer), premier progrès sur le projet de 1440; parmi les expectatives réservées au pape, deux sur six seront attribuées au Roi ou à la Reine, à M. le Dauphin et aux cours du Parlement. Sur tous les autres points, comme taux de la taxe, question de juridiction et autres, le pape faisait de sérieuses concessions. Il les couronnait enfin, à l'égard du Roi, par un engagement, pris dans un bref

---

1. Voir *Recueil* d'Isambert (t. X, p. 396). Ces remontrances sont datées par les uns de 1461, par les autres de 1467. Un passage du texte me porte à suivre la date de 1465, adoptée par Isambert.

2. Voir Isambert (t. X, p. 650).

sub annulo piscatoris et visé dans les lettres patentes portant homologation, de ne promouvoir aucun sujet aux dignités du royaume, sans avoir obtenu préalablement des lettres du Roi « pour, dit Louis XI, y pourvoir personnes à nous agréables ».

Telle est la véritable origine du droit de nomination. On ne paraît pas l'avoir remarqué jusqu'ici. Mais sur ce point, comme sur bien d'autres, Louis XI fut le véritable initiateur de la politique autoritaire des rois.

Cependant, il paraît que le Roi n'était pas encore satisfait. Car il écoute très tranquillement la remontrance du Parlement à ce sujet. En 1476, de nouvelles lettres patentes visent et prohibent la publication des bulles du pape contraires aux libertés et franchises de l'Église gallicane.

En 1478, le Roi va plus loin encore : il se sert de l'interdiction de porter l'argent hors du royaume comme d'une arme pour la défense de ses intérêts temporels dans la péninsule italienne[1]. Une assemblée du clergé réunie à Orléans le soutient de son approbation.

On voit aussi le Roi intervenir à tout instant dans le détail des élections et des nominations, les traiter à sa guise, profitant, sans vergogne aucune, de sa situation ambiguë et du doute qu'il laisse planer sur l'état des relations contre les deux pouvoirs.

Les choses allèrent ainsi jusqu'à la mort de Louis XI, l'Église gallicane et Rome elle-même s'accoutumant à voir le Roi s'immiscer dans les choix des bénéficiaires, tout le monde se plaignant peu ou prou de la prolongation d'un état de choses si fâcheux, mais personne n'étant déjà plus assez puissant pour s'opposer aux volontés du Roi.

Les vingt-huit années qui s'écoulent depuis la mort de Louis XI jusqu'à l'avènement de François Ier marquent

---

1. Isambert (t. X, p. 795).

une période de détente dans l'exercice de l'autorité royale. La minorité de Charles VIII vit les États de 1484 où, malgré quelque division dans l'ordre ecclésiastique, le maintien de la Pragmatique fut décidé.

Sans aller, ainsi que le fait Rœderer, jusqu'à considérer le règne de Louis XII comme une époque de gouvernement libre et presque représentatif, on ne peut nier que le caractère de ce prince le portait vers tout ce qui pouvait, sans compromettre son autorité, lui concilier l'opinion publique. Il rendit, en 1510, une ordonnance confirmant les décisions des conciles de Constance et de Bâle et maintenant la Pragmatique. Les intérêts de sa politique dans la péninsule étaient, en cela, d'accord avec ses sentiments personnels. Presque toujours hostile à la papauté, l'adversaire de Jules II, le prince dont l'heureuse parcimonie est restée populaire, ne pouvait consentir à laisser sortir de son royaume des sommes qui ne servaient qu'à fortifier ses adversaires.

Cependant, les expéditions d'Italie ouvrent à la civilisation générale, à la politique européenne des horizons tout nouveaux. Le XVIᵉ siècle naît. L'esprit moderne se lève. L'Italie instruit la France qui la conquiert. La papauté, vue de près, perd de son prestige. En présence des armées des rois, elle s'incline, elle s'humilie. Ses armes légères s'émoussent. La politique traditionnelle des rois de France, en ce qui concerne les rapports des deux pouvoirs, va se transformer pour s'adapter aux nécessités nouvelles. Fidèle à elle-même, elle poursuit la conception d'une entente avec Rome; mais elle profite de la faiblesse du gouvernement papal pour tirer, d'un contrat, les moyens de subvenir à cette lourde charge de l'administration despotique du royaume, qu'elle assume désormais.

Placés maintenant au seuil du XVIᵉ siècle, jetons un coup d'œil d'ensemble sur le chemin parcouru. La ruine de l'ordre social, suite de la décadence de l'empire romain, est réparée. L'Europe présente une forme nouvelle. De nouveaux organismes politiques fonctionnent et ont déjà repris l'œuvre de la civilisation.

Cette reconstruction s'appuie à la fois sur le système de propriété du sol et sur la religion. La féodalité a présenté le régime de propriété le plus complet, le plus strict qui se soit jamais rencontré, puisqu'il liait le sort de l'homme à celui du sol lui-même. C'est ce pouvoir si absolu du propriétaire qui a été la base de la nouvelle organisation des pouvoirs publics.

Tandis que l'antiquité était montée graduellement du foyer à la tribu, de la tribu à la cité, de la cité à la conquête du monde et à l'Empire, les temps modernes vont de la servitude à la vassalité, de la vassalité à la suzeraineté, de la suzeraineté à la royauté et à la constitution des nationalités modernes.

La religion joue également un rôle bien différent de celui qui avait été le sien dans la haute antiquité européenne. Autrefois, en effet, elle s'était élevée des dieux de l'âtre aux dieux de la ville et de ceux-ci aux *numina* impériaux, accompagnant, dans sa lente progression, la constitution de la société antique, subissant les mêmes hasards, s'associant aux mêmes intérêts politiques, vaincue et victorieuse avec elle. Dans le moyen âge, au contraire, la religion est extérieure à la société qui se forme. Elle lui vient du dehors, lui est imposée le plus souvent et, chose digne de remarque, l'Église est la seule institution qui ait conservé l'idée de l'unité du monde et de la discipline des anciens âges.

Si les églises locales s'organisent, elles n'ont jamais le caractère d'étroite jalousie qui distingue les religions anciennes. Elles se rattachent toutes à un centre commun, qui est Rome.

Ainsi, dans l'antiquité, le développement de la société avait marché du même pas que celui de la religion. Elles

avaient été, toutes deux, continuellement associées pour
la même cause ; tandis qu'au moyen âge, ces deux forces
ont leur origine en des points tout opposés et dans des
conceptions absolument contraires. Elles devront infail-
liblement entrer en lutte.

Tout d'abord l'Église l'emporte. Elle organise le monde
à sa guise, le conquiert, l'instruit, adoucit ses mœurs,
mais aussi l'exploite. Grande machine politique, elle a
des besoins nombreux, et c'est au fidèle à les satisfaire.

Un conflit s'élève alors dans l'âme de chaque chrétien.
Non seulement le citoyen s'inquiète de la domination
étrangère qui menace son pays, mais le contribuable
souffre de l'exagération des sacrifices qu'on lui impose.

Ce péril est d'autant plus grave pour l'Église qu'elle
repose uniquement sur le consentement de tous et de
chacun. Ce qu'il y a de pis pour elle, c'est un schisme,
parce qu'il la désagrège, et l'usage qu'elle peut faire de
son autorité la menace toujours d'un schisme.

En vain, elle s'efforce d'asseoir son empire temporel.
Elle n'y parvient pas. Elle est trop mal située, dans cette
Italie morcelée et lasse de la première conquête du
monde. D'ailleurs, la religion du Christ ne peut se servir
longtemps de la force. Ce serait nier son principe, ce
serait disparaître.

Ainsi de ce qui fait les grands empires, c'est-à-dire
de la puissance matérielle, l'Église manque tout à fait.
Elle n'a que la persuasion, l'autorité des armes spirituelles, l'élan des fidèles, la crainte de l'enfer et l'espérance du ciel. Elle se sert de tous ces moyens jusqu'à
l'excès, jusqu'au trafic.

Mais ses besoins augmentent sans cesse, et c'est le
moment où les sociétés laïques vont se planter en face de
l'Église et combattre sa puissance.

Les croisades furent décisives. Elles disciplinèrent
chacun des peuples de l'Europe, ouvrirent les esprits,
les élevèrent au-dessus des étroites préoccupations du

donjon, du clocher ou du beffroi. En même temps elles imposèrent à la papauté de lourdes tâches. Elle prit à honneur de les accomplir jusqu'au bout et, comme de pareilles entreprises ne pouvaient se faire sans argent, elle se chargea de cette partie, la plus ingrate de l'œuvre commune. Elle se fit banquière, commissionnaire ; agissant pour le plus noble motif, mais se compromettant, se rendant haïssable à faire un pareil métier.

Les papes et leur entourage succombèrent à la tentation qui leur venait trop facilement d'employer les ressources que l'Église s'était créées à leurs avantages personnels.

On entendit parler du luxe de Rome, de l'entretien coûteux des cardinaux. Dès le xiii\ siècle, le scandale commençait à se répandre. Il n'eut plus de bornes dans les tristes temps de l'exil d'Avignon.

Cette tentation d'ailleurs était bien naturelle. En effet, du haut en bas de la hiérarchie, le monde clérical vivait étroitement mêlé à la vie laïque. A la chasse, à la guerre, dans les conseils, dans les fêtes, on distinguait mal, sous l'armure et le heaume, sous un même costume opulent, le grand seigneur laïque du grand seigneur ecclésiastique.

C'est ce qui caractérise cette situation de l'Église du moyen âge. Elle est très attachée aux intérêts mondains, riche plus qu'elle ne le fut jamais, grande propriétaire, sujette par conséquent à bien des vices, exposée à bien des convoitises.

La lutte s'engage bientôt entre les trois ordres d'intérêts qui viennent d'être signalés : l'église de Rome qui, ayant la charge de la conduite de la chrétienté, implore, exige de celle-ci une forte rémunération ; les églises locales qui ne demandent qu'à jouir en paix des biens qu'elles ont amassés ; enfin les pouvoirs laïques auxquels la meilleure partie de leurs ressources sont enlevées par ces deux rivales, et qui essayent de ressaisir ce que la misère du temps leur a fait perdre.

Si nous considérons uniquement la France, nous voyons
son Église se défendre énergiquement contre les prétentions de la cour de Rome. De toute antiquité, les clergés
nationaux ont mis quelque difficulté à accepter la suprématie que s'attribue le successeur de saint Pierre. Les
évêques, successeurs des apôtres, se disent institués par
Jésus-Christ, tout comme celui qui est peut-être le premier d'entre eux, mais qui n'est pas leur chef. Ils pré-
fèrent chercher leur investiture auprès des pouvoirs
locaux, auprès des fidèles qu'ils connaissent, que de la
devoir au pape. Ils prétendent garder la disposition des
biens ecclésiastiques et se réserver, à eux seuls, la collation des bénéfices. On voit ainsi s'affirmer un esprit de
résistance contre la cour de Rome qui se traduit dans
ces trois termes : supériorité du concile sur le pape ; élections ; ni grâces expectatives, ni réserves. C'est *le gallicanisme épiscopal*.

Par le concours des circonstances, il triomphe au
xve siècle : dans les conciles de Constance et de Bâle,
dans les assemblées de Paris et de Bourges. La Pragmatique Sanction est son œuvre, et il porte ainsi, au pouvoir
pontifical, le coup le plus rude. Il a pourtant ses côtés
faibles. Le système des élections et celui des collations
par l'ordinaire présente des inconvénients, des vices
graves qui n'échappent pas à l'œil clairvoyant de ses
adversaires. D'ailleurs, l'épiscopat est obligé de faire tête
des deux côtés à la fois. Pris entre la ténacité des ultramontains et la fougue des légistes, son embarras est
d'autant plus grand qu'il n'ose pousser jusqu'à l'extrême
sa thèse antipapale. Il craint un schisme, il craint qu'on
le soupçonne d'y tendre. Car, tout en défendant ses privilèges, ses intérêts, ses libertés si l'on veut, il prétend
rester fidèle à l'unité catholique et au Saint-Siège, qu'il
accuse seulement de délaisser les anciennes traditions.

Cependant la partie la plus considérable de l'influence
du clergé, après la possession de la terre, est due à
l'exercice de la justice. Pendant six siècles, le droit cano-

nique est le maître du monde. Cette domination étendue
ainsi hors du domaine, hors des personnes ecclésiastiques, mécontente les rois et les seigneurs, ruine leurs
tribunaux et leurs hommes de lois. Ceux-ci entreprennent,
tant contre Rome que contre les églises locales, une campagne violente, âpre, sans scrupule, à laquelle tous les
moyens sont bons pour vaincre ; car il faut vivre : c'est
le gallicanisme juridique et parlementaire. Il se résume
en ces deux mots : plus de justice ecclésiastique civile ;
plus d'appel à Rome.

Il n'a pas, lui, les hésitations du gallicanisme épiscopal. Il attaque celui-ci avec rudesse et l'accuse de trahir
la cause nationale. Ces imprudents et ces timorés, unis
ainsi pour la même campagne contre le pape, sont divisés non seulement sur les moyens de la conduire, mais
sur les résultats à tirer de la victoire. Ils ne peuvent réussir l'un sans l'autre et ne peuvent vivre l'un avec l'autre.
Ils se compromettent par le secours qu'ils se prêtent, et
s'entr'aident en se détestant.

Au travers et au-dessus de ces prétentions, de ces
querelles, un troisième gallicanisme s'élève : c'est *le gallicanisme royal*. Il a une origine plus haute encore que
les deux autres. Ce qu'il représente, c'est la jeune natio-
nalité française s'affirmant instinctivement contre la
menace d'une domination étrangère. L'État maître chez
lui, tel est le premier mot de cette doctrine, et l'État se
personnifiant dans le Roi, tel est son second terme. Par
une passion d'indépendance à l'égard du dehors, la
France se jette au pied de l'autoritarisme et épouse la
doctrine monarchique. Les créateurs et les défenseurs
du gallicanisme royal apparaissent, en même temps,
comme les partisans implacables du pouvoir absolu des
rois : on ne peut les distinguer. Ce sont les mêmes
chaires, les mêmes livres qui enseignent simultanément
les droits du Roi à l'égard du pape et les droits du Roi à
l'égard de ses sujets ; on les confond dans une même
expression : *Regalia*.

Cette doctrine est complètement constituée à la fin du xve siècle. Elle est enseignée par les juristes méridionaux, fils et continuateurs directs des légistes du moyen âge. Les « régales de France », *regalia Franciæ*, se formulent dans les sentences suivantes : Le roi de France ne reconnaît aucun supérieur dans les choses temporelles. Le Roi peut, de son propre chef, réclamer les impôts de ses sujets, même des ecclésiastiques, sans l'autorisation du pape. Il touche le droit de régale pendant la vacance des bénéfices et, durant ce temps, confère les bénéfices. Il ne peut être excommunié. Il confère de plein droit les bénéfices et dignités ecclésiastiques. Aucune élection ne peut se faire sans son consentement. Les évêques du royaume doivent lui prêter serment de fidélité. Il connaît du *possessoire* dans toutes les causes ecclésiastiques. Seul, il a le pouvoir législatif dans son royaume. Il peut être élu comme empereur. Le pape ne peut légitimer les bâtards, ni faire restitution de biens dans le royaume ; ce droit n'appartient qu'au Roi. Seul il a le droit de custode et de sauvegarde. Il peut, et seul, établir de nouveaux impôts dans son royaume. Aucune communauté, ville ou autre association ne peut s'imposer sans le consentement du Roi[1].

La théorie, comme on le voit, est complète. Mi-partie romaine, mi-partie scolastique, elle remet simultanément entre les mains du prince, roi par la grâce de Dieu, la direction de l'Église et la conduite du royaume.

Mais, dans la pratique, cette doctrine n'avait pas entièrement prévalu. Le Roi est tenu à plus de ménagements que ceux qui soutiennent sa cause. Si le pape a besoin de lui, il a besoin du pape et tient à son titre de Roi Très-

---

1. Ce sont les têtes de chapitres du petit opuscule de Jean Ferrault : *Tractatus cum jucundus, tum maxime utilis, privilegia aliqua regni Franciæ continens.* Ce jurisconsulte vécut sous Charles VIII et Louis XII. La première édition de son traité est de 1515. — Cf. Grassaille, *Regalium Franciæ libri duo, jura omnia et dignitates christianorum Galliæ regum continentes Carolo Degrassalio Carcassonensi authore.* Galliot-Dupré, 1545, in-12.

Chrétien. S'il a confiance dans ses hommes de loi, il a besoin aussi de ses évêques qui, tant de fois, l'ont aidé de leur autorité et de leurs conseils. D'ailleurs, en les ménageant, c'est sa noblesse, ce sont les grands de son royaume qu'il ménage, et la puissance de ceux-ci n'est pas encore brisée.

Et puis, il peut être patient, car l'avenir est à lui. Il a la force contre ses évêques; depuis longtemps aucune élection ne se fait sans son consentement. Il tient en bride les hommes de son parlement; leurs discours, en somme, ne sont que des discours; c'est affaire de lit de justice, la présence royale faisant taire tous ces bavards.

Cependant les charges du pouvoir s'accroissent; ses besoins sont immenses; le domaine s'épuise. Où trouver l'argent, tout l'argent dont on a besoin? Les revenus ecclésiastiques sont énormes. C'est là évidemment qu'est la solution de la crise « budgétaire ».

De demander aux ecclésiastiques leur concours volontaire, cela ne peut suffire; d'attendre que, peu à peu, légalement, judiciairement, reprise soit faite des sommes que les siècles leur ont permis de capitaliser, autre erreur. Procédés de bureaucrates, luttes mesquines, persécutions sans fin. Il faut que la chose soit faite vite, sans tant de façon, et qu'imposée en un clin d'œil, elle soit exécutée bon gré, mal gré.

Réflexion faite, le mieux serait encore un bon traité avec le pape. Celui-ci d'ailleurs ne serait pas exigeant. Il a perdu la partie. La Pragmatique lui a enlevé ses dernières illusions. Il sent qu'il faut céder au temps, sauf à retirer, d'une transaction adroitement conduite, les profits qu'elle pourra laisser.

Les deux pouvoirs se sont regardés. Ils se sont compris. Déjà plusieurs tentatives de rapprochement ont eu lieu. Plusieurs ébauches de concordat ont été proposées. Le roi a la partie belle. Il attend. Il retient ses évêques et son parlement ou les lâche à tour de rôle, jouant d'eux et les jouant. A chaque nouvelle passe, le pape recule, et le retard même ne lui profite pas. Il a hâte d'en finir. De grands orages s'approchent, couvrent l'horizon.

François Ier, par la bataille de Marignan, s'ouvre les portes de la péninsule. Il descend en vainqueur sur Rome. Léon X, terrifié, vient au-devant de lui jusqu'à Bologne. Les cardinaux et le chancelier Duprat s'abouchent. Ils traitent, ils signent. C'est le Concordat de 1516; il remet entre les mains du Roi la disposition entière des bénéfices par la nomination des évêques. La Réforme éclate l'année suivante.

III.

LE CONCORDAT DE FRANÇOIS Ier ET LA RÉFORME.

Mis à sa place dans la suite des événements historiques, le Concordat de 1516 apparaît avec un sens tout différent de celui qu'on lui donne le plus souvent : et ce sens se précise encore, si on rapproche l'acte lui-même des circonstances immédiates qui ont entouré sa négociation.

En 1511, un certain nombre de cardinaux, obéissant à l'instigation de l'empereur Maximilien et du roi de France, Louis XII, avaient convoqué un concile à Pise. Le pape Jules II avait, en effet, promis par serment, lors de son élection, de réunir un concile œcuménique. Il ne l'avait pas fait. Celui de Pise se rassemblait sur le conseil et avec l'appui des adversaires du souverain pontife.

Jules II, ayant la main forcée, se hâta, par une bulle du 18 juillet 1511, de convoquer un autre concile à Rome, dans l'église de Saint-Jean-de-Latran. Tandis que les sessions de l'assemblée de Pise se poursuivaient d'abord dans cette ville, puis à Milan, une centaine de prélats, tous Italiens, se réunissaient à Rome, le 3 mai 1512. Allait-on revoir les tristes divisions des siècles précédents : pape contre pape, église contre église, autel contre autel? Était-on menacé d'un nouveau schisme?

On put le croire, tout d'abord. Car le pape Jules II, dans le feu de la lutte contre Louis XII, paraissait vouloir faire du concile l'instrument de sa politique personnelle. Louis XII, de son côté, appuyait de toute sa puissance et de l'autorité que lui donnait en Italie la victoire de Ravenne (11 avril 1512) les décisions de l'assemblée dissidente. Elles n'allaient à rien moins qu'à la suspension du pape.

Sur la fin de l'année 1512, Jules II mourut, et les choses changèrent du tout au tout par l'avènement de Léon X. L'Église comprit qu'elle avait de plus graves soucis que la défense des intérêts terrestres de la papauté. Un vent terrible s'élevait. La question de la réforme ecclésiastique agitait le monde catholique et se posait devant les Pères du concile.

La Pragmatique Sanction appliquée en France laissait ce grand pays en dehors de l'action de Rome. Le royaume de France, ce ferme appui de la papauté dans les temps de crise, s'était déclaré contre elle. Une hostilité violente était née, entre les deux cours, du choc de leurs ambitions temporelles en Italie.

Une pareille situation était pleine de périls pour la papauté. A cette époque, plus que jamais, elle devait faire effort pour effacer l'acte qui insurgeait contre Rome l'Église française, et pour renouer l'alliance séculaire des deux puissances. Louis XII, inquiet lui-même sur la prolongation de la guerre, se montrait animé de meilleurs sentiments. La mort de Jules II l'avait satisfait. Il abandonnait le concile de Pise qui s'abandonnait. C'était le moment d'entrer dans les voies de la conciliation.

Léon X le comprit, au moins en ce qui concernait les matières religieuses. Il suspendit l'effet des dispositions violentes prises par son prédécesseur et, tout en maintenant son intention très ferme de demander au concile l'abolition de la Pragmatique, il laissa aux évêques français le temps matériel nécessaire pour venir présenter leur défense devant l'assemblée.

Les choses trainèrent en longueur, différents obstacles s'opposant au voyage des prélats français. Louis XII vint à mourir. François Ier, son successeur, résolut de faire valoir, en Italie, ses droits sur le Milanais.

Léon X fit alors une fausse manœuvre. L'intérêt de sa famille prima un instant, à ses yeux, celui de l'Église. Il entra dans la ligue contre François Ier, et fut ainsi un des vaincus de Marignan. Le lendemain de sa défaite, il pouvait tout craindre, et il s'écriait devant l'ambassadeur vénitien : « Hélas ! que va-t-il advenir de nous? »

Cependant il eut avec François Ier, à Bologne, une entrevue célèbre. Des négociations furent entamées entre deux cardinaux délégués par le pape et le chancelier Duprat. Le résultat de ces négociations fut, d'une part, la conclusion de la paix entre les deux États; d'autre part, l'établissement de l'entente entre les deux puissances, par la signature du Concordat. Le 19 décembre 1516, Maxime, évêque d'Iserni, monta sur l'ambon de Saint-Jean-de-Latran et il lut aux Pères les termes de l'acte qui venait d'être conclu.

L'assemblée l'approuva. La bulle qui supprimait la Pragmatique Sanction fut de même lue et approuvée à l'unanimité, sauf une voix. Ces deux décisions reçurent donc la sanction du concile œcuménique. Elles figurent dans les actes de cette assemblée.

Telle est la place qu'occupe dans l'histoire publique, officielle de l'Église, le Concordat de 1516. C'est un acte de haute souveraineté ecclésiastique, conclu au cours d'un concile. Il émane des délibérations de cette assemblée, de même que les concordats de Martin V, la Pragmatique Sanction elle-même avaient été l'œuvre et comme le couronnement des grands conciles du xve siècle.

Dans un temps où Rome sent que toutes ses forces lui sont nécessaires pour faire face à de nouveaux périls, elle accepte une transaction honorable qui la rapproche de ceux de ses fils, qui paraissaient sur le point de se séparer d'elle.

Par le Concordat, le premier pas est fait dans le sens de la réforme réclamée depuis des siècles, entreprise timidement sur elle-même par l'Église, mais que la brutalité allemande allait arracher au secret et à la prudence des délibérations conciliaires, pour l'accomplir au grand jour dans le tumulte des insurrections et des batailles. En un mot, de la part de la papauté, le Concordat est une paix qui sanctionne une défaite, c'est une concession faite pour éviter de plus grands malheurs.

Ce caractère du Concordat apparaîtrait probablement avec une précision plus grande, si nous connaissions le détail des négociations qui l'ont préparé. Malheureusement, les documents ont disparu, et l'on est obligé de se contenter de renseignements très vagues à ce sujet.

Elles furent conduites au nom du roi de France par le chancelier Duprat. C'est un des hommes les plus considérables de l'ancienne France et, si l'on excepte le cardinal de Richelieu, je ne sais si l'on peut citer un ministre de l'ancien régime qui ait eu sur la destinée de ce pays une plus haute influence.

Auvergnat, tête ferme et disciplinée à la fois, d'instruction vaste, nourri dans les doctrines étroitement autoritaires de l'Université et du Parlement de Toulouse, il était arrivé au pouvoir par la faveur d'abord du duc de Bourbon, puis de Louise de Savoie, pour laquelle il abandonna son premier protecteur. Il avait dans l'esprit la conception d'un vaste plan de législation et de politique qui n'avait d'autre objet que l'établissement du pouvoir absolu des rois. Ce plan, il le poursuivit durant son long ministère, avec une science des détails, une persévérance qui sont la marque d'un véritable caractère politique. L'espèce de discrédit dans lequel est restée sa mémoire s'explique par les résistances qu'il rencontra et qu'il dut briser. Il n'en est pas moins l'une des figures les plus énergiques de notre histoire, un des édificateurs les plus actifs et les plus clairvoyants de notre unité nationale.

C'est dans cet esprit de haute perspicacité politique qu'il aborda la négociation du Concordat. Il la conduisit avec une fermeté souple qui ne s'entêtait pas sur les détails de forme, parce qu'elle voyait clairement les avantages de fond qu'elle poursuivait. Il réussit parce qu'il sut recouvrir ses conceptions les plus ambitieuses des formes de la modération et presque de l'humilité ; parce qu'il sut taire les seconds résultats qu'il prévoyait ; parce qu'il prit sur lui de consentir à des concessions verbales qui, satisfaisant l'amour-propre de ses adversaires, ne touchaient en rien aux intérêts réels et pratiques dont il avait la garde.

Quoique brèves, les négociations de Bologne présentent trois phases : dans la première, François Ier traite directement avec le pape. Il l'enveloppe de sa bonne humeur, du charme glorieux de ses vingt ans et de sa victoire. Léon X est sensible à tant de politesse, de bons procédés, de prévenances exquises. François Ier conclut lui-même la paix de l'Italie et se contente de la possession du Milanais, de Parme et Plaisance pour lui-même, de Reggio et Modène pour son allié, le duc de Ferrare.

Dans la seconde phase, Duprat s'abouche avec les cardinaux d'Ancône et de Santi-Quatro et traite avec eux la question de la Pragmatique. Déjà il avait manifesté ses sentiments à ce sujet. En effet, dès le début de la campagne, le Roi avait écrit à M. de Selliers, son ambassadeur à Rome, qu'il était dans l'intention « d'envoyer de bref ambassadeur devers le pape, pour défendre icelle Pragmatique ou, *au lieu d'icelle, faire un Concordat qui fût profitable pour l'Église gallicane* ».

Duprat acceptait donc d'emblée, mais en faisant sentir tout le prix d'une telle concession, l'idée de l'abolition de la Pragmatique et de la conclusion d'un Concordat. Il part de là pour choisir, lui-même, le terrain des négociations. Mais c'est là que se révèlent la force de la cour de France, la faiblesse de la cour de Rome : quel est, en effet, ce terrain désigné par la première, accepté

par la seconde? C'est le texte même de la Pragmatique
Sanction de Charles VII. Oui, cet acte impie, exécrable,
abominable, va servir à fixer l'ordre futur des relations
régulières entre les deux puissances. Le Concordat n'est
qu'une Pragmatique modifiée.

A travers les imprécations de la cour de Rome contre
l'acte qu'il s'agissait de remplacer, à travers les remontrances du Parlement contre l'acte nouveau, voilà ce qu'il
reste de sérieux et de positif; voilà ce qui fait le véritable et profond succès des négociateurs de 1516; voilà
ce qui explique le triomphe final de Duprat, triomphe
établi par la durée et l'utilité des principales clauses de
son Concordat.

Si l'on rapproche le texte des deux actes, il est facile
de voir quelles concessions on faisait de part et d'autre;
en quoi le gallicanisme royal triomphait; en quoi, selon
le mot fréquemment répété, la cour de Rome était payée
en fumée et le roi de France en beaux deniers comptants.

Sur le fonds même du débat, Rome obtenait la suppression des élections. Mais à son profit? — Non point.
Elle reconnaissait au roi de France le *droit de nomination :* droit plein, absolu, s'étendant à tous les bénéfices
majeurs du royaume, sauf à ceux dont le titulaire mou-
rait en cour de Rome.

Qu'on se souvienne des concordats ébauchés antérieurement. Ce n'est plus cinq cents, ni trois cents bénéfices,
ni quelques nominations réservées au confesseur ou à tel
membre de la famille royale : c'est tout. Le Roi obtient,
d'un seul trait de plume, la disposition de l'immense fortune ecclésiastique.

Le pape peut, il est vrai, refuser son approbation au
titulaire nommé par le Roi. Mais qu'importe, puisque
celui-ci a toujours le premier et le dernier mot, puisqu'il
n'y a plus d'autre voie pour devenir évêque ou abbé que
sa volonté arbitraire, sa grâce !

L'influence ecclésiastique a désormais quitté Rome, elle est toute à Paris.

En termes non moins exprès, le Concordat, suivant les dispositions de la Pragmatique et ne les modifiant qu'en ce qu'elles ont de violent à l'égard du Saint-Siège, consent à la suppression des *réserves* tant générales que spéciales ; il règle la matière des *collations* dans un sens favorable aux études et aux bonnes mœurs ; celle des *mandats apostoliques*, par les termes mêmes de la Pragmatique, c'est-à-dire en attribuant au pape un bénéfice par collateur en ayant dix à sa disposition.

Pour tout ce qui touche à la question tant débattue de la juridiction ecclésiastique, même recul de la part de la papauté. Les procès devront être terminés dans le royaume et non en cour de Rome. L'appel au pape est, pour ainsi dire, interdit. Mêmes dispositions encore que dans la Pragmatique sur des matières accessoires : paisibles possesseurs, publics concubinaires, suppression de la Clémentine *Litteris*, etc.

Enfin, sur une autre question qui touche à l'essence même de la puissance ecclésiastique, le pape se soumet à cette disposition de la Pragmatique, qu'il n'est pas interdit de continuer les rapports de la vie ordinaire avec les excommuniés. Il reconnaît que des abus nombreux résultent de la précipitation avec laquelle les excommunications et interdits sont lancés, et il en règle l'usage. Il reconnaît donc au pouvoir laïque une sorte de droit de contrôle et d'appréciation sur les sentences qu'il prononce. Il se désavoue et il se désarme.

Restait un dernier point à trancher, celui des annates. La Pragmatique les avait abolies. Le Concordat ne les rétablit pas ; il les passe sous silence. Tout au plus peut-on conclure de la suppression de la Pragmatique que l'annate sera due comme anciennement.

Mais les négociateurs français ne s'engagent à rien et

ils laissent le pape promulguer, immédiatement à la suite
du Concordat, une bulle qui, en fixant la manière d'évaluer le revenu annuel des bénéfices, implique à son tour
le rétablissement du droit payé au pape. Cette bulle reste
parfaitement isolée du traité, et n'en est nullement un
appendice, comme on l'a dit. Elle n'est pas, comme le
Concordat, soumise à la ratification du concile de Latran ;
elle n'est pas livrée, en France, à l'homologation du Parlement. En un mot, sur cette question des annates, l'entente ne s'était pas faite : les deux parties demeuraient
sur leurs positions, et la difficulté restait pendante entre
les deux cours. En fait, la bulle de Léon X sur les annates
devait tomber rapidement en désuétude, et la question se
rouvrir pour ne rencontrer sa solution que deux siècles
plus tard.

On voit combien étaient maigres les satisfactions de
fond laissées à la cour de Rome par le Concordat. On
pourrait donc s'étonner, d'une part, qu'il ait été signé
par Léon X ; d'autre part, qu'il ait été l'objet de remontrances si vives de la part des parlements français.

C'est le moment d'indiquer les avantages que le pape
trouvait à son tour dans la conclusion du traité. Tout
d'abord le texte, tel qu'il était adopté, impliquait, par
ses dispositions principales et par son silence même, la
reconnaissance, par la France, de la supériorité du pape
sur l'Église et sur le corps des évêques : l'*institution*,
réservée au pape, n'était en effet rien autre chose que
cette reconnaissance. Si l'évêque, pour le temporel, était
soumis au Roi, pour le spirituel il l'était au pape. Chacune
des parties, comme l'a fait remarquer un canoniste, donnait ainsi ce qui ne lui appartenait pas. La ruine de l'aristocratie épiscopale était accomplie dans le Concordat par
l'entente des deux pouvoirs monarchiques qui travaillaient, en scellant ce pacte, à leur grandeur réciproque.

Suppression du régime des élections, omission de la
clause de la Pragmatique qui proclamait la supériorité

du concile sur le pape, telles furent les deux grandes
satisfactions accordées au Saint-Père : c'était, en paroles
du moins, la destruction de toute l'ancienne théorie gallicane.

Aussi le pape et le concile de Latran, presque entièrement composé d'Italiens, acceptèrent avec joie la rédaction du Concordat. Ils y voyaient l'abolition solennelle
de l'œuvre des grands conciles du xv.ᵉ siècle. Ce n'était pas
seulement Bourges, mais Bâle et Constance que rayait,
pour ainsi dire, le silence significatif de l'acte nouveau.
La grande honte de l'Église romaine était réparée.

Ce silence même ne suffit pas à la papauté. Duprat,
ayant fixé les bases de l'entente, quitta Bologne, et confia le soin de rédiger le texte définitif du traité à Roger
de Barme, avocat général, et aux deux frères Briçonnet,
évêques de Meaux et de Saint-Malo. Ce fut la troisième
phase des négociations[1]. L'influence de Marignan s'effa-
çait déjà. Les nouveaux négociateurs n'avaient pas l'autorité de leur prédécesseur ; ils eurent fort à faire. Les
Italiens essayèrent de reprendre, par le détail, quelques-
unes des concessions qu'ils avaient faites. Duprat, consulté, ne se fit pas trop prier pour leur laisser toute satisfaction dans les questions de forme. De sorte que l'on voit
le Concordat s'envelopper d'une condamnation de la Pragmatique, « bâtie à chaux et à sable, — selon les propres
paroles des négociateurs, — toute boullevardée de censures et de fulminations ».

Quelle dut être la honte des vieux gallicans, quand,
dans le prologue de cet acte qu'on leur présentait comme
devant sceller la paix de l'Église, ils entendaient leurs
plus chères doctrines, les convictions que, depuis si longtemps, leur intérêt avait enfoncées dans leur conscience,
condamnées comme factieuses et séditieuses, leur indé-

---

1. Voir *Vie d'Antoine Duprat*, par le marquis Du Prat. Paris, Teche-
ner, 1857, in-8° (p. 135).

pendance courbée devant l'orgueil romain, la supériorité de la papauté proclamée et les églises locales considérées « comme ruisseaux dérivant de l'éternelle et perpétuelle église romaine » !

Duprat accepte tout. Il sait qu'en politique les théories passent, mais que les intérêts demeurent. Il plaît au pape de se payer lui-même de ces déclarations fastueuses. On les lui abandonne. Mais on retient l'avantage réel, tangible de la disposition des biens ecclésiastiques. Le roi de France devient le plus riche dispensateur de rentes viagères qu'il y eût alors dans toute la chrétienté.

Ce qui prouve bien que, dans cette œuvre de reprise du patrimoine laïque, Duprat suivit une ligne politique parfaitement nette, et, nous pouvons ajouter, conforme aux sentiments de la masse de la nation[1], c'est qu'il ne s'en tint pas à la signature, à l'homologation et à l'exécution loyale du Concordat. Ce fut, en effet, sous son influence et sous l'influence des derniers légistes dont il était le plus éminent que se poursuivit, durant tout le règne de François Ier, cette lutte contre la juridiction ecclésiastique qui eut pour marque particulièrement populaire la rédaction des actes en langue vulgaire, et qui trouve son couronnement dans l'édit du Roussillon. Loiseau observe, dans son *Traité des Seigneuries*, qu'avant l'édit de Roussillon, l'officialité de Sens avait trente-cinq ou trente-six procureurs, tandis qu'il n'y en avait que cinq ou six au bailliage ; mais qu'après l'édit, il n'y en eut plus que cinq ou six à l'officialité et plus de trente au bailliage.

Le système politique qui aboutit à ce résultat et qui fut appliqué durant tout le règne, législativement si fécond,

---

1. On a bien souvent cité le passage de Brantôme qui explique admirablement les sentiments des classes moyennes de son temps. Il était, d'ailleurs, bien placé pour louer le Concordat ; car il lui devait l'abbaye de Bourdeille. Toute la petite noblesse raisonnait de même, les uns pour ce qu'ils avaient, les autres pour ce qu'ils espéraient.

de François Ier, était celui des anciens légistes. Pour la
première fois, il se traduisait pratiquement dans les faits :
triomphe de l'autorité royale, non seulement au dehors,
à l'encontre des prétentions papales et impériales, mais
au dedans, par l'abaissement des aristocraties laïque et
ecclésiastique.

Ce ne fut pas le seul résultat direct, immédiat, du Concordat et du système de gouvernement dont cet acte lui-
même n'était qu'une des manifestations. Il serait facile
de démontrer, et cette démonstration a déjà été tentée,
que c'est par suite de la conclusion si opportune du Concordat que la France échappa à la Réforme.

La force pratique considérable que la revendication
des biens ecclésiastiques donnait à la politique protestante fut singulièrement diminuée, entravée en France,
par ce fait que la disposition de ces biens appartenait
désormais au pouvoir laïque. Tandis que la réforme se
faisait en Angleterre au profit de la royauté et de l'aristocratie tout ensemble ; tandis qu'elle se faisait en Allemagne au profit des princes et des seigneurs, elle s'était
faite en France, d'elle-même, sans schisme[1] et au profit
du Roi.

Quand les doctrines de Luther pénétrèrent en France,
elles purent séduire quelques âmes mystiques ou s'attacher quelques esprits ambitieux ; mais elles ne s'emparèrent point de l'esprit national, parce que cet esprit
était ailleurs ; il était incontestablement avec le Roi, qui
continuait sa lutte si populaire contre les classes aristocratiques.

Celles-ci essayèrent bien de s'appuyer un instant sur

---

1. Ce péril du schisme est indiqué par Duprat, dès 1517, dans son
discours au Parlement : « Mais comme le Roi savait que, s'il voulait
s'opposer à l'abolition de la Pragmatique, Léon X, avec son assemblée
de Latran, procéderait contre lui et contre son royaume par des censures et par des interdits, et que si ces interdits et censures subsis-
taient une année entière il s'ensuivrait contre l'Église gallicane une
condamnation de schisme et d'hérésie, etc... » Isambert (t. XII, p. 115).

la Réforme pour restaurer leur influence. Mais le succès
ne pouvait couronner leurs efforts. Le Roi était catholique et avait tout intérêt à rester catholique; le peuple
et la bourgeoisie étaient catholiques, et, quand ce n'eût
été que par hostilité contre les grands, avaient toute raison de rester catholiques.

Quant au clergé, choisi par le Roi, recruté parmi les
fidèles partisans du gallicanisme royal, il ne pouvait que
baisser la tête, s'incliner, et, s'il lui restait au cœur
quelques sentiments d'indépendance, ce n'était pas à
l'égard du Roi, c'était à l'égard de la papauté seule qu'il
allait les manifester.

En un mot, la querelle du sacerdoce durait encore dans
l'Église; mais dans le royaume elle était achevée. Tous
les évêques se rangeaient désormais, bon gré, mal gré,
derrière le Roi, pour soutenir avec lui « les doctrines
gallicanes ».

Ces mots avaient maintenant un sens nouveau. Ce que
le clergé français défendait, en continuant la lutte, ce
n'était plus, selon la forte expression de Bousquet, évêque
de Lodève, ce n'était plus ses *libertés*, c'était plutôt ses
servitudes.

La cause des évêques français, étroitement unie, subordonnée à la cause royale, tel est le caractère du nouveau
gallicanisme, suite naturelle de l'application du Concordat. Cette union, en même temps qu'elle maintient la
majorité des Français dans la religion catholique, exerce
sur les destinées politiques de la France l'influence la
plus considérable. C'est ce qu'il est intéressant de suivre
dans les deux grands actes qui, à ce point de vue,
marquent la fin du XVIᵉ siècle : les délibérations du concile de Trente et la conversion de Henri IV.

IV.

LA CONTRE-RÉVOLUTION RELIGIEUSE, L'ABJURATION DE HENRI IV.

La seconde moitié du xvi⁰ siècle fut marquée par un retour offensif de l'idée catholique et de la politique romaine en Europe. Il y eut, dans toute la force du terme, *contre-révolution religieuse*.

Non seulement les dogmes se précisèrent, s'affirmèrent par la condamnation des hérésies nouvelles, non seulement la discipline fut rendue plus stricte, plus uniforme, et fut débarrassée des mille complaisances sur lesquelles les temps de foi non débattue avaient fermé les yeux mais encore les grands papes qui se succédèrent sur le trône pontifical essayèrent de restaurer la puissance temporelle du saint-siège en Italie, de ressaisir la direction du mouvement social et politique chez les divers peuples chrétiens.

A l'intérieur de l'Église, la contre-révolution se fit toute dans le sens de la concentration et de l'obéissance. Devant les périls nouveaux, on comprit la nécessité d'une organisation nouvelle. L'autorité du pape gagna en force ce qu'elle perdait en étendue.

Dans les rapports avec les pouvoirs extérieurs, la contre-révolution, qui ne recula pas devant l'emploi des moyens séculiers pour arriver à ses fins, eut pour objet le maintien des peuples dans le giron de l'Église par la surveillance étroite des divers actes de l'autorité civile, par la réclamation d'un contrôle perpétuel sur la conscience des princes et sur l'éducation des peuples.

Cette réaction se fit selon un programme très complet qui embrassait les questions les plus diverses de la théorie et de la pratique. Elle trouva ses chefs dans les grands papes qui se succédèrent au xvi⁰ siècle, les Paul IV, les

Pie V, les Sixte-Quint. Elle rencontra ses apologistes dans les théologiens qui fleurirent à cette même époque, les Bellarmin, les Suarez, les Mariana. Elle fut accomplie par des instruments spéciaux créés ou développés pour servir à cet usage : les nouveaux ordres ecclésiastiques et notamment la Compagnie de Jésus, l'Inquisition, les séminaires. Elle eut enfin son expression complète dans les sessions d'une assemblée solennelle de l'Église, le concile de Trente.

L'Italie, l'Espagne, restées foncièrement catholiques, malgré les pointes qu'y avait faites, au xv⁰ siècle, l'esprit de réforme, furent les appuis de la papauté dans cette lutte engagée pour la reprise du monde.

Dans chacun des autres pays de l'Europe, les efforts furent plus ou moins vigoureux, selon que les conquêtes de l'hérésie avaient été plus ou moins étendues, plus ou moins profondes. Si l'Angleterre, la Hollande et la plupart des contrées septentrionales restèrent définitivement acquises aux idées nouvelles, les Flandres espagnoles, l'Autriche, la Hongrie, la Pologne, une bonne partie de l'Allemagne méridionale, au moins autant par la politique et les armes que par la persuasion et la fermeté de la foi, furent maintenues dans le catholicisme.

Placée comme elle l'était, animée de l'ardeur pour les idées qui ont toujours été les siennes, en proie à des troubles politiques occasionnés par le relâchement temporaire de l'autorité monarchique, la France devait être l'objet des préoccupations particulières du saint-siège.

La réforme n'avait jamais eu, dans ce pays, de bien sérieux succès. Les rivalités d'intérêts qui, dans les régions voisines, agitaient les pouvoirs laïques, n'existaient plus ou se trouvaient singulièrement affaiblies par l'application du Concordat. La papauté n'avait pas à faire un bien grand effort pour arrêter, dans ce pays, les progrès de l'hérésie. Il se retenait de lui-même à sa religion traditionnelle.

Mais, par contre, la stabilité ancienne de l'Eglise gallicane, la force du lien national, chez un peuple très épris de son indépendance, l'autorité du Roi, grande encore dans la théorie, alors même qu'elle paraissait affaiblie dans la pratique, toutes ces causes réunies rendaient la France particulièrement rebelle à la direction exclusive que la papauté réclamait désormais sur toute l'Église catholique.

La lutte donc s'engagea, en France, dans des conditions toutes particulières. Pour cette œuvre de discipline, plus encore que de salut, la papauté se montra plus énergique peut-être que nulle part ailleurs. Elle envoya en France ses plus savants théologiens, ses plus habiles diplomates et jusqu'à des généraux, jusqu'à des armées. Elle y favorisa successivement ou simultanément les ambitions espagnoles et les ambitions lorraines; elle y déchaîna les fureurs civiles, s'y fit l'alliée de la démocratie des grandes villes, y risqua ses plus audacieuses et ses plus tenaces intrigues. Elle échoua à la fin, mais non sans avoir poussé sa campagne jusqu'au bout, non sans avoir laissé dans le camp de l'adversaire de nombreuses marques de sa puissance et de ses succès momentanés.

En 1545, au moment où le concile, convoqué par le pape Paul II, tenait ses premières sessions à Trente, le règne de François Ier touchait à sa fin. Depuis vingt ans, le Concordat était appliqué en France sans trop de difficultés. On peut dire qu'une génération entière d'ecclésiastiques avait été choisie sous l'empire du nouveau système.

Les résistances qui avaient d'abord accueilli le régime concordataire allaient ainsi s'affaiblissant et le pouvoir royal, exerçant avec soin son droit de nomination, en profitait, autant pour récompenser ses serviteurs fidèles que pour s'assurer de nouveaux dévouements.

Mais le règne de Henri II, qui vit les commencements

de l'entreprise pontificale pour la restauration de l'influence romaine au dehors, mit un terme à la première période ascendante de la monarchie capétienne.

Lorsque ce prince mourut, en 1559, il laissa son royaume en proie à la faiblesse ou à l'incapacité de ses successeurs, aux rivalités des grands, aux entreprises de l'étranger.

Il ne faut donc pas s'étonner de voir les libertés gallicanes péricliter et presque périr à cette même époque.

Les conséquences du Concordat s'étaient déjà développées. La conception médiévale de la prépotence des évêques et du système des élections populaires était désormais loin des esprits. C'est à peine si quelques parlementaires, vieillis sur les lis, en conservaient la mémoire. En réalité, la thèse qui se développait exclusivement depuis la signature du Concordat tournait sa double offensive à l'encontre du pape : c'était le *régalisme* et l'*épiscopalisme*.

Le roi de France n'a pas de supérieur sur terre. — Le pape est inférieur à l'Église réunie en concile : telles étaient les deux maximes que l'on considérait en France comme des axiomes, et qu'on désirait, sinon étendre au reste du monde catholique, du moins maintenir hautement comme doctrine traditionnelle de l'Église, antérieure et supérieure à la *doctrine commune*, à la doctrine romaine.

Le Roi qui, à la rigueur, eût transigé sur la question de l'épiscopalisme, — on l'avait bien vu dans la négociation du Concordat, — tenait ferme pour la défense de cette partie de la thèse commune, car il avait besoin de ses évêques. Les évêques, qui n'étaient pas sans hésitation sur la valeur des prétentions royales, les soutenaient cependant : ils ne pouvaient se passer du secours des rois.

Au début de la période d'action qui s'ouvrait, les papes

eux-mêmes avaient prêté la main aux progrès de l'une et l'autre des deux thèses. Ils avaient fait à la première une forte concession en convoquant le concile. C'était reconnaître, en quelque sorte, qu'au moment où des décisions capitales allaient être prises sur le sort de l'Église, l'autorité et les lumières du saint-siège, à elles seules, ne suffisaient pas. C'était admettre, conformément à la thèse parisienne, que les conciles jouaient dans l'Église un rôle supérieur; que les évêques assemblés donnaient au monarque ecclésiastique une force à laquelle celui-ci ne pouvait, dans certaines circonstances, se dispenser d'avoir recours.

En outre, ce même concile était convoqué à l'instigation de l'empereur; les ambassadeurs des divers princes chrétiens y étaient appelés; rien ne devait s'y produire sans leur concours; on admettait que les princes fissent des propositions ou, du moins, manifestassent leurs sentiments et attirassent les discussions du concile sur des projets de réformes, touchant même aux matières de dogme, par exemple le *Libelle* de Ferdinand Ier. Toutes ces concessions, la marche même des délibérations qui se poursuivaient autant à Vienne, à Paris, à Madrid qu'à Trente et à Rome, tout cela prouvait qu'il y avait quelque chose de fondé dans la thèse régalienne; que ce n'était pas sans raison que les princes réclamaient une part de direction et de responsabilité dans l'existence religieuse de leurs peuples; que ce n'était pas en vain qu'ils revendiquaient ce titre d'*évêques du dehors* porté, disait-on, par Constantin.

Ce n'est pas le lieu de raconter ici les sessions du concile de Trente, de montrer les deux partis aux prises, d'indiquer les moyens employés par la papauté pour faire triompher ses doctrines ou pour écarter les questions brûlantes. On sait que les prélats italiens, envoyés en foule au concile, écrasèrent presque toujours de leur nombre les opinions divergentes des prélats allemands, espagnols, français. On sait que les divisions de nation à nation facilitèrent la tâche des légats du pape. On sait qu'après deux interruptions, maintes séances orageuses, un grand déploiement de travail, d'éloquence, de patience, de prudence et de politique, le concile aboutit à la détermination du dogme et des hérésies modernes, à un établissement plus ferme de la discipline et qu'il découragea les tentatives de transaction qui s'étaient produites. Mais il laissa dans le vague les points qui pouvaient amener une lutte trop éclatante entre les églises locales et le saint-siège. Surtout, il remit les questions qui n'avaient pu être résolues à la décision du pape, jetant ainsi les premiers fondements publics de cette doctrine de l'infaillibilité qu'un autre concile devait proclamer trois siècles après[1].

L'esprit dans lequel furent conduites les délibérations du concile ne permit pas que l'une ou l'autre des questions qui faisaient le fond du système gallican fussent abordées de front ou fussent définitivement tranchées au cours des sessions. Elles vinrent l'une et l'autre, comme incidemment, à l'occasion de telle ou telle proposition secondaire, quelquefois même sur un simple détail de rédaction.

La question de l'*institution divine* des évêques, sur laquelle reposait tout l'épiscopalisme, se présenta au cours du débat sur la résidence de ces prélats. Après de longues discussions qui, sans cesse suspendues, sans cesse reprises, se prolongèrent presque durant tout le concile, la majorité qui, tout d'abord, s'était prononcée nettement pour l'institution divine, se contenta d'une rédaction vague qui laissait toute satisfaction aux susceptibilités romaines. Or, cette solution ne fut obtenue que par la défection du cardinal de Lorraine qui, contrai-

---

1. Consulter : *La Contre-Révolution religieuse au XVIe siècle*, par Martin Philipson. Alcan, 1884, in-8°.

rement au sentiment de sa nation, céda sur ce point véritablement fondamental.

La question de l'indépendance du pouvoir temporel était plus délicate encore : elle fut abordée indirectement, vers la fin des sessions, à l'occasion de la *réformation des princes*. Il y eut, sur ce point, de longs dissentiments. Le chapitre xxxv de la première rédaction des légats tendait à établir la doctrine romaine, sinon dans sa formule théorique, du moins dans ses effets pratiques. Il interdisait les annates, abolissait l'*exequatur* royal sur les bulles et brefs pontificaux, arrachait les clercs aux tribunaux séculiers, étendait infiniment la juridiction ecclésiastique. Il n'est pas étonnant que les princes, aussi bien le roi d'Espagne que le roi de France, aient protesté vivement contre de pareilles décisions. Les ambassadeurs français, notamment, le firent dans les termes les plus nets, et, après avoir lu leurs protestations, quittèrent le concile.

Or, si un accommodement se fit encore, sur ce point, si les prélats consentirent à la rédaction ambiguë qui finit par être substituée à celle des légats, ce fut encore sous la pression et par les conseils du cardinal de Lorraine qui, dans cette circonstance, non seulement trahissait les doctrines de cette école gallicane où il s'était vanté, tout d'abord, d'avoir été nourri, mais qui prenait le contre-pied des instructions précises reçues par lui.

Ainsi, le concile de Trente, bien différent des conciles de Constance et de Bâle, vit le pouvoir définitif du Saint-Père consacré, les doctrines indépendantes rejetées ou laissées dans l'ombre, en un mot le gallicanisme vaincu et réduit aux bornes du pays qui lui donnait son nom.

Ce résultat fut dû, en partie, nous l'avons vu, à l'attitude prise par le cardinal de Lorraine. Il ne faut pas exagérer l'influence que ce prélat put avoir sur la détermina-

tion du concile. L'Église ne devait pas s'arrêter dans la
marche fatale qui, depuis des siècles, la conduisait vers
l'établissement d'un pouvoir monarchique très centralisé.
Le gallicanisme pouvait avoir sa raison d'être en France.
Hors de ce pays, il perdait toute sa force. Il ne présentait, en effet, ni une doctrine assez rigoureuse, ni une
coalition d'intérêts assez puissante pour entraîner les convictions, ou s'imposer à la volonté des autres parties de
l'Église chrétienne.

Cependant, en agissant comme il le fit, le cardinal de
Lorraine ne fit pas que s'incliner devant la conviction
fort problématique que les séances du concile avaient
pu faire pénétrer dans son esprit. Un autre mobile le
poussait.

On a remarqué, fort justement, que son évolution, sa
palinodie, si l'on veut, se manifesta à la suite du voyage
qu'il fit à Rome, en septembre 1563. On en a conclu qu'il
avait été séduit par les offres du pape et que ses discours
au concile avaient été le paiement de la promesse, à lui
faite, de la légation de France.

Il faut voir les choses de plus haut. La France était
alors en proie aux plus laborieuses difficultés de ses guerres
civiles[1]. François II était mort. La minorité de Charles IX,
la régence de la reine Catherine, la rébellion des grands
établissaient, en quelque sorte, la vacance du pouvoir.
D'ores et déjà, les ambitions des Guises n'allaient à rien
moins qu'à se substituer à la famille régnante. Si la mort
du grand duc de Guise suspendait temporairement le
cours de l'intrigue lorraine, l'âme de cette politique restait vivante dans la personne du cardinal.

Or, cette politique se déclarait, avant tout, catholique,
papiste, antirégalienne. S'inspirant des précédents de
l'histoire de France, elle recherchait l'alliance du pape,
dont la seule autorité était assez forte pour substituer, à

1. Le massacre de Vassy est de 1562.

une dynastie déchue, une autre dynastie. Bientôt, les *Mémoires de l'avocat Jean David* allaient formuler la théorie lorraine en ces termes : « Que la race de Hugues Capet s'étant rendue désobéissante à l'Église et portée, pour la ruiner, à introduire l'*erreur damnable que les Français appelaient liberté de l'Église gallicane*, laquelle n'est autre chose que le refuge des hérétiques », il fallait, si l'on y voulait remédier, que le duc de Guise, véritable héritier de Charlemagne, se fît proclamer roi et fît pleinement reconnaître le saint-siège, dans les États du royaume, par l'*abolition de la liberté de l'Église gallicane* et l'adhésion au concile de Trente.

Nous sommes précisément à l'époque où la cour romaine, profitant de cet affaiblissement de la puissance royale, va diriger simultanément toutes ses batteries sur la France : elle favorise la faction des Guises; elle poursuit et obtient l'établissement en France de la Compagnie de Jésus[1]. En même temps, un bachelier en théologie, Jean Tenquerel, ressuscite, en pleine Sorbonne, la vieille question du moyen âge : « Savoir s'il est en la puissance du pape d'excommunier un roi et de donner son royaume en proye, et d'affranchir les sujets du serment de fidélité qu'ils ont en luy, quand d'ailleurs il se trouve qu'il favorise les hérétiques? »

Le cardinal de Lorraine fut, au concile de Trente, le complice, et peut-être, à Rome, l'instigateur de cette politique. Elle servait ses desseins personnels. On ne peut lui faire, en cette circonstance, d'autres reproches que ceux qui s'appliquent à l'ensemble du rôle joué par la famille de Guise dans les troubles du xvie siècle.

Il fut loin d'être suivi par ses collègues de l'épiscopat et par l'opinion publique française. Le gouvernement, qui résistait de son mieux aux ambitions déchaînées

---

1. Le collège de Clermont ouvre en 1561. Le Parlement, bon gré mal gré, approuve l'institut en 1562.

contre lui, blâma formellement, dans les dépêches adressées à ses ambassadeurs, la conduite du cardinal de Lorraine. La plupart des prélats français le désavouèrent. Beaucoup quittèrent le concile. Enfin, si l'on veut se rendre compte de l'état de l'opinion, il suffit d'ajouter qu'en 1561, aux États tenus à Orléans, la doctrine gallicane était si fortement représentée que les trois ordres, sous l'impulsion de L'Hôpital, demandèrent le retour à la Pragmatique Sanction de Charles VII.

Ce n'était là, il est vrai, qu'un vœu tout platonique. Ni la royauté ni la papauté n'auraient consenti à faire un pareil sacrifice. Mais l'expression des sentiments des députés suffit pour prouver combien les maximes des conciles de Constance et de Bâle étaient restées en faveur auprès des classes éclairées de la nation.

A son retour en France, le cardinal de Lorraine fut très mal accueilli, non seulement par la cour, mais par un grand nombre des prélats du royaume. La royauté française, dès cette époque, prit nettement, à l'égard des décisions du concile, une position qu'elle garda jusqu'à la fin. Elle refusa de les recevoir.

Le parlement, blessé dans ses prétentions judiciaires, fut toujours des plus vifs contre les décisions du Concile. Le clergé, atteint par quelques-unes des formules qui touchaient à l'autorité des évêques, ne montra jamais qu'un zèle froid pour toutes les parties de ces décisions qui touchaient à la discipline.

La cour, pressée à chaque instant par Rome, se retranchait ainsi derrière l'opposition que ces décrets rencontraient sur toute la surface du royaume.

Tout au plus, dans les moments les plus critiques, consentait-elle à essayer de les introduire, sous la réserve expresse des libertés et franchises de l'Église gallicane. Et ces offres de bon vouloir ne passèrent même pas jusqu'à un simple commencement d'exécution.

Pour employer les expressions mêmes de Catherine de
Médicis, on ne put jamais « en trouver l'opportunité[1] ».

Sur ce point donc, la papauté éprouva, dès le début,
un véritable échec en France, et notamment auprès des
classes et des institutions que leurs intérêts rendaient particulièrement perspicaces.

Il est vrai que Rome put croire un instant à un succès
plus sérieux auprès de la masse de la nation. Pendant
quelques années, et par suite de circonstances qu'il nous
reste à expliquer, les doctrines ultramontaines parurent
sur le point de l'emporter dans un pays qui jusqu'alors
s'était toujours montré uni contre elles. Mais ce succès,
momentanément facilité par une des crises les plus graves
de notre histoire, ne fut jamais complet. La crise passa
et l'engouement pour les doctrines papales qui n'en
avaient été qu'une suite passa avec elle.

En somme, les décisions du concile ne furent jamais
reçues chez nous. Tout au plus, les considéra-t-on comme
une direction, une indication pour les consciences chrétiennes. Nombre de Français n'y virent qu'une justification de leurs appréhensions au sujet de l'esprit
dominateur de Rome. Jusqu'à la Révolution française,
c'est-à-dire tant que les matières politiques et religieuses
furent étroitement mêlées, on considéra même le rejet
des décisions du concile, du moins en matière de discipline, comme un des points importants de nos libertés,
comme une pierre de touche de la fidélité aux maximes
gallicanes.

Mais les circonstances nous ont conduits jusqu'à cette
époque, unique dans notre histoire, où l'on vit une sorte

----

1. Voir Philipson, *loc. cit.*, p. 593. — L'Épinois, *la Ligue et les papes.*
Palmé, 1886, p. 44. — Dupuy, *Instructions et lettres des rois de France
sur le concile de Trente.* Paris, 1654, in-4°; — et Mignot, *Histoire de la
réception du concile de Trente*, 1756, 2 vol. in-12.

de courant national, une opinion publique, se former en
faveur des doctrines ultramontaines. C'est le temps de la
Ligue, époque confuse, troublée, agitée par des retours
vers le passé et par de vagues poussées vers un avenir
encore bien éloigné. Parmi la diversité des opinions qui
se rencontrèrent alors dans les esprits et qui, successivement ou simultanément, les emportèrent, il faut
essayer de marquer la place exacte que se fit l'esprit
romain, de déterminer l'empire qu'il sut étendre sur
les âmes, les causes de son triomphe momentané et de sa
chute profonde.

Tout compte fait, on trouve dans la Ligue beaucoup
plus de politique que de religion. Réaction contre la nouvelle autorité despotique des rois ; relâchement des liens
qui unissaient les extrémités au centre et, par conséquent, retour à la décentralisation politique et administrative des âges précédents ; mépris d'un gouvernement
sans scrupule, sans capacité et sans patriotisme ; par-
dessus tout, et beaucoup plus qu'on ne peut le croire,
vigoureuse impulsion vers la liberté, vers la participa-
tion des classes éclairées à l'administration des villes,
des provinces et du royaume, tels furent les divers sentiments qui, unis par le lien religieux, se confondirent, sous
la direction du parti des Guises et donnèrent naissance à
la Ligue.

Il ne faut pas oublier l'espèce d'engouement subit des
Français pour quelques-unes des personnalités mar-
quantes de cette grande famille lorraine. Il se fit, dans
l'esprit de la nation, une comparaison brusque entre les
vices, les faiblesses, les ridicules des derniers Valois et
les mérites, les services, la gloire des ducs de Guise.
Ceux-ci avaient la prudence, la tenue, la souplesse des
ambitieux. Ils étaient dans la période où l'on rend des
services pour se les faire payer. Ils avaient ce prestige
militaire toujours cher aux Français. Enfin, ils tournaient
l'esprit d'un peuple mobile vers l'éternel mirage du changement : l'espérance.

Il y eut donc de leur côté comme un élan des foules lassées ou dégoûtées du présent. Elles se plaisent à personnifier dans ces princes beaux, élégants, victorieux, les multiples aspirations que les révolutions du siècle avaient éveillées en elles.

Mais, pour en venir à ce changement de dynastie qui, pendant quelque temps, fut le vœu de tous les Français, le soulagement auquel tous aspiraient, il fallait rompre avec la tradition séculaire de la monarchie héréditaire, il fallait rejeter la loi salique vivante dans la personne de Henri III et de ses successeurs.

C'est ici que l'intervention du pape prenait une importance extrême. Ce peuple, avide d'arracher le pouvoir à la dynastie régnante et d'en disposer à son gré, avait beau s'assurer de son droit de souveraineté, il demandait qu'une autorité plus haute le lui confirmât. Il implorait du pouvoir pontifical la justification de sa propre volonté, de sa politique, de sa passion, de sa fureur amoureuse.

Ainsi se forma peu à peu dans les esprits une théorie nouvelle, — du moins en France, — et qui prenait justement le contre-pied de toute la théorie gallicane. Expliquée, entretenue, fortifiée par l'enseignement des nouveaux ordres et notamment de la Compagnie de Jésus, on la vit s'infiltrer dans le pays, s'élever des collèges aux universités, se répandre des chaires dans le bas peuple, se manifester par toute une littérature de libelles, envahir même la Sorbonne, même le Parlement, diriger les résolutions des politiques, influer sur les délibérations des États, en un mot se saisir de la conscience de tout un peuple.

Il convient d'expliquer la raison et la portée de cette doctrine; elle eut la plus grande influence sur les destinées futures du gallicanisme.

C'est une illusion révélant un état d'esprit tout français

que de considérer la doctrine romaine, en matière de souveraineté politique, comme *légitimiste* ou *monarchique*. Tout au contraire, les décisions papales, aussi bien que les opinions théologiques les plus accréditées, montrent peu de penchant pour le système royal.

En principe, toute souveraineté vient de Dieu. Dieu l'a déposée dans le corps social qui s'organise selon sa convenance et sous la forme qu'il préfère : monarchie, aristocratie, démocratie. Tout pouvoir est donc, en lui-même, digne du respect et de la soumission du catholique. Mais il ne mérite ce respect et cette soumission que s'il ne s'écarte pas des devoirs qui lui incombent; et, de ces devoirs, le premier est de subvenir au maintien et au progrès de la religion catholique.

Mais qui sera juge du mérite ou du démérite des pouvoirs établis? Ou plutôt qui peut en être juge, si ce n'est le pape? N'est-ce pas à lui qu'a été confiée la mission de lier ou de délier! Si un abus quelconque vient se produire dans l'exercice de la souveraineté, et notamment dans ce qui touche à la manutention des intérêts catholiques, qui peut l'apprécier, qui peut le punir, autre que celui qui représente, sur la terre, l'autorité et la sainteté de Jésus-Christ?

De là découlait naturellement la doctrine pontificale dans ce qu'elle avait de plus strict, celle qui réclamait un pouvoir direct sur le temporel, avec le droit de disposer des couronnes, et, si le prince manquait à ses devoirs, de délier ses sujets du serment de fidélité, de donner, selon l'expression du temps, « le royaume du tyran en proie ».

Cette doctrine, clef des enseignements politiques de l'école romaine, avait été formulée pour la première fois par Grégoire VII. Elle avait toujours été considérée comme condamnable, sinon comme hérétique, par l'école gallicane.

Mais, dans le temps dont il s'agit, elle s'appliquait si

bien au secret désir de la nation française, qu'il n'est pas étonnant de voir le succès qui devait l'accueillir, une fois que d'habiles polémistes l'eurent adroitement accommodée aux nécessités de la politique.

Il convient de rappeler ici qu'une autre doctrine non moins hardie, mais qui paraît placée, de prime abord, aux antipodes de celle qui vient d'être rappelée, la doctrine de la souveraineté du peuple, avait, dans le même temps, le plus grand succès auprès de la majorité des Français. C'était l'époque où, selon le mot de Hurault, « la France était folle de la liberté ».

Au lendemain de la Saint-Barthélemy, les publicistes protestants, indignés de la conduite du pouvoir, avaient tout fait pour ébranler son autorité. Les premiers, ils avaient appris aux Français que le prestige traditionnel de la loi salique n'était pas inviolable, que le peuple seul choisissait ses princes, qu'il pouvait, à son gré, se défaire d'eux « comme on retire ses pouvoirs à un tuteur infidèle ». C'étaient ces mêmes écrivains protestants qui, entrant dans le minutieux exposé de la doctrine révolutionnaire, avaient prouvé qu'on pouvait s'insurger contre le tyran, lui refuser l'impôt, former des ligues contre lui, réclamer, pour l'abattre, le secours de l'étranger, l'assassiner même en cas de nécessité urgente[1].

Toutes ces idées et d'autres semblables, contenues dans les libelles des Hotman, des Hubert Languet et de leurs coreligionnaires, avaient été accueillies d'abord avec surprise, puis avec curiosité, enfin avec intérêt, selon que l'état d'esprit auquel elles répondaient s'étendait dans le pays.

Mais ce qui peut paraître extraordinaire, quoique abso-

1. Il suffit de citer, pour mémoire, le traité de La Boétie, le *Contr'un* ou de la *Servitude volontaire*, la *Franco-Gallia* d'Hotman, le *Réveil-Matin des Français*, le *De jure magistratuum erga subditos et subditorum erga magistratus*, les *Vindiciæ contra tyrannos* d'Hubert Languet, etc., etc. Ceux qui ont seulement parcouru cette bibliothèque singulière savent que le *Contrat social* de Jean-Jacques n'a rien innové.

lument certain, c'est que cette semence révolutionnaire, jetée par les écrivains protestants, fut surtout recueillie par les esprits catholiques.

En effet, au fur et à mesure que les événements se déroulaient, la dynastie des Valois était de plus en plus détestée, non seulement par ceux qui avaient souffert de la Saint-Barthélemy, mais pour tous les amateurs de nouveauté, de quelque part qu'ils vinssent. Henri III avait beau se placer lui-même à la tête de la Ligue, affirmer, avec une exagération qui ne pouvait laisser place à aucun doute, ses sentiments catholiques : il était haï, méprisé; il gênait. Tant d'adversaires décidés que son administration trouvait parmi ses sujets catholiques se laissèrent donc facilement séduire par les théories révolutionnaires qui devenaient pour eux d'une application si commode. Ce droit des sujets sur les princes, développé par les hérétiques contre Charles IX, fut bientôt dirigé, par les catholiques, contre le prince qui avait été pourtant l'un des conseillers, peut-être l'instigateur de la Saint-Barthélemy.

Ainsi les mêmes esprits s'ouvrirent, d'une part à la doctrine ultramontaine, telle que nous la rappelions tout à l'heure; d'autre part à la doctrine révolutionnaire, telle que nous venons de l'exposer. Un simple artifice d'arrangement devait suffire pour que de leur union naquît le système *démocratico-papal*, qu'on allait opposer dorénavant aux vieux principes autocratiques et gallicans : c'est la théorie ligueuse.

Elle eut pour auteurs et pour principaux interprètes les prédicateurs et les moines. Répandue par leur parole et par des libelles sans nombre, jusque dans les dernières couches du peuple, elle fut reçue ardemment par des esprits que les circonstances avaient préparés et tenaient merveilleusement aux écoutes.

Elle empruntait à la pensée romaine, légèrement modifiée par le théologien jésuite Bellarmin, cette idée que le pape, n'ayant aucune puissance directe sur le temporel des princes, a cependant autorité sur lui *d'une manière indirecte*. En effet, son pouvoir est absolu sur le spirituel, et il est de sa mission « d'oster les scandales hors de la voie du peuple ». Le pape peut donc prendre subsidiairement la cause du peuple et de l'État. Il peut exclure de l'accessoire (du règne temporel) celui qui est incapable du principal (c'est-à-dire de la foi catholique).

Seul, le pape a l'autorité nécessaire pour délivrer les chrétiens du joug d'un tyran, ennemi de son peuple ou ennemi de l'Église. Mais, par contre, seul le peuple, une fois rendu libre et délié de son serment, peut disposer de lui-même. C'est lui seul qui, par son consentement, donné dans une réunion des États qui le représentent, confère de nouveaux droits à la souveraineté.

Telle est la doctrine que l'on trouve développée dans les pamphlets ligueurs, celle que le prédicateur Porthaise, à Poitiers, exposait en ces termes : « Le prêtre a le premier droit ès terre et partages terriens... Les cousteaux spirituels et matériels sont à l'Église, et de son vouloir doivent être dégaînés pour la tuition de la foy et pour la punition des hérétiques... La personne des rois est purement du droit des gens et pour ce sujette aux contrats... comme nous en font foi la mutation des lignées Mérovinges, Carlovinges et Capets[1]. »

C'est de cette doctrine que s'autorisaient les hommes d'Etat de la Ligue. Elle est déterminée, en quelque sorte officiellement, dans cet écrit où le duc de Mayenne s'adressait aux princes catholiques pour expliquer sa conduite : « Ce n'est point la nature ni le droit des gens qui nous apprend à reconnoître nos rois ; c'est la loi de Dieu, celle de son Église et du royaume, qui requièrent non seulement la proximité du sang... mais aussi la pos-

____

1. Ouvré, *la Ligue à Poitiers*, p. 169.

session de la religion catholique au prince qui nous doit commander. Et cette dernière qualité a donné nom à la loi que nous appelons fondamentale de l'État, toujours suivie et gardée par nos mayeurs[1] sans aucune exception, combien que l'autre, pour la proximité du sang, ait été quelquefois changée[2]... »

C'est cette doctrine, enfin (car il faut en montrer toute la puissance et la vulgarisation), c'est cette doctrine qui était enseignée dans les facultés et les collèges imbus du nouvel esprit : « Nous avons ouï dire, écrit un Père de la Compagnie de Jésus, qu'un jeune homme de fort bas âge et presque enfant (ceci se serait passé à Lyon) fut élevé en haut sur le feu et commandé de prier Dieu pour le Roi (Henri IV), autrement qu'il serait jeté dedans : fit réponse qu'il aimait mieux être consumé par le feu et perdre la vie que de reconnaître pour roi un qui n'eût été approuvé par l'autorité du pape. » Et ailleurs : « Merveilleuse fut la constance de ces jeunes enfants en une injure si aigre, vu que l'on ne put tirer d'eux autre chose que ce *que nous leur avions enseigné : qu'un chacun devait respecter son roi; mais que c'était au pape à déclarer qui était roi légitime*[3]... »

Ainsi toutes les espérances du parti ligueur et démocratique étaient comme pendues à la décision du pape, tandis que Rome voyait, pour la première fois, un champ immense ouvert à ses espérances par les progrès de la Ligue.

Les écrivains catholiques postérieurs aux événements se sont généralement efforcés d'atténuer la portée de l'intervention papale dans les affaires de France. Mais il suffit de jeter les yeux sur les documents contemporains pour

1. Ancêtres (*majores*).
2. Responce du duc de Mayenne... aux princes catholiques... *Mém. de Villeroy* (t. IV, p. 50).
3. Lettres écrites aux Pères de la Société en 1594 et 1595. Naples, 1604. Cité par l'abbé Puyol, *Edm. Richer* (t. II, p. 303).

voir que cette partie fut jouée par les papes comme une sorte de va-tout.

Les instructions données aux nonces qui se succèdent ne laissent aucun doute. Avant même que la mort de Henri III ait ouvert la perspective d'un règne hérétique, le pape favorise la Ligue ouvertement. Il se sert de son influence sur elle pour réclamer l'introduction en France de l'Inquisition et du concile de Trente : habilement, il profite de la pénurie du roi de France pour mettre à sa disposition une partie des biens du clergé, violant ainsi, sous l'habile prétexte du service rendu, l'une des clauses des libertés gallicanes ; si l'un de ses légats, Morosini, se fait remarquer par son esprit de conciliation « plus royaliste que ligueur », il est rappelé, blâmé, exilé à Bologne et ne peut même obtenir une audience pour se justifier.

Quand, sur la fin de son règne, Henri III, à bout de ressources, se tourne vers Henri de Navarre, Sixte-Quint fulmine contre lui un *monitoire* où les prétentions pontificales étaient poussées jusqu'à demander compte au Roi de sa conduite et à le sommer de comparaître à Rome dans un délai de soixante jours.

Enfin, lorsque ce prince mourut, ce même pontife n'eut pas un mot de regret pour la personne d'un roi, catholique jusqu'au bout, fils aîné de l'Église. S'il paraît douteux que Sixte V ait prononcé officiellement le panégyrique de Jacques Clément, il est certain qu'il se refusa à faire célébrer dans Rome les obsèques du roi de France et qu'il dit en plein consistoire « que cette mort était un jugement de Dieu ».

L'avènement de Henri IV au trône, par voie de succession légitime, posait de la façon la plus nette la question la plus grave, au sujet des relations entre les deux pouvoirs. Henri de Navarre était incontestablement hérétique, excommunié, spécialement déclaré indigne du trône par la bulle *Ab immensas æterni regis.*

Le pape, en lançant cette bulle longtemps suspendue, avait déclaré solennellement son droit de disposer des couronnes et notamment de la couronne de France, du moins pour raison spirituelle : « *In præcelso hoc solio et in plenitudine potestatis quam ipse Rex Regum et Dominus Dominantium, licet nobis indignis tribuit, auctoritate Dei omnipotentis, ac beatorum Petri et Pauli apostolorum, ejus et nostrá... pronuntiamus et declaramus Henricum quondam regem et Henricum Condensem fuisse et esse hæreticos... et pariter eosdem fuisse et ipso jure esse privatos et incapaces ac inhabiles ad succedendum in quibuscumque Ducatibus, Principatibus, Dominiis et Regnis, ac specialiter in Regno Franciæ in quo tot atrocia et nefaria crimina patrarunt... etc.* »*

Cette décision, lancée de si haut, en termes si pompeux, dans des temps si troublés, avait été reçue comme le dernier mot de la sagesse pontificale. Pour tous les catholiques, pour le parti ligueur en particulier, le débat de doctrines qui divisait depuis longtemps Rome et la France se trouvait ainsi tranché. L'application de la loi salique était désormais subordonnée à la qualité de catholique chez le prince que le sang appelait à la couronne. L'hérésie le rendait indigne. Or, comme le pape seul avait juridiction définitive en matière d'hérésie, il se trouvait être, indirectement, le suprême juge de la successibilité au trône de France[1].

Par contre, toute la théorie légiste, celle qui attribuait à la royauté française une institution divine; celle qui affirmait qu'en matière de succession au trône, comme en toute autre matière successorale, *le mort saisit le vif;* celle qui répétait l'autre formule, également traditionnelle, que *le roi ne meurt pas en France*, tout cet ordre ancien du royaume respecté depuis des siècles et auquel

---

1. Voir le texte de la bulle, à la suite de la réponse qu'y fit François Hottman : *Brutum fulmen Papæ Sixti V*, etc. Lugduni Batavorum, MDLXXXVI.

était attachée l'indépendance même du prince et des
sujets, tout cela était rayé, d'un seul coup, par les termes
de l'excommunication.

Et que l'on considère l'habileté du dilemme dans lequel
la papauté enfermait les Français : ou Henri de Navarre
serait définitivement écarté et, dans ce cas, son successeur était obligé de s'incliner devant une autorité à
laquelle il était redevable d'un trône; ou Henri de
Navarre abjurerait le protestantisme; mais, condamné
par le pape, il ne pouvait obtenir que du pape lui-même
l'absolution et, par conséquent, la faculté de régner,
comme prince catholique, sur un peuple dont la majorité
catholique n'accepterait jamais la domination d'un prince
protestant.

Il faut reconnaître que, de ces deux éventualités, la
seconde fut celle qui parut avoir, de bonne heure, la
préférence de Sixte-Quint. Sa clairvoyance était éveillée
par les craintes que lui faisait éprouver l'accroissement
de la domination espagnole en Europe. L'esprit politique
de ce grand pontife comprenait ce que la papauté per-
drait si la France, conquise et divisée, ne faisait plus
office de contrepoids. Mais ces craintes qui, même chez
un pape éminent, n'apparaissaient que par boutades,
n'étaient point partagées par la majorité des cardinaux.
Corrompus ou candides, violents ou indifférents, créatures de Philippe II ou imbus des plus imprudentes conceptions de l'ultramontanisme, ils croyaient le moment
venu de pousser à bout les affaires de France.

Lorsque Sixte-Quint mourut, ils élevèrent au trône, —
après le court pontificat d'Urbain VII, — un cardinal
connu pour ses sentiments favorables à la Ligue et qui
s'appela Grégoire, comme pour manifester le désir de
suivre les traces des grands papes qui avaient illustré ce
nom.

Ce fut lui qui, dans un monitoire célèbre adressé au
nouveau nonce en France, Mgr Landriano, donna désor-

mais pour objet à la politique du saint-siège « la ruine du Navarrais »; ce fut ce pape qui raffermit la situation de Mayenne ébranlée, ranima l'ardeur des Espagnols, encouragea les uns et les autres par des promesses et des dons d'argent; ce fut lui enfin qui envoya en France une armée pontificale sous les ordres de son propre neveu.

Jamais la politique romaine ne s'était aventurée aussi loin. Elle risquait tout, comme si elle avait tout à gagner. Ce qu'elle entrevoyait dans l'avenir, c'était, à travers tant de tiraillements et de désordres, au bout de la lassitude de tous les partis, la couronne de France remise entre les mains du souverain pontife pour en disposer à son gré; un roi, fidèle serviteur du saint-siège, recevant en France les actes du concile de Trente et l'Inquisition; une nouvelle dynastie attendant de Rome sa consécration : « Si cela était nécessaire, écrivait l'abbé d'Orbais, le pape dit qu'il ira couronner le nouveau roi à Paris[1]. »

Nous n'avons pas à rappeler, ici, avec quelle satisfaction le parti de la Ligue accueillit les encouragements et les secours du saint-siège. Si troublées qu'elles fussent par la lutte, sans doute les consciences des chefs étaient parfois émues à l'idée du péril que le secours tant imploré de l'Espagne faisait courir en France. En outre, la politique de la Ligue, si claire tant que ce parti avait eu à sa tête des chefs populaires, devenait chaque jour plus incertaine, depuis qu'un adolescent et un général plus sage que brillant remplaçaient les glorieux défunts.

On fut donc heureux de se tourner vers Rome et, puisque le pape sortait de son mutisme, de s'en rapporter à lui, de se décharger sur lui de la responsabilité d'événements dont l'imprévu, chaque jour renouvelé, commençait à lasser l'attente.

---

1. 9 juillet 1592. Voir L'Épinois, *la Ligue et les papes* (p. 580). Le rapprochement avec la politique suivie par Pie VII à l'égard de Napoléon vient naturellement à l'esprit.

La Ligue donc, déjà moins enthousiaste, se trouvait cependant dans sa période la plus particulièrement pontificale. Elle trouvait sa dernière ressource, sa dernière excuse dans l'ardeur de ses sentiments ultramontains.

Mais tous les catholiques du royaume pouvaient-ils partager ces sentiments? Non, assurément, et c'est ce qui eût dû réveiller dans l'esprit des successeurs de Sixte-Quint comme un souvenir de la prudence de ce pontife.

Non seulement un grand nombre de catholiques s'étaient attachés à la fortune du nouveau prince, quoique protestant; non seulement la plus grande partie de la noblesse reconnaissait en lui le roi légitime; non seulement des hommes comme Biron, Luxembourg, Nevers, prenaient sa défense, mais les évêques eux-mêmes, la majorité des évêques de France se prononçait pour lui.

C'est ici le nœud de toute cette histoire du gallicanisme. C'est l'heure où le pacte décisif va être signé entre l'épiscopat et le pouvoir royal. C'est le moment où les évêques de France, parfaitement éclairés sur leurs propres intérêts, animés d'un esprit de résolution trop rare dans ce corps, surent agir d'eux-mêmes et tirer la royauté française du mauvais pas où l'avait placée l'habileté romaine. C'est l'heure où devint claire à tous les yeux l'efficacité monarchique du Concordat et où l'assemblée de 1682 fut préparée.

L'épiscopat français, placé, lui aussi, dans le dilemme, ou de s'incliner devant Rome ou de se jeter dans l'hérésie, passa au travers des mailles d'un filet si serré : il sut se tirer d'embarras et arracher au péril le représentant de la dynastie légitime, en se tenant fermement attaché aux maximes de l'indépendance du royaume et des libertés gallicanes. Tel fut le grand service rendu par le gallicanisme à la France, service qui, présidant à l'avènement de la famille des Bourbons, ne pouvait être oublié par elle : il unit définitivement dans la prospérité, dans les revers et jusque dans la mort, la destinée de la monarchie légitime et celle de l'épiscopalisme gallican.

Rester hérétique et ne pas régner, régner après avoir demandé l'absolution du pape, telle était l'alternative laissée à Henri de Navarre. Une troisième solution, cependant, était possible, à laquelle on ne paraît pas avoir songé à Rome, mais qui, cependant, devait se produire, qui devait se dégager non seulement des circonstances, mais des traditions les plus éminemment françaises ; qui devait, par sa simple mise à exécution, faire rentrer les catholiques français dans la voie nationale dont ils s'étaient depuis si longtemps écartés ; qui devait enfin mettre le pape dans le plus grand embarras et le forcer ou de se désavouer lui-même ou de laisser la France évoluer hors de l'orbite romaine : cette solution, c'était l'abjuration du Roi, non entre les mains du pape, mais bien entre les mains des évêques français. Tel fut le biais gallican qui sauva le royaume du désordre et le Roi de l'hérésie.

Dès l'avènement de Henri IV, un nombre assez considérable de prélats qui s'étaient trouvés parmi les partisans de Henri III lors de sa mort étaient restés près du nouveau Roi. Ils s'étaient tenus pour satisfaits de l'engagement qu'avait pris celui-ci « de se faire instruire en la religion catholique » et, malgré les protestations des ligueurs, du légat et du pape lui-même, ils avaient cru pouvoir lier leur sort à celui du prince protestant, qu'ils considéraient, d'ores et déjà, comme le roi de France. Cette conduite paraîtrait difficilement explicable, si l'on ne se rendait compte des motifs sinon d'intérêt personnel, du moins d'intérêt de corps, qui déterminaient ces évêques.

Ils voyaient que la Ligue était faite pour la ruine de tout l'ordre ancien du royaume et notamment de l'épis-

copat. Elle le menaçait par en haut et le minait par en
bas. En effet, tout ce qui tendait à l'extension de l'autorité pontificale était un sujet d'inquiétude pour l'aristocratie épiscopale et, d'autre part, les instruments dont
se servait la cause ultramontaine étaient considérés avec
une sorte de dégoût et d'horreur par le corps élégant et
choisi des prélats français : ce n'était, pour eux, que le
plus vil ramas de la démagogie monacale. Les cardinaux
de Vendôme et de Lenoncourt supplient le pape de « ne
pas se laisser mener par une minorité de factieux, composée d'étrangers ou d'agents du roi d'Espagne, gens pré-
venus en justice, obérés et perdus de dettes... vil et abject
populaire prêt à changer à tout vent[1]... » « Que le Saint-
Père y mette ordre, écrivait à son tour le cardinal de
Gondi, car l'autorité des prélats est non seulement diminuée, mais entièrement supprimée[2]. »

C'est qu'en effet les moines abandonnés à toute la
diversité de leurs opinions, en proie à la violence révolutionnaire naturelle chez des gens qui n'ont rien à
perdre, ne cachaient nullement la hardiesse de leurs
projets : jésuites en tête et, par derrière, capucins,
minimes, carmes et cordeliers, ils montaient à l'assaut de
l'ordre établi. Voici de quel esprit était animé l'un d'entre
eux, qui devait passer pour des plus sages, le Père Félix,
commissaire général de la province de Paris pour l'ordre
des capucins; il écrivait au pape : « Il est temps de restaurer en ce royaume la religion et la liberté ecclésiastique, d'enlever les évêchés, les abbayes, les églises des
mains des femmes, des laïques, de religieux à la vie dis-
solue et licencieuse. *La plupart des évêques simoniaques
et opposés au concile de Trente* font entendre au Roi
que les décrets du concile le priveront de son autorité[3]. »

Rome écoutait de telles paroles avec complaisance et

1. L'Épinois, p. 398.
2. *Ibid.*, p. 356.
3. *Ibid.*, p. 300.

le légat du pape se laissait dédier l'étonnant livre de
Génébrard, archevêque d'Aix : *De sacrarum electionum
jure et necessitate ad ecclesiæ Gallicanæ redintegrationem;* livre où la violence antiroyale et antiépiscopale
allait jusqu'à réclamer le retour au régime des élections[1].

Ce sont ces violences qui, bientôt, rejetèrent dans le
camp royal la grande majorité des évêques français.
Comme dit l'historien de Henri IV, « l'ordre religieux
n'était pas moins violé que l'ordre politique », et c'est pour
rétablir l'un et l'autre que les évêques, suivant l'impulsion
des cardinaux de Vendôme et de Lenoncourt, de l'archevêque de Bourges, Renaud de Beaune, et de quelques
autres prélats, se resserrèrent, en quelque sorte, autour
de l'arche sainte de la loi salique, pour faire tête, tous
ensemble, contre la menace de l'ingérence étrangère.

Dès le mois de février 1590, cette conception du rôle
des évêques dans la suite des événements qui devaient
amener le dénouement de la crise était saisie par les
principaux d'entre eux. Ils convoquaient à Tours une
assemblée d'évêques français « pour aviser aux moyens
de ramener le prince au catholicisme », et, dans la lettre
de convocation, les principes les plus purs du régalisme
gallican étaient proclamés : « L'honneur de Dieu et
l'amour de la patrie, y lisait-on, nous obligent à mettre
la main à une œuvre si bonne, c'est-à-dire à la conversion du prince que, selon les règles inviolables de la
monarchie, Dieu a fait naître pour nous commander,
comme le premier du sang et de la race de saint Louis,
par conséquent notre roi naturel et légitime... » Le légat

1. *De sacrarum electionum jure et necessitate ad ecclesiæ Gallicanæ
redintegrationem, auctore G. Genebrardo, Aquarum Sextiarum Archiep.
ad. ill. cardinales D. Philippum Segam legatum Placentium, et D. Nico-
laum Pelevœum Rhemensem et primum Franciæ parem.* Parisiis, apud
Sebastianum Nivellium, sub Ciconiis, via Jacobea MDCIII. Ce livre a
été condamné, par sentence du Parlement du 26 janvier 1590, à être
lacéré et brûlé par la main du bourreau; l'auteur, déclaré coupable du
crime de lèse-majesté, banni à perpétuité.

du pape comprit quelle était la gravité de cette déclaration et des actes dont elle pouvait être la cause initiale. Il jeta l'interdit sur la future assemblée, excommunia d'avance ceux qui y prendraient part : « Si Henri de Navarre voulait se faire instruire, il n'était pas besoin d'une assemblée d'évêques; elle n'était pas nécessaire *et pouvait être dangereuse*[1]. » Rome se sentait atteinte par ce coup droit.

Les résultats de cette initiative devaient tarder quelque temps encore. Mais l'élan était donné. Toutes les forces gallicanes se relevèrent et donnèrent, l'une après l'autre. En 1591, le Parlement, réuni à Tours, retrouva ses belles invectives contre Rome en lançant l'arrêt de condamnation des bulles du pape Grégoire : « La cour a déclaré et déclare les bulles monitoriales données à Rome le premier jour de mars 1590, nulles, abusives, séditieuses, damnables, pleines d'impiété et d'impostures, contraires aux saints décrets, droits, franchises et libertés de l'Église gallicane, ordonne que les copies seront lacérées par l'exécuteur de la haute justice et brûlées en un feu qui, pour cet effet, sera allumé devant la grande porte du palais[2]. »

Enfin, dans le parti de la Ligue se fit lentement un retours vers ces antiques traditions que la passion avait rejetées, mais dont les esprits gardaient la mémoire.

Aux États de 1593, dans ces États qui, convoqués pour la révolte, rétablirent la discipline; qui, réunis pour fonder la domination étrangère, s'obstinèrent dans la réclamation d'un prince français; dans ces glorieux États, où, malgré tant de vices d'origine, siégea l'âme même de la France, on vit, sur la proposition, faite par le légat, de l'acceptation du concile de Trente, toutes les âmes indépendantes, tous les esprits éclairés s'éton-

1. L'Épinois.
2. L'Épinois, p. 400.

ner, s'arrêter, comme si, pour la première fois, ils ouvraient les yeux sur l'abîme vers lequel leurs propres erreurs les avaient entraînés[1].

On ne peut trop insister sur l'importance de ces idées gallicanes, sur cette force de *palladium* qu'elles eurent à l'époque dont nous parlons ; ce furent elles qui décidèrent de la destinée des États : la proposition du légat fut le pas qu'on ne put franchir.

Les De Maistre, les Du Vair, les Cappet, jusqu'à cet avocat Dorléans, qui avait été des plus violents parmi les pamphlétaires ligueurs, tous d'un bond se rejetèrent en arrière et, du même bond, se trouvèrent reportés dans le camp royal. Il ne resta plus aux États qu'une minorité infime et sans prestige pour voter cette acceptation du concile à laquelle le légat et Rome avaient tant sacrifié.

L'heure de l'abjuration était sonnée. Elle fut comme l'issue naturelle de ces célèbres pourparlers de Suresnes où la question de souveraineté du Roi, antérieure et supérieure à toute condition et consécration, fut longuement débattue entre l'archevêque de Lyon pour les ligueurs, l'archevêque de Bourges pour les royalistes. Celui-ci sortit vainqueur de la lutte. Tous les courages abandonnaient successivement le parti contraire.

A quelques jours de là, un simulacre de discussion eut lieu entre le Roi et les principaux prélats de son parti. Après quelques minutes de conversation, Henri requit de ses évêques un texte de profession de foi. Ils délibérèrent entre eux s'ils pouvaient le dresser d'eux-mêmes, sans attendre mandement du saint-siège. On ne leur laissa pas le temps de s'appesantir sur le problème, car, « comme lesdits seigneurs délibéraient, Sa Majesté envoya demander si ladite profession de foi était faicte et dressée, laquelle, ayant été lue en pleine Compagnie,

---

1. Voir les *États généraux de 1593*, publiés par Bernard dans la *Collection des documents inédits* (p. 146 et suiv).

fut approuvée et portée par ledit archevêque de Bourges et trois autres à Sa Majesté[1] ». Ce fut toute la cérémonie à l'égard du saint-siège.

Comme on le voit, l'autorité du Roi intervenait jusque dans le détail de l'exécution et brusquait la résolution des prélats, pour assumer toute la responsabilité. On prit simplement la précaution d'expliquer que, le Roi présent à l'armée étant sans cesse en péril de mort, il y avait lieu, selon les canons, de passer outre, un simple prêtre pouvant tenir compte de ses sentiments nouveaux et lui donner l'absolution.

Le dimanche 25 juillet 1593, la cérémonie officielle eut lieu à Saint-Denis, par-devant le cardinal de Bourbon, les archevêques de Bourges, évêques de Chartres, de Séez, de Digne, du Mans, abbés de Chastelliers, nommé à l'évêché de Bayeux, Du Perron, nommé à l'évêché d'Évreux, l'évêque de Nantes officiant, l'archevêque de Bourges recevant l'absolution du Roi, et par-devant un grand concours du peuple, venu de Paris pour assister à cette réconciliation du Roi légitime et de l'Église.

« Qui êtes-vous? » dit l'archevêque, arrêtant Henri dès le portail de l'église. « Je suis le Roi », dit celui-ci, et il pénétra dans l'église prendre part aux différentes phases de la cérémonie ecclésiastique.

Au point de vue politique, le grand débat dont nous avons exposé les péripéties était tranché.

Rome essaya vainement de parer le coup. Par la vigueur d'abord : le légat condamna, dans un monitoire solennel, l'initiative qu'avaient prise les prélats français. Les prédicateurs populaires et, notamment, Jean Boucher, furent déchaînés contre ces mêmes coupables, « ces scribes, ces pharisiens hypocrites, ces animaux tachetés et mouchetés de diverses bigarrures; ces

____

1. Procès-verbal officiel, publié dans Capefigue : *la Ligue et Henri IV*, 3ᵉ édit., in-12 (p. 245).

autruches grossières et pesantes, ces paons au beau plumage, mais avec pieds de larrons, tête de serpent et voix de diable... » — « Le plus grand péché est aux évêques qui se sont tant oubliés... Quelle impiété! » écrivaient les députés de Lyon à leurs commettants.

A Rome, on commença par traiter la conversion de Henri IV de comédie feinte, fausse et de nul aloi. Henri IV avait envoyé un gentilhomme porteur d'une lettre de sa main, adressée au Saint-Père, le pape Clément VIII, et où l'on avait exprimé, sous d'habiles paroles de soumission, tout le sens de la thèse gallicane. Le duc de Nevers demandait également une entrevue au pape. Celui-ci refusa de les recevoir, en déclarant qu'il fallait auparavant que le Roi montrât sa contrition, fît pénitence, reçût l'absolution, *et fît enfin relevé de son incapacité à porter la couronne*. Mais on n'en était plus là depuis longtemps. Le P. Possevin, envoyé en France pour éclairer le pape, ne pouvait que l'instruire de la triste réalité. Il revint plus royaliste que ceux qu'il était chargé de ramener dans la bonne voie[1].

L'exemple des évêques avait été suivi par tout le royaume. Paris était au Roi; les provinces cédaient une à une; les villes ouvraient leurs portes. L'engouement ancien pour les Guises se tournait vers la cornette blanche du nouveau vainqueur. Avec son esprit politique et son sens des réalités, la Compagnie de Jésus elle-même se retournait. Il fallut que le pape avouât sa défaite, capitulât.

Il ne capitula que devant la crainte d'un schisme, devant la menace très sérieuse de la constitution d'une Église nationale : « A la fin d'avril 1593, le cardinal Sega envoyait prévenir le pape que, dans l'intérêt du royaume, il ferait bien de rebénir le Roi, » et, arrivé à

1. Voir les *Lettres du cardinal d'Ossat*, édition Amelot de la Houssaye; à Paris, chez Jean Boudot, 1698, in-4° (t. I, p. 40 et suiv.).

Rome le 13 novembre, il disait que, « si le pape ne donnait l'absolution, le schisme était tout fait, sans qu'il y eût aucun remède ». « Les esprits, — ajoute l'auteur, non suspect, auquel nous empruntons ces appréciations et ces faits, — les esprits étaient en effet irrités et, pour intimider sans doute, un arrêt du Grand Conseil défendit de s'adresser à Rome pour obtenir des bulles et des expéditions de bénéfices, les provisions devant être données par l'archevêque de Bourges et des lettres du Parlement[1]. »

Les négociations furent conduites à Rome avec la plus grande modération par l'habile d'Ossat. Suivant la tradition des négociateurs français à Rome, et notamment de son illustre prédécesseur, Duprat, il insiste peu sur les mots, beaucoup sur le fond. « Au lieu de paroles magnifiques et braves, il préféra, comme il le dit lui-même, la substance, la vérité et la réalité des choses[2]. »

Il reconnut implicitement que l'absolution donnée par les évêques n'était pas valable canoniquement; mais politiquement, elle n'en produisait pas moins tous ses effets. Il prit, au nom du Roi, l'engagement de rétablir la religion catholique dans le royaume; mais, pour l'exécution, tout l'avenir restait ouvert et on rentrait dans la formule : « Qui a terme ne doit rien. » Il promit de publier le concile de Trente, mais sous réserve des libertés et franchises de l'Eglise gallicane. Il éluda sagement l'offre habile faite par le pape de venir lui-même en France donner l'absolution au Roi. Enfin, lui et son collègue Du Perron s'inclinèrent dévotement, par procuration, sous la verge pontificale, frappant leurs épaules à chaque verset du *Miserere :* « A entendre ce mot, écrit avec un sourire le sage abbé, vous diriez que nous en

<hr>

1. L'Épinois, *La Ligue et les papes* (p. 622). Nous avons souvent cité cet auteur dont l'ouvrage, paru récemment, offre cet avantage inappréciable de s'appuyer, en partie, sur les archives secrètes du Vatican.

2. *Lettres,* éd. 1698 (t. I, p. 195).

fûmes tout épaulés, tandis que nous ne sentions non plus que si une mouche nous eût passé par-dessus nos vête-ments, ainsi vêtus comme nous étions. »

Au prix de cette cérémonie, au prix de ces concessions verbales et de ces soumissions de pure forme, la paix fut définitivement rétablie entre les deux pouvoirs, après vingt-cinq ans de lutte. Les prétentions pontificales étaient repoussées et l'on peut ajouter que le royaume de France était à nouveau, et pour deux siècles, complète-ment reconstitué.

La doctrine gallicane était reconstituée du même coup. Elle avait ramassé toutes ses forces et tous ses éléments épars pour les opposer à la conquête romaine.

Précisément, en l'année 1594, le parlementaire P. Pithou réunit, pour la première fois, en un corps de doctrine, le recueil des maximes formant ce nouveau droit.

Le règne de Henri IV vit également commencer entre les théologiens et les juristes une polémique variée, abondante, féconde, qu'on a fort justement nommée la *Guerre des Livres*, et qui eut pour effet de mettre en lumière et de préciser, par leur antagonisme même, l'une et l'autre doctrine[1]. Du côté de Rome, les Bellarmin, les Mariana, les Richeome, les Coëffeteau; dans l'autre camp, sous la conduite assez inattendue de Jacques Ier, roi d'Angleterre, les Barclay, les Duchesne, les Savaron, les Richer.

Cette polémique se poursuivit sous la régence de Marie de Médicis. A cette époque, la papauté, confiante dans la fidélité catholique de la Reine régente, eut un moment d'espoir. La Compagnie de Jésus, malgré tant de difficultés de toutes sortes, malgré un premier exil, rentrait définitivement en France et s'y implantait, grâce à la

____

1. Voir Perrens, *l'Église et l'État en France sous le règne de Henri IV et la régence de Marie de Médicis*. Paris, Durand et Pedone, 1873, in-8° (t. I, p. 306).

faveur royale. Elle semait la province de ses collèges,
s'insinuait à Paris, dans les Facultés, dans la société, à
la cour, donnait un confesseur au Roi. Elle n'avait pas
encore perdu cette nature « cosmopolite » que ses apologistes considèrent comme le trait caractéristique de la
partie héroïque de son existence. Elle était encore, sans
réserve aucune, dans les mains du pape.

On la vit donc, à cette date, multiplier ses tentatives.
La Sorbonne, les États Généraux de 1614 retentirent des
doctrines qu'elle-même y soutint, ou qu'elle y fit soutenir par des bacheliers hardis, de savants docteurs, des
prélats éminents. Mais toute cette agitation, purement
doctrinale, se perdit vite, sans portée et sans écho.

Non seulement ces tentatives nouvelles virent se dresser contre elles la science opiniâtre d'un Richer, soutenue par l'autorité du Parlement, mais elles se heurtaient
à quelque chose de plus fort, de plus compact, de plus
résistant, à une opinion faite, établie dans le royaume
tout entier. Des théologiens, des érudits, curieux du
menu détail, peuvent prendre quelque intérêt à l'étude
de ces luttes qui passionnèrent les contemporains. Mais
aujourd'hui on n'en saisit guère que l'inanité. Imaginez
les querelles des Jansénistes et des Molinistes sans les
Provinciales.

Tout au plus peut-on dire, qu'à travers ces luttes et ces
débats « livresques », la doctrine déterminait ses derniers
contours.

En 1614, dans cette assemblée des États où fut reconnue, pour un siècle et demi, la constitution du royaume,
telle qu'elle avait été établie par la longue expérience des
guerres civiles, la question du gallicanisme tint naturellement une grande place, une place prépondérante. Le
tiers état prit l'initiative d'un « article » qui proclamait
l'indépendance absolue de la couronne de France et qui
écartait, en termes positifs, la doctrine romaine. Il est
vrai que le clergé, dirigé par le cardinal Du Perron,

réussit à faire écarter cet article. Il ne fut donc pas inscrit parmi les lois fondamentales du royaume, mais,
comme dit fort justement l'historien de Richer : « S'il ne
figure pas parmi les lois positives, il devint la règle des
opinions françaises[1]. »

Quand le cardinal de Richelieu prit la direction des
affaires, il trouva la thèse gallicane arrivée à un degré de
développement tel qu'il n'avait qu'à l'accepter et à la
maintenir. Nourri lui-même des leçons de la Faculté de
Paris, théologien instruit, soutenu aux affaires par l'appui du parti politique, entraîné par sa grande conception de lutte contre la maison d'Espagne à des alliances
compromettantes au point de vue catholique, par-dessus
tout partisan énergique de l'autorité absolue des rois, il
devait être et il était bon gallican. Cependant, sa conviction n'allait pas jusqu'à le brouiller avec le pape. Il était
plutôt prêt à faire quelques concessions sur ces questions
de doctrine dont se satisfait si volontiers la politique
romaine.

En somme, Richelieu affecte de prendre plutôt une
attitude de médiateur dans les luttes d'école ; il fit venir
Richer, le morigéna, jusqu'à obtenir de lui une sorte de
désistement. Il ménagea toujours la Compagnie de Jésus ;
et si l'on vit, durant son administration, quelque condamnation retentissante des doctrines ultramontaines,
comme celle de Santarel, c'est que les intérêts de la politique pratique de Richelieu le portaient alors vers un
pareil éclat.

D'ailleurs, l'autorité royale n'avait pas à s'affirmer
autrement que par ses actes. La polémique romaine elle-
même était réduite au silence par le spectacle de grandeur, d'union et de force que le royaume de France donnait alors au monde. La papauté était atteinte par
l'abaissement de la maison d'Espagne. Lassée du grand

---

1. *Edmond Richer*, par l'abbé Puyol (t. II, p. 83).

effort qu'elle avait fait à la fin du siècle précédent, elle paraissait plutôt soucieuse du repos que de la lutte : le long pontificat d'Urbain VIII marquait une trêve dans les rapports des deux pouvoirs.

La sagesse expérimentée de Richelieu se gardait bien de la rompre, et, du moins sur les questions de doctrine, l'habile souplesse de Mazarin sut la maintenir. Le premier connaissait la France et se reposait sur elle; l'autre connaissait les Romains et n'ignorait pas leur ténacité muette. Il valait mieux rester, de part et d'autre, sur le terrain conquis, sans se livrer à d'inutiles escarmouches.

Cet état d'esprit se manifeste chez Richelieu par une sorte d'adhésion au duvallisme, doctrine d'un gallicanisme extrêmement modéré, conception d'un théologien longtemps considéré comme ultramontain et bien vu en cour de Rome. C'est Richelieu aussi qui confie à l'illustre Marca le soin de chercher un terme d'accord entre les deux pouvoirs.

Le livre de Marca[1] a bien ce caractère et, s'il ne réussit pas, c'est que, du côté de Rome, aucune concession de principes n'était possible. Elle peut bien assister, impassible, au triomphe matériel de ses adversaires, mais non consentir à rien abandonner de ce qu'elle a une fois proclamé comme sa propre doctrine.

Cependant, au milieu du demi-silence imposé, autant par la volonté des cardinaux-ministres que par la grandeur des questions qui s'agitaient sous leur administration, le gallicanisme, moins bruyamment défendu, ne perdait rien de sa force.

C'était lui, en somme, qui triomphait, qui régnait, qui se glorifiait dans la gloire et dans la prospérité des rois. C'était lui qui avait préparé ce trône, maintenant si res-

____

1. *De concordia sacerdotii et Imperii*, 1641, in-4°; 2ᵉ édit., 1663, in-fol.

plendissant. C'était lui qui avait choisi ces titres orgueilleux. C'était lui qui avait enseigné cette soumission,
incliné ces têtes, prédit cette grandeur que la Providence
montrait au monde comme un reflet de la sienne.

Après avoir été au péril, il était juste qu'il fût à l'honneur. On peut dire qu'il s'asseoit sur le trône en même
temps que Louis XIV.

V.

LA THÉORIE DU DROIT DIVIN. — LES MAXIMES GALLICANES.

Considérons maintenant cette doctrine gallicane dans
son triomphe et à son comble le plus éclatant : efforçons-
nous de démêler les liens étroits qui l'unissent au génie
de la nation française et au système politique que cette
nation s'est choisi.

Pour cela, il convient de l'étudier, en particulier, sous
le règne de Henri IV. Car jamais elle n'eut de sa mission une conscience plus claire qu'à cette grande
époque. Jamais les idées qui la formèrent n'ont été plus
simples, plus nettes et plus hardies. Elles n'ont fait,
depuis ce temps, que s'affaiblir par la répétition, se
corrompre par l'excès, ou se faner par l'oubli de leurs
principes.

La réaction contre l'esprit ligueur leur donna leur
forme définitive. Ces tristes désordres une fois calmés et
le Roi légitime remonté sur le trône, on vit tout à coup
s'effacer dans les cœurs les dernières traces et jusqu'au
souvenir de l'agitation qui, si longtemps, les avait
remués.

Un peuple qui, durant une période de vingt années,
avait lâché la bride à toutes ses passions, qui s'était
abandonné à tous ses caprices, qui avait voulu, si j'ose
dire, toucher à tout, goûter de tout ; un peuple qui s'était
obstiné dans des sentiments religieux dont l'excès ne
convenait guère à son caractère léger, qui s'était rué vers

une liberté dont il n'était pas capable, qui avait introduit, dans ses querelles intestines, un étranger détesté,
ce peuple se rassied soudain. Après tant de fantaisies, de
folies et d'à-coups, il reprend un aspect grave, raisonnable, bourgeois. Il se range et même avec une nuance
d'exagération. Il n'est plus question désormais que de
raison, de pondération, de sens commun et d'ordre.

Les idées politiques se forment sur ce nouvel idéal.
De même que Henri IV fit arracher des registres tous les
actes qui rappelaient les temps du désordre et de la
révolte, de même les théories révolutionnaires, tant goû-
tées dix années auparavant, se trouvent effacées des
esprits et des cœurs.

A parcourir la littérature politique du début du
xvii⁰ siècle, il semble que le siècle précédent n'a pas
existé. Il suffit de quelques années de direction énergique, d'administration régulière, pour que la France se
trouve reportée, en quelque sorte, cent ans en arrière,
au moment où François Iᵉʳ montait sur le trône; avec
seulement, en plus, un grain de maturité, de clairvoyance, d'expérience. Les institutions que la force
même du génie national avait créées et, qu'à travers des
péripéties si tragiques, ce même génie avait retrouvées,
ces institutions sont plus chères, parce qu'on sait maintenant ce que l'on risque en les perdant. L'indépendance
de caractère, la liberté d'aperçus et de doctrines, qui
avaient été les grandes vertus et la grande élégance du
siècle précédent, perdent soudain tout leur mérite. On les
craint. On tremble à l'idée de déranger une seule pierre
d'un édifice si laborieusement reconstruit.

Par contre, on voit s'établir une confiance nouvelle
dans la force sociale; devant elle, chaque volonté individuelle s'incline. La conception de l'État, écartée des
esprits pendant toute la période des luttes, y pénètre de
nouveau, impose son joug exclusif, réclame toute admiration, toute obéissance, tout sacrifice.

Pour la génération à laquelle appartient Richelieu, la société politique apparaît comme un temple dont toutes les parties, justement proportionnées, concourent à l'impression de grandeur, de force et de vénération qui doit entourer le séjour de la divinité.

La divinité, c'est le Roi. La nation entière se contemple, s'adore, dans ce Dieu, dans ce culte qu'elle a tiré du fond de ses sentiments, de ses volontés, et qui n'est que l'émanation de sa propre existence.

Le sol est couvert des ruines que tant de révolutions politiques ont entassées : féodalité domaniale, aristocratie seigneuriale, démocratie municipale, autorités laïque et ecclésiastique se sont abîmées successivement devant l'impatience d'un peuple toujours inquiet du mieux, toujours jaloux des inégalités sociales.

Il s'est formé ainsi, peu à peu, une conception de l'existence nationale, telle qu'on pourrait presque la qualifier de religion. En effet, si la conscience française emprunte à la doctrine catholique sa croyance et ses dogmes, elle ne tire que d'elle-même ses rites, son ordre ecclésiastique et la représentation suprême de la divinité sur terre, la plus forte expression du lien social, c'est-à-dire la royauté.

Nous avons vu les légistes, s'inspirant des jurisconsultes romains, ramener toute force et toute autorité, dans l'empire, à la volonté du prince. Leur système sert de modèle à celui que les Français construisent à leur tour. Mais ils l'étendent et l'accroissent jusqu'à l'infini. C'est dans le ciel même qu'ils vont chercher son origine.

En présence de la grandeur agissante du pape et du prestige magnifique de l'empereur, le moyen âge n'avait pu concevoir la théorie du *droit divin*. Il fallait que les crises philosophiques et religieuses du xvi⁰ siècle eussent secoué à fond les âmes pour que, pénétrant en quelque sorte les mystères de la nature, elles aient cru devoir reconnaître dans l'intervention divine, veillant aux actes de la génération, la raison d'être du nouvel ordre politique.

C'est Dieu lui-même qui fait naître les rois. Dès le ventre de leur mère, il les choisit bons ou mauvais selon qu'il veut récompenser ou punir les peuples. Il faut s'incliner devant leur volonté, car elle n'est que le truchement de la volonté divine. Ils sont les représentants de Dieu ou plutôt, selon la forte expression des théoriciens, « des dieux en terre[1] ».

Qui a pu donner à la conception de l'unité sociale une

1. Trois textes seulement, l'un emprunté à un livre que Henri IV fit rédiger spécialement pour l'éducation du Dauphin ; le second contemporain de Louis XIII, et exprimant à la fois la pensée des évêques du royaume et celle de la royauté ; le troisième émanant de Louis XIV lui-même.

« Les pouvoirs des monarques, dit A. Duchesne, sont grands et les charges qu'ils soutiennent amples et glorieuses. Quiconque a dit qu'ils étaient des dieux en terre et les enfants du Père Très-Haut, il a dit la vérité... » Voir tout le reste dans les *Antiquités et Recherches de la Grandeur et Majesté des Roys de France*, par André Duchesne, dédié à Mgr le Dauphin ; chez Jean Petitpas, 1609, in-8° (p. 124).

En 1625, l'Assemblée du clergé, réunie à Paris, confie à d'Estampes de Valençay, évêque de Chartres, le soin de rédiger une sentence de condamnation contre certains libelles hostiles à la politique de Richelieu. Voici un passage de cette sentence, tout d'abord approuvée par l'Assemblée du clergé : « Il est à savoir, qu'outre l'universel consentement des peuples et des nations, les prophètes annoncent, les apôtres confirment et les martyrs confessent que les rois sont ordonnés de Dieu ; et non pas seulement cela, mais qu'eux-mêmes sont dieux, chose qu'on ne peut pas dire avoir été inventée par la servile flatterie et complaisance des païens. Mais la vérité même le montre si clairement en l'Écriture sainte que personne ne peut le nier sans blasphèmes ni en douter sans sacrilège... » Et le reste dans le *Mercure français*, t. XI, année 1628 (p. 1068 et suiv.).

Enfin Louis XIV : « Il est sans doute certaines occasions où tenant pour ainsi dire la place de Dieu, nous semblons être *participants de sa connaissance aussi bien que de son autorité*, comme, par exemple, en ce qui regarde le discernement des esprits, le partage des emplois et la distribution des grâces, etc... » *Mémoires* de Louis XIV, édit. Dreyss, (t. II, p. 239).

C'est le lieu de rappeler cette thèse des Minimes de Provence, dont parle Mme de Sévigné ; elle était dédiée au Roi et on l'y comparait à Dieu, « mais d'une matière où l'on voit clairement que Dieu n'est que la copie ».

expression si vive, si puissante, si excessive? Nul autre,
soyez-en sûr, que la logique puissante et sans restriction
des théologiens et des scolastiques.

Si grande qu'ait été, à une certaine époque, la déférence des Français pour la dynastie régnante ; si empres-
sées que l'on ait vu leur soumission et leur obéissance,
ils n'ont jamais passé, à ce point, les bornes du sens
commun, qu'ils aient identifié leurs rois avec la divinité
même. Parcourez cependant tous les livres où la figure
royale se trouve dépeinte. Vous y trouvez à chaque page
de pareilles formules répétées jusqu'à satiété et non à
titre d'image et de symbole, mais comme l'expression
d'un fait.

Ce qui, en effet, d'homme à homme, ne peut passer que
pour une servile louange, est une réalité théologique
pour tout bon gallican. Voyez comme le pape se qualifie
lui-même, comment il est qualifié par toute la doctrine
chrétienne : c'est Jésus-Christ, c'est la volonté de Jésus-
Christ permanente à travers les siècles. Quand il parle,
quand il décide, c'est Dieu que l'on entend dans sa voix.

Or, il ne peut rien manquer au Roi de ce qui appartient au pape. Le Saint-Esprit choisit le pape à travers
les péripéties d'un conclave. Il marque le Roi dès sa
conception. Ils sont, comme dit le poète, les deux moitiés
de Dieu.

Le Roi, ainsi né, élevé au trône par une force hors de
l'humanité, une puissance indélébile qui le choisit où
qu'il soit, quel qu'il soit, et le fait prince, par le simple
fait de la mort de son prédécesseur, n'a nul compte à
rendre ici-bas. Il a, dans l'ordre politique, la plénitude
de la puissance arbitraire. Sa volonté est loi. Les lois
elles-mêmes le placent au-dessus d'elles. Aucune constitution ne le lie, sauf cette mystérieuse loi salique, plus
vénérée que connue, et dont tout l'effet est de déterminer
la légitimité.

Mais c'est au point de vue religieux que nous devons

considérer ici cette extraordinaire puissance. Le Roi
est aussi nécessaire à la conception gallicane que le pape
lui-même. L'objet de cette doctrine est en effet de maintenir, en face du pouvoir pontifical, l'indépendance des
églises locales et de la société laïque. Sa formule est
double : séparation des deux glaives, c'est-à-dire du temporel et du spirituel, et supériorité de l'Église sur le
pape. Or, qui ne voit que tout le système s'écroule
s'il n'existe pas, à côté du pouvoir pontifical, un autre
pouvoir également autorisé de Dieu, également puissant,
également indépendant, sur qui puisse s'appuyer l'éternelle revendication épiscopale contre l'éternel empiéte-
ment pontifical?

Dans les premiers siècles de l'Eglise, ce pouvoir
n'était autre que celui de l'empereur. Dans les siècles
postérieurs sous le régime des élections, il fut remis au
peuple. Mais la multitude toujours mobile, incertaine,
agitée, facilement séduite, avait dû céder la place, dans
l'ordre ecclésiastique comme dans l'ordre laïque, à une
organisation plus une, plus forte, plus vigilante. C'était
celle de la royauté.

Le Concordat lui-même avait reconnu la légitimité des
titres de l'*évéque du dehors* en lui abandonnant le droit
de nomination, c'est-à-dire le recrutement direct ou indi-
rect de tout le personnel ecclésiastique sur toute la
superficie du royaume.

On voit l'importance d'une doctrine qui, chez les
évêques, provenait de l'esprit de résistance contre Rome
qui, chez les parlementaires, s'accentuait par une vieille
lutte d'intérêts et de juridiction, mais qui, chez la plupart des Français, n'était qu'une forme de la vigoureuse
impulsion nationale qui marque les premières années du
xviie siècle.

A cette époque, les gallicans s'appelaient couramment
« les Français », « les bons Français ». On était obligé
de faire venir du dehors, de Belgique ou d'Allemagne,

les hommes qui, dans les écoles, osaient soutenir la
thèse catholique des droits du pape. Pour beaucoup de
bons esprits, c'était là un véritable crime de lèse-patrie.

Il ne nous appartient pas de rechercher, dans le détail
de l'organisation monarchique du royaume, les conséquences singulières de la pensée mi-religieuse, mi-laïque
qui avait présidé à son établissement. Mais il convient de
rappeler quelques-unes des maximes qui, formulées en
quelque sorte par l'expérience des siècles, composaient
ce fameux corps des libertés gallicanes.

Ce corps fut réuni et publié, pour la première fois, par
les soins du parlementaire P. Pithou, en 1594, et dédié
précisément à Henri IV, au Roi dont ces formules venaient
de légitimer et de définir le pouvoir. Depuis cette époque,
il a été souvent modifié, précisé, accru plutôt que dimi-
nué. Mais il est resté, dans ses lignes générales, tel que
la clairvoyance des politiques du xvi⁰ siècle l'avait conçu
et mis en pratique.

Au sommet sont inscrites deux maximes fondamentales :
les rois de France sont indépendants du pape pour le
temporel ; la puissance spirituelle du pape est bornée par
les saints canons.

De la première de ces maximes découle toute l'organisation ecclésiastique intérieure du royaume dans ses rapports avec le pouvoir civil.

Le Roi est fils ainé de l'Église, protecteur né de cette
Église ; il peut assembler des conciles, soit nationaux,
soit provinciaux, dans ses États ; il peut, avec leur concours, porter des lois et des règlements sur l'ordre et la
discipline ecclésiastiques.

Le Roi ne peut être excommunié, ni lui, ni ses officiers
pour le fait de leur charge.

Les bulles du pape ne s'exécutent pas en France sans
pareatis de l'autorité temporelle.

Le pape ne peut connaître des droits de la couronne ;

il ne peut délier les sujets du serment de fidélité prêté au prince.

Le Roi est le seul juge en France sans que le pape puisse directement ou indirectement, par légat ou autrement, exercer le moindre acte de juridiction, soit civile, soit criminelle, ni appeler et faire sortir du royaume un évêque sans congé exprès du Roi.

Le tribunal de l'inquisition n'est pas admis en France.

Le pape n'a aucune autorité sur les biens des sujets du Roi, fussent-ils ecclésiastiques, et le Roi a, par contre, juridiction sur les clercs pour fautes commises en l'exercice de leurs charges.

La cour de Rome ne peut lever deniers en France sans l'autorisation du Roi.

Les règles de la chancellerie pontificale n'obligent les Français qu'autant qu'ils veulent bien s'y soumettre.

De la seconde des maximes fondamentales, à savoir que la puissance spirituelle du pape est bornée par les saints canons, résulte toute l'attitude de l'ordre ecclésiastique du royaume à l'égard de l'Église romaine.

Quoique le pape soit reconnu comme chef et premier de toute l'Église militante, père commun de tous les chrétiens, il n'est nullement supérieur aux conciles généraux; il est tenu aux décrets et arrêts rendus par eux, comme aux commandements mêmes de l'Église.

L'Église de France ne reçoit pas indifféremment tous les canons et épîtres décrétales : elle s'en tient à l'ancienne collection connue sous le nom de *Corpus canonum;* c'est ainsi qu'elle n'a pas accepté le concile de Trente.

En matière de dispenses, l'autorité du pape est limitée.

Enfin, la juridiction des évêques étant de droit divin, nul monastère, église, collège ou autre corps ecclésiastique ne peut être exempté de son ordinaire et se dire dépendant immédiatement du saint-siège, sans licence et permission du Roi.

Ainsi, dans l'ordre temporel comme dans l'ordre spirituel, les limites précises sont placées à l'extension de l'autorité pontificale. Dans les matières *mixtes*, c'est-à-dire dans celles où l'entente des deux pouvoirs était nécessaire, les formules gallicanes étaient moins impératives. Par exemple, en ce qui concernait la nomination aux dignités ecclésiastiques que le Concordat avait remise au Roi, il était difficile d'oublier que l'origine toute moderne de cette attribution reposait dans un contrat qui tenait sa validité du consentement du pape. Cependant, on s'efforçait de démontrer qu'il y avait là un droit régalien antérieur à toute concession et dont l'acte de 1516 contenait simplement reconnaissance. On voulait bien aussi témoigner quelque gratitude pour certains privilèges accordés à la couronne, indult du Parlement et autres grâces émanant incontestablement de la bienveillance successive des papes.

Mais, dans ce même ordre d'idées, la doctrine reprenait toute sa vigueur en ce qui touchait à l'administration intérieure des évêchés. Elle ne reconnaissait au pape aucune autorité directe sur la collation des bénéfices inférieurs du royaume. Elle condamnait sans restriction tout mandat *de providendo*, grâces expectatives générales ou spéciales, réserves, préventions[1], en un mot toute procédure qui pouvait remettre au pape la disposition de la moindre parcelle de la fortune ecclésiastique. Enfin, elle réclamait pour le Roi, sur toute la superficie du royaume, la *régale*, c'est-à-dire le droit d'administrer et de percevoir les fruits du temporel de l'évêché pendant la vacance du siège et, par conséquent, de conférer, pendant ce temps, les bénéfices non cures dépendants de

---

1. Le droit de *prévention* qui autorisait le pape à conférer le bénéfice quand les lettres de provision qu'il accordait précédaient la collation de l'ordinaire ou du patron laïque était reconnu par le Concordat. Mais il instituait une sorte de course au clocher, vers Rome, dont les remontrances des parlements signalaient fréquemment les regrettables abus.

la collation de l'évêque. Ce droit, peu important par lui-même, tirait toute sa valeur et l'éclat du nom qu'on lui donnait de son antiquité, de son application générale à tous les évêchés du royaume, et surtout de la mesure de précaution qu'il établissait en ne laissant *pas une minute d'interruption* dans l'autorité continue du Roi sur l'ensemble de la fortune ecclésiastique du royaume.

A tous ces droits, ainsi nettement établis, il fallait une sanction, et la prudence des juristes qui avait constitué ce corps de doctrines y avait pourvu : la première sanction, ou plutôt la première précaution, consistait dans le soin que nous avons déjà rappelé de ne laisser pénétrer dans le royaume aucune bulle ou expédition venant de Rome, sans un examen attentif de tout ce qui pouvait porter préjudice aux droits et libertés de l'Église de France ou à l'autorité du Roi.

La seconde sanction, d'ordre purement ecclésiastique, et, pour beaucoup de raisons, d'un usage rare et difficile, était l'appel au futur concile.

Enfin, la troisième sanction, d'un emploi bien plus commode et pratique, était l'appel comme d'abus. Il se faisait devant la grand'chambre du Parlement. Ainsi le dernier mot du conflit entre les deux cours, entre les deux juridictions, restait encore à l'autorité royale. C'était elle qui, par l'organe de sa cour de justice, prononçait en dernier ressort sur les difficultés de fait qui pouvaient se produire. Son jugement mettait fin à tout, car il n'y avait dans le royaume d'autre force exécutoire que celle de l'autorité déléguée par le Roi aux cours souveraines.

En cas de condamnation, il ne restait plus au pape qu'une seule ressource, la plus forte, mais la plus redoutable de toutes, pour celui même qui eût osé l'employer, celle de séparer du corps de l'Église la partie réfractaire aux volontés du pouvoir qui se disait suprême. De part et d'autre, en un mot, si les choses étaient poussées à l'extrême, l'aboutissant inévitable de la querelle gallicane c'était le schisme.

Tel est en effet le fort et le faible de cette célèbre doctrine. Au point de vue politique, elle repose sur ce qu'il y a de plus honorable dans les sentiments d'un peuple : la volonté de ne pas se laisser envahir ou absorber, de se suffire à soi-même, de se constituer un idéal conforme à ses propres mœurs, d'organiser sa vie publique selon une donnée d'ensemble logique, complète, en relation intime avec l'instinct et les traditions de la race. Le gallicanisme rend à la France le grand service d'éloigner sa pensée de l'imitation étrangère. Il détermine nettement sa personnalité intellectuelle et religieuse. A certains moments, il est cette personnalité même.

Rien de plus solide, rien de plus compact que le système gallican. Tous ses articles se touchent, s'unissent étroitement et, liés l'un à l'autre, ils forment une figure idéale, un cercle qui embrasse tout l'ordre politique du royaume.

Mais si on s'éloigne de la conception purement théorique, dans le fonctionnement du système, bien des causes de faiblesse apparaissent. Par ses origines et par son développement historique, le gallicanisme est la résultante d'aspirations multiples, d'intérêts différents : c'est la revendication épiscopale, ce sont les réclamations parlementaires, c'est enfin, au-dessus de tout, le droit royal : trois ordres d'idées, trois gallicanismes.

Quand il s'agit de lutter contre l'adversaire commun, on est d'accord ; mais, dans le repos des trêves, on se divise.

Le tiers état parlementaire a toutes les audaces et toutes les méfiances. Si on l'en croyait, on pousserait jusqu'au bout la logique du système, on déchirerait tous les liens qui unissent la France à Rome : pour certains de ces parlementaires, le schisme n'est pas l'écueil, c'est le but. Aussi de quel ton ne parlent-ils pas du clergé si prudent, si modéré, si tremblant au moindre éclat! C'est au moment même où l'épiscopat va rendre à la France le grand service du concours prêté à l'abjuration de Henri IV, c'est en 1589, qu'un parlementaire de haute autorité et gravité, Hurault, écrit ces lignes pleines de soupçons : « L'ordre ecclésiastique a toujours une porte de derrière... Ils regardent plus volontiers leur pontife que le souverain... Il ne se peut dire que cet ordre soit indissolublement lié à la monarchie, ni qu'il dépende purement et simplement du Roi[1]... »

Les responsabilités du clergé sont différentes en effet : il en connaît tout le poids, en est souvent accablé. Lui-même ne se sent pas homogène. Si prudent, si précautionneux que soit le choix royal, la doctrine romaine compte parmi les prélats, les docteurs, les ecclésiastiques de tout rang des partisans nombreux. Toute l'armée monacale lui est dévouée. La Sorbonne elle-même, l'antique rempart des libertés gallicanes depuis la fin du XVIe siècle, a souvent faibli : elle reste divisée, incertaine; on ne peut pas dire qu'on soit jamais sûr d'elle.

Si l'on attend beaucoup du Roi, l'on attend beaucoup de Rome aussi. Les justes, les intègres sont préoccupés de l'unité de la robe sans couture. Les hommes du siècle, les ambitieux savent que les hauts emplois de l'Église dépendent toujours du pape. L'éclat de la pourpre souvent les éblouit.

Leur éternel souci, leur éternelle inquiétude, à tous, c'est l'imprudence, la critique, la violence des parlementaires. L'ordre ecclésiastique est au supplice de ce double reproche ou de les accompagner toujours ou jamais : « Dans mon sermon sur l'unité de l'Église, écrit Bossuet en 1681, indispensablement obligé à parler des libertés de l'Église gallicane, je me proposai deux choses, l'une

1. Hurault, *Discours d'État*, 2e discours.

de le faire sans aucune dimininution de la véritable grandeur du Saint-Siège, l'autre de les expliquer de la manière *que les entendent les évêques*, et non de la manière *que les entendent les magistrats.* »

Et même, s'il se retournait du côté de la royauté, vers cette royauté qui lui devait tant, l'épiscopat n'était pas sans objet d'inquiétudes et de tourments. La thèse du droit divin était, théoriquement, d'une puissance et d'une logique invincibles. Mais, dans la pratique, que d'actes difficiles à expliquer, à excuser, à soutenir, en restant fidèle à la pensée de l'Église, à la pensée du Christ : les ménagements envers les hérétiques de l'intérieur et de l'extérieur, l'ingérence perpétuelle dans les matières religieuses, les jugements des cours souveraines touchant au dogme et à l'administration des sacrements, les nominations scandaleuses, la conduite notoirement immorale et les péchés sans cesse renouvelés qu'il fallait sans cesse absoudre, les violences contre des princes de l'Église, contre des cardinaux, contre Rome même, la juridiction ecclésiastique foulée aux pieds, en un mot la modération et la patience chrétienne des évêques, toujours mises à l'épreuve, à moins qu'ils n'eussent pris de bonne heure le parti du servilisme ou accepté la consolation de la simonie!

Malgré toute prudence et toute adresse pratique, quels retours ne devait pas faire parfois sur elle-même l'âme d'un Bossuet! Quelle lassitude! Quel dégoût! On en surprend de nombreuses traces au cours de ses écrits : « Priez Dieu pour moi, disait-il, et que j'aie moins de complaisance pour le monde! » Et dans une des plus admirables pages de l'*Histoire des Variations*, il se débat, en quelque sorte, contre le reproche qu'il sent peser sur lui, en écrivant le parrallèle de saint Thomas de Cantorbéri et de Thomas Cranmer : « Saint Thomas de Cantorbéri résista aux rois iniques. Thomas Cranmer leur prostitua sa conscience et flatta leurs passions. L'un,

banni, privé de ses biens, persécuté dans sa propre personne et affligé en toutes manières, achète la liberté
glorieuse de dire la vérité, comme il la croyait, par un
mépris courageux de la vie et de toutes ses commodités ;
l'autre, pour plaire à son prince, a passé sa vie dans une
honteuse dissimulation et n'a cessé d'agir en tout contre
sa croyance. L'un combattit jusqu'au sang pour les
moindres droits de l'Église ; l'autre en livra aux rois de
la terre le dépôt le plus intime, la parole, le culte, les
sacrements, les clefs, l'autorité, les censures, la foi
même : tout enfin est mis sous le joug, et toute la puissance ecclésiastique étant réunie au trône royal, l'Église
n'a plus de force qu'autant qu'il plaît au siècle. »

Bossuet, assurément, échappait à un tel reproche ; sa
conscience était satisfaite. Mais il devait trembler souvent en considérant le spectacle d'imprudence et de témé-
rité donné par ceux qu'il autorisait de ses conseils et de
sa parole. La conduite d'un Pavillon, évêque d'Alet,
pauvre, vertueux et persécuté, était certainement, plus
que celle de l'évêque bien en cour, voisine des exemples
d'un Thomas Becket, éloignée de la funeste carrière d'un
Thomas Cranmer.

Il n'est pas, d'ailleurs, un ecclésiastique sincère qui ne
soit frappé, ému de ces côtés périlleux du gallicanisme.
Ceux qui savent quelle fermeté l'abbé Fleuri apporta
toujours dans la défense de cette thèse ne peuvent
qu'être frappés des pages mélancoliques qui terminent
son fameux *Discours sur les libertés de l'Église gallicane* : « Je conviens de bonne foi que nous n'agissons
pas conséquemment et qu'en ces matières, comme en
toutes les autres, l'usage ne s'accorde pas toujours avec
la droite raison... Que la cour de France le considère
pour garder une grande modération à l'égard de la cour
de Rome. Il ne convient pas de la traiter fièrement dans
le temps qu'on lui demande des grâces. Avant que de
parler d'appel au futur concile, de défense de transpor-

ter de l'argent à Rome et d'autres menaces semblables, il faudrait renoncer aux translations d'évêques, aux nominations d'abbés commendataires et d'abbesses, aux créations des pensions, aux résignations en faveur, aux indults des officiers du Parlement, et à tant de dispenses et de grâces ordinaires et extraordinaires que l'on demande tous les jours. »

Ainsi, les yeux toujours tournés vers Rome, le gallicanisme épiscopal ne pouvait ni s'incliner devant elle, ni se passer d'elle tout à fait. C'était pour les ecclésiastiques surtout que l'inconséquence du système apparaissait en plein.

Le pouvoir royal était de tous celui qui profitait le plus de l'établissement de cette doctrine. Les libertés gallicanes figuraient éminemment parmi les choses royales, *regalia*. Non seulement le gallicanisme remettait au Roi cette autorité quasi divine qui devint la théorie politique de l'ancien régime; mais, dans la pratique, c'était cette doctrine qui l'avait rendu maître de l'immense amas des biens du clergé, et par là des moyens de satisfaire sa noblesse, d'élever et de récompenser le tiers état, de tenir en bride tous ses sujets par l'octroi ou le refus de faveurs si étendues, si nombreuses, si arbitraires. Il n'y avait pour ainsi dire pas de pouvoir au monde qui pût empêcher le Roi de donner une abbaye, un prieuré, un revenu ecclésiastique.

Tout l'empressement de la paresse du royaume était ainsi suspendu à la bonne volonté royale. On sait le soin que Louis XIV apportait à la *feuille des bénéfices*. C'était, en effet, un des grands ressorts de son gouvernement.

Par ce système, le pouvoir royal tenait également l'opinion publique : par là il surveillait les églises, les écoles, les facultés, les livres. Prédicateurs, professeurs, maîtres de tout ordre, écrivains et publicistes de toute origine ou de toute espèce, jouissaient ou avaient envie de quelque revenu ecclésiastique. Tous prébendiers, ou sur le point de l'être, c'est ce qui caractérise une opinion publique dont Bossuet mène le chœur et dont les gens de Port-Royal, prébendiers eux-mêmes, passent pour les indépendants.

Le royaume de France formait ainsi un tout parfaitement réglé et surveillé, soumis à la discipline stricte des ambitions et où nulle idée, nulle innovation étrangère ne pouvait pénétrer.

Réformés d'Allemagne et papistes de Rome devaient rencontrer la même fortune : admis un instant, mais non assimilés, ils furent à la fin expulsés, les premiers en 1685, les seconds en 1763. Un changement ne devait se produire que par la ruine totale et simultanée des anciennes institutions.

Si le pouvoir royal obtenait le grand et dangereux avantage d'une autorité absolue, sans bornes, et on peut même dire non discutée, sur l'esprit et l'âme des sujets, une situation si forte n'allait pas sans de lourdes charges et des inconvénients graves. Offert à l'adoration des mortels, entouré d'une sorte de culte, il perdait son caractère laïque. Puisqu'il avait autorité sur les sentiments religieux de ses sujets, il devait veiller à la pureté, à la sainteté de ces sentiments. Le bras séculier acquérait ainsi une force spirituelle. Hérésies, sacrilèges, péchés relevaient de lui. Non seulement il était tenu, lui-même, à une certaine attitude religieuse, — d'où les trois conversions successives d'un prince aspirant à la couronne, comme Henri IV, — mais il devait faire en sorte que tout, autour de lui, se rangeât selon cette attitude.

Ce n'est pas assez de dire qu'il existait une religion d'État : la religion était l'État même. D'où il résultait que tout sujet qui n'avait pas la religion du prince était hors de l'État. La conversion des dissidents, soit en particulier, soit en masse, était donc l'un des premiers devoirs d'un pouvoir civil ainsi organisé.

Il fallait étouffer les hérésies; il fallait les empêcher de naître. L'État qui rejetait l'Inquisition romaine se faisait lui-même inquisiteur.

Il était maître des doctrines, lisait les livres avant qu'ils parussent, supprimait ceux qui paraissaient furtivement, et parfois leurs auteurs. Si une interprétation nouvelle d'un dogme se faisait jour, le pouvoir royal ou les cours souveraines en connaissaient, la pesaient au poids et à la livre, non seulement du dogme catholique, mais aussi des maximes gallicanes. Jansénisme, molinisme, quiétisme devaient passer successivement sous cette censure. Le philosophisme du xviiie siècle rencontra devant lui les rois, alors qu'il paraissait n'en avoir d'abord qu'à la religion.

Or, parmi tant de mesures arbitraires reprochées au pouvoir royal, peut-être aucune ne lui fit plus de mal que celles qui touchaient à l'exercice de sa mission ecclésiastique. Qu'on juge des règnes de Louis XIV et de Louis XV, sans la révocation de l'Édit de Nantes, sans les affaires du jansénisme et la bulle *Unigenitus*, sans la lutte contre les philosophes d'une part, et contre les jésuites de l'autre. La Bastille eût été presque sans objet.

Même au point de vue de sa politique extérieure, la conduite des rois se trouve grandement influencée par ce rôle de David et Salomon que les ecclésiastiques du royaume lui ont réservé. Là aussi, le roi de France a une mission, une mission sainte et tout autre que celle de la conservation et de l'extension de son autorité ou de son empire. Telles alliances lui sont interdites. Richelieu est obsédé par les pamphlets qui lui reprochent sa politique protestante, et La Rochelle en sait quelque chose. On ne parlait jamais de l'alliance turque, si nécessaire contre l'Autriche, qu'avec une sorte de mystère, et les folles expéditions du mont Saint-Gothard et de Candie furent une sorte d'expiation de la traditionnelle politique d'entente avec les musulmans.

Vu du point de vue gallican, le règne de Louis XIV

nous apparaît sous son véritable jour, animé d'une pensée non politique comme on l'a dit, mais bien plutôt religieuse : la guerre de Hollande, la guerre de la Ligue d'Augsbourg, l'intervention dans les affaires d'Angleterre, les expéditions dans la Méditerranée ont toutes plus ou moins ce caractère. Quant aux relations avec la papauté, mélange de violence et de déférence, de corruption scandaleuse et de persécution mesquine, elles vont de l'affaire de la garde corse à la lutte contre Innocent XI, de l'assemblée de 1682 à la bulle *Unigenitus*, à travers des alternatives de succès et de revers, généralement moins honorables et moins heureuses pour Paris que pour Rome.

Là aussi, on touche du doigt ce qu'il y avait d'incomplet et d'inconséquent dans le système gallican. Il osait et n'osait pas. Toujours hardi en paroles, quelquefois en actions, jamais en exécutions définitives. La religion souffrait de ces incertitudes, et l'État y perdait encore plus que la religion.

Mais nous voici arrivés en plein cœur du règne de Louis XIV, à l'apogée du système gallican.

Le hasard de l'hérédité ou plutôt la force des situations historiques remet le pouvoir entre les mains d'un homme dont le caractère s'adapte de la façon la plus étroite au rôle imposant qui lui est confié. Il est le grand roi, le roi-soleil, le roi-Dieu, bien moins par lui-même que par l'amas des grandeurs entassé depuis des siècles pour lui servir de piédestal et d'autel.

Louis XI, Louis XII, François Ier, Henri IV, les rois absolus qui l'avaient précédé, avant de monter sur le trône, avaient connu les diverses faces de la fortune. Simples gentilshommes ou prétendants sans domaine, ils avaient tous, plus ou moins, fait la conquête de leur royaume.

Louis XIV est roi, pour ainsi dire, en naissant. Il ne connaît des hommes que le sourire de l'adulation. On cherche les raisons de l'orgueil immense qui l'anime. On croit en découvrir l'origine dans le sang espagnol, dans les leçons de l'altière Anne d'Autriche. Mais il est plus simple de la reconnaître dans la situation exceptionnelle que, seul de tous les hommes, peut-être, il occupa.

Tout était fait pour l'enivrer, et les conseils même de la religion ne parvenaient jusqu'à lui que sous forme de prières. Il fallait le bon sens droit qui était le fond de sa nature d'homme pour le retenir sur la pente, au faîte de laquelle l'effort des siècles l'avait porté.

Ses *Mémoires*, qui permettent d'assister au naïf travail de cette âme sans seconde, prouvent qu'il faisait un grand effort pour se rendre compte de son propre mérite, de la valeur de ses propres opinions. Il n'avait de mesure pour lui que lui-même.

En somme, il y a quelque chose de grave et de sérieux dans la formule qu'il emploie : *l'État, c'est moi*. Que sa volonté fût souveraine, voilà ce qu'il savait par la plus forte des convictions, l'expérience journalière ; mais c'était donner à ses actes un noble but et comprendre le grand sacrifice fait pour lui que de s'identifier avec l'État et de s'efforcer de plier sa propre conduite à l'heureuse direction des affaires publiques.

Il aborda notamment les matières de religion avec cet esprit de gravité qui lui était naturel, mais aussi avec la vive persuasion de la sainteté et presque de l'infaillibilité de sa mission.

De là la surprise qu'il manifeste dès les premières résistances, son entêtement, sa colère soudaine, ses violences ; assurément, ce qui lui paraissait le plus autorisé dans ses actes c'était tout ce qui touchait à ces questions. Il se donnait, coup sur coup, des preuves de son ardeur au service de Dieu. Il frappait les protestants au dedans, les combattait au dehors, s'en prenait même aux Turcs, accablait le jansénisme, veillait avec un soin incessant au troupeau qui lui était confié. La réserve avec laquelle

la cour de Rome paraissait approuver ses actes, la résistance qu'elle montrait à ses volontés ne pouvaient évidemment partir que d'un esprit de chicane, de dispositions espagnoles, de prétentions insupportables. Il ne
pouvait s'expliquer qu'il existât d'autres droits que les
siens, ou du moins des droits contre ses droits. Il fallait
soixante ans de règne et vingt ans de revers pour lui
apprendre ce que dix années d'adolescence enseignent
au commun des mortels.

Une majesté continuellement en éveil et continuellement froissée, tel est le secret des relations de Louis XIV
avec la cour de Rome. Ce mot de majesté lui-même ne
suffit pas. Il faudrait dire un principe. Il y a dans la conduite de Louis XIV quelque chose du poids et de la rigi-
dité d'un système, qui ne peut fléchir sans se rompre.
Il est le gallicanisme vivant, agissant, militant, triom-
phant.

Ainsi, cette illustre doctrine, préparée par une tradition éminemment nationale, entretenue par des préoccupations d'intérêts particuliers et d'intérêts de corps,
aidée, dans l'intérieur même de l'Église, par des rivalités
qu'elle détourne à son profit, le gallicanisme, est devenue, pour la France, une constitution politique, une doctrine religieuse, un symbole.

Après avoir joué, en plusieurs circonstances, un rôle
décisif dans les grands faits de notre histoire, après avoir
ramassé autour de lui une part notable de notre gloire,
après avoir décidé, une fois même, de notre avenir politique, il se sent assuré de lui-même, il saisit de son esprit
la grande masse de la nation, il dirige la politique de nos
rois. Son succès est porté à son comble par la splendeur
du règne auquel il préside, par la gloire des orateurs et
des écrivains qui le défendent, par la majesté de l'assemblée qu'il provoque et où ses anciennes constitutions
prennent forme et force de lois écrites.

Mais là aussi s'arrête son élan. Le double péril qu'il contient est apparu. Le pape a compris qu'il fallait en finir, et il a engagé un combat dont il doit sortir vainqueur. D'autre part, les âmes pieuses ont senti passer le souffle du schisme. Elles se sont retirées sans bruit. Il ne reste plus que les violents, les irréconciliables. Mais ceux-ci iront plus loin ; ils ne s'arrêteront pas à des formules scolastiques, à des raisonnements d'un autre âge.

D'ailleurs, l'application de la théorie régalienne et gallicane entraîne le Roi vers d'autres dangers, vers d'autres défaites. Ce n'est plus seulement la doctrine, c'est l'institution, c'est la royauté elle-même qui périclite.

Le xviii⁰ siècle attaque l'arbre à la fois par ses deux racines. L'une et l'autre autorité, politique et religieuse, doivent périr ensemble et elles couvriront d'une ruine commune le sol sur lequel elles ont, pendant des siècles, étendu leurs rameaux entrelacés.

[1888.]

ÉTUDE

SUR DES

MAXIMES D'ÉTAT

ET DES

FRAGMENTS POLITIQUES INÉDITS

DU CARDINAL DE RICHELIEU

I.

Peu d'hommes d'Etat certainement ont eu un aussi vif souci de la gloire que le cardinal de Richelieu. C'est, selon son expression, « le seul bien propre à payer les grandes âmes ».

Richelieu, ayant beaucoup pensé à la postérité, a beaucoup écrit pour elle. Il avait conçu le dessein de réunir dans ses *Mémoires* le détail des grands événements dont il avait été le principal acteur. Laissant à ses secrétaires et aux hommes qui avaient servi sous lui le soin de rédiger le gros de l'œuvre et tout ce qui n'était que l'exposition des faits secondaires, lui-même a pris la plume quand il s'agissait de diriger, au milieu de l'obscurité des affaires capitales, le jugement de la postérité incertaine. Travail considérable et digne de toute admiration, si l'on prend garde que pas une ligne ne fut écrite loin des documents et des renseignements les plus précis et que jamais, pour concevoir et exécuter ce qu'il put ébaucher de long ouvrage, Richelieu n'a rencontré ces moments de repos que la trêve des affaires ou les divers succès de la fortune ont réservés à d'autres grands hommes que l'histoire met auprès de lui.

Une pareille œuvre n'a pas semblé suffisante à un esprit si actif. C'était là la pratique, en quelque sorte, et la mise en œuvre de ses pensées politiques; il a voulu en donner la théorie. Nous avons, dès aujourd'hui, la preuve que Richelieu songea de bonne heure à écrire ce que lui-même appela son *Testament politique*. Formé à l'école des grands politiques italiens du xvie siècle, mêlé en France même à un courant littéraire que l'esprit de généralisation dominait, Richelieu a voulu exposer aussi les préceptes du gouvernement des États. De même que, selon un mot désormais populaire, « Richelieu a eu les intentions de tout ce qu'il fit[1] », de même il résolut d'expliquer quelles avaient été ses intentions.

De cette pensée sortit l'œuvre magistrale, un peu délaissée, même de nos jours, et sur laquelle la critique trop rapide d'un autre grand homme a jeté un voile immérité de suspicion et de dédain.

Depuis qu'à ces livres de premier ordre, préparés pour sa gloire par le cardinal de Richelieu, l'érudition moderne a pu ajouter le vaste recueil de sa *Correspondance et de ses papiers d'État*, l'histoire a dû peu à peu revenir sur les impressions qu'avaient laissées contre lui des ennemis et des accusateurs que l'on avait trop souvent écoutés comme des juges.

La grandeur politique et morale d'un des personnages les plus considérables de l'histoire de France est apparue tout entière. Il semble qu'aujourd'hui le moment est arrivé où l'on peut décidément écarter de l'enquête les bavardages de ruelles et les récriminations rancunières que ses adversaires rapportèrent de l'exil ou distillèrent dans les loisirs d'un long séjour à la Bastille.

Le document que nous intitulons : *Maximes d'État et Fragments politiques inédits du cardinal de Richelieu*, doit compléter encore le dossier qui plaide pour le ministre

____

1. **Mignet.**

de Louis XIII. Moins important, il est vrai, que les autres ouvrages du Cardinal, il jette cependant une lumière des plus vives sur le fond même de ses pensées et sur la nature de son génie.

Ces *Maximes* et ces *Fragments* ne sont, en effet, ni des morceaux définitifs écrits pour l'histoire, ni même des pièces politiques jetées dans le courant des affaires et faisant partie de leur développement journalier. Mais ce sont les révélations les plus immédiates que nous puissions espérer de rencontrer sur les procédés de travail, les sources d'information et les habitudes de réflexion qui furent les véritables causes des déterminations du Cardinal.

On y trouvera des pensées, des sentences, des fragments, jetés sans ordre, pêle-mêle, sur des papiers destinés à n'avoir d'autres lecteurs que Richelieu lui-même ou les hommes qu'il employait à la rédaction de ses écrits publics. Ce sont, pour ainsi dire, les germes des entreprises : des rudiments de mémoires et d'instructions, des notes prises à la hâte, des réflexions et des observations bonnes à fixer et qui pouvaient servir. Nous assistons au travail intime qui se faisait dans la pensée et sous la plume de l'homme d'État. Nous le prenons sur le fait, au milieu des préparatifs de ses grands desseins, dans le tour négligé d'un homme qui se parle à soi-même et qui s'avoue à soi-même ce que les autres ont grand'peine à deviner au milieu de l'enveloppé de ses paroles et de l'insuffisante information de ses actes publics.

Nous entrons dans le secret de ses lectures : nous voyons ce qu'il allait y chercher et à quelles sources préférées s'abreuvait ce grand politique. C'est ici encore qu'il étudie une affaire, qu'il se penche sur les cartes, qu'il consulte les précédents, qu'il pèse les diverses raisons d'agir et qu'il déduit de tant d'études diverses les motifs de sa conduite particulière et les principes du gouvernement de l'État. C'est ici enfin que ce vaste esprit, plus préoccupé du goût littéraire qu'on ne le pourrait croire, s'essaye à fixer, dans une forme étudiée, les pensées qui, journellement, le traversaient comme des éclairs.

Vivant dans un temps où l'on faisait volontiers d'une réflexion une maxime, Richelieu ne pouvait échapper à une tendance si générale. Nous rencontrons donc, sur ces feuilles, de nombreuses sentences rédigées avec soin et qui, certes, ne dépareraient pas les recueils les plus célèbres que nous a laissés le XVII⁰ siècle. La haute politique surtout et l'étude des hommes en sont les ordinaires sujets : il est superflu d'ajouter qu'elles sont de la main du maître. Les maximes les plus redoutables de ce redouté politique apparaissent ici dans leur naturel. Beaucoup d'entre elles, il est vrai, se sont fondues plus tard dans le corps du *Testament politique;* mais elles ont, dans leur isolement et dans la forme originale de leur premier jet, comme une vigueur plus grande; elles produisent une impression plus vive.

En un mot, ce document fournira les indications les plus utiles et les plus nouvelles sur les secrètes raisons politiques du Cardinal et sur la plus intime préparation de ses œuvres littéraires. De l'étude faite à ces deux points de vue se dégagera une connaissance plus complète de l'homme lui-même.

Cet examen, à la fois psychologique et philosophique, est certainement une des plus nobles recherches de l'histoire, et ce sera le but et la division du travail que nous croyons devoir consacrer à ces pages inédites.

Avant d'entrer dans ce détail, indiquons les preuves de la parfaite authenticité des documents et les diverses circonstances par suite desquelles ils sont restés inconnus jusqu'à nos jours.

En 1705, la duchesse d'Aiguillon, petite-nièce du cardinal de Richelieu, mourut, laissant dans sa succession l'importante collection des papiers personnels et des papiers d'État du Cardinal. « Un ordre du Roi permit au marquis de Torcy de retirer des mains des héritiers ces documents de première valeur. Ils furent réunis au dépôt des Affaires étrangères, lorsqu'en 1710 il fut formé, avec la permission de Louis XIV, dans le donjon au-dessus de la chapelle du vieux Louvre[1]. »

Ces papiers étaient restés jusque-là réunis en liasse ou enfermés dans les cartons. Dès 1771, l'abbé Le Grand fut chargé d'en entreprendre la mise en ordre, comme d'une des parties les plus précieuses pour la formation du corps d'étude de la nouvelle *Académie politique* que venait de fonder M. de Torcy.

L'abbé Le Grand dressa, à cette occasion, un curieux mémoire : « De l'utilité de l'arrangement des papiers du feu cardinal de Richelieu[2]. » Il rédigea un inventaire, pièce par pièce, des documents qui formaient la correspondance[3]. Il dressa enfin un catalogue général de celle-ci, dont une bonne partie est parvenue jusqu'à nous[4].

Il est à croire que, pour ce travail, l'abbé Le Grand dut emporter chez lui tout ou partie des documents sur lesquels il appliquait tout son zèle. Lui-même avait un cabinet assez abondant en pièces curieuses. Lorsqu'il mourut, en 1733, partie des pièces qui le formaient allèrent à la bibliothèque du Roi, partie fut remise aux mains de son grand ami M. de Clairembaut. Ainsi

1. Extrait de la note de Le Dran, commis des Affaires étrangères, communiquée à Foncemagne, qui l'a publiée dans la *Lettre sur le Testament politique*, à la suite de l'édition de 1764, p. 7.

2. Ce document se trouve avec ceux qui sont relatifs à la formation de l'Académie politique dans les *Mélanges de Clairembaut*, vol. DXIX.

3. Des fragments de cet inventaire se trouvent reliés dans les volumes de la correspondance de Richelieu qui sont au ministère des Affaires étrangères. Presque tous sont écrits de la fine écriture de l'abbé Le Grand.

4. Ce catalogue est dans le vol. DXXI des *Mélanges de Clairembaut.*

l'avait-il disposé lui-même par une des clauses de son testament.

Or, parmi les pièces qui vinrent augmenter ainsi la vaste et confuse mer des *Mélanges de Clairembaut,* se trouvaient la plupart de celles que nous venons d'indiquer et, en outre, une centaine de feuillets couverts d'une écriture plus ancienne et qui, traitant de matières diverses, furent mis près du catalogue de la correspondance de Richelieu, sous le titre général de *Miscellanea.*

En allant nous-même consulter cette table de la correspondance, d'un doigt distrait d'abord nous feuilletâmes ces papiers. Mais bientôt notre attention fut provoquée à un examen plus minutieux. A chaque page nous reconnaissions l'écriture du cardinal de Richelieu et de ses principaux secrétaires. Nous remarquions, qu'en marge de ces feuillets, le mot *Testament* était fréquemment répété. Enfin, des signes spéciaux, que nous connaissions pour les avoir rencontrés fréquemment en étudiant le mode de rédaction des *Mémoires* du cardinal de Richelieu, suffisaient pour nous convaincre que nous avions bien affaire à des papiers venant du cabinet du grand ministre.

Une étude plus attentive ne pouvait que confirmer nos premières observations. Tous les faits indiqués dans ces pages, toutes les remarques qui s'y trouvent consignées se rapportent à une époque correspondant aux premières années du ministère du cardinal de Richelieu.

Tous les passages en marge desquels le mot *Testament* est écrit ont, en effet, servi à la rédaction de quelqu'une des pages de ce livre[1].

Les signes de renvois, qui sont les mêmes que ceux qu'on trouve sur les manuscrits originaux et authentiques des *Mémoires*, se rapportent, en effet, à des passages

1. Voir les rapprochements que nous faisons plus loin.

qui, plus ou moins modifiés, ont passé dans leur rédaction définitive.

Enfin, une dernière preuve, qui, à elle seule, eût suffi pour établir l'authenticité, nous apportait un nouvel élément de certitude et mettait en lumière, d'une façon indubitable, la série des faits par suite desquels cet important ensemble s'était trouvé détaché de la collection des Affaires étrangères pour aboutir enfin au volume DXXI des *Mélanges de Clairembaut*. En effet, la table manuscrite des papiers de Richelieu, faite par l'abbé Le Grand, table qui suit immédiatement nos documents, constate qu'ils font partie de cette collection et que c'est du Cardinal lui-même qu'ils émanent[1].

1. Nous publions ci-dessous la note de l'abbé Le Grand, que nous considérons comme très importante. Elle termine le catalogue des papiers de Richelieu et se trouve dans le même volume DXXI du fonds Clairembaut (fol. 209 v°) :

« Deux registres intitulés *Miscellanea*. Dans le premier, cotté 7, il y a beaucoup de papiers blancs et souvent des maximes ou sentences à costé desquelles est écrit *Testament*.

« Page 1. Raisonnement sur la trève d'Hollande faite en 1608.

« Page 15. Metz, Toul et Verdun, usurpations sur ces eveschez par les ducs de Lorraine, ce qu'il faut faire pour brider M. de Lorraine.

« P. 21. Le bon effet qu'on tire du secours qu'on donne aux Hollandois.

« P. 31. Sur l'importance de la Valteline.

« P. 39. Particularitez sur M. de Luines.

« P. 41. Sermon séditieux du Père La Chaux. M. le Prince. Maximes sur la négociation.

« P. 42. Caractère de M. d'Aligre.

« P. 47. Le connestable de Lesdiguières. Plusieurs maximes de suite.

« P. 63. Son sentiment sur l'avis qu'il avoit de se retirer.

« P. 71. La Rochelle. L'Angleterre par rapport à la Rochelle.

« P. 91. Acte de réception de la paix pour la ville de la Rochelle.

« P. 93. Réponse que fit le roy à l'ambassadeur d'Espagne à l'occasion des traittez faits par M. du Fargis. »

Ces indications sont précisément les titres des principaux articles contenus dans notre recueil. Tous y sont; il n'en manque aucun aujourd'hui. Il faut conclure de cette note que, du temps où l'abbé Le Grand recevait des héritiers du Cardinal les papiers de celui-ci, nos fragments en faisaient partie, et le classificateur était si persuadé qu'ils émanaient de Richelieu qu'il dit, au paragraphe noté 63, en parlant évidemment du ministre : « *Son* sentiment sur l'avis qu'il avoit de se retirer. »

Ce n'est pas tout. Les papiers de Richelieu, conservés au ministère des Affaires étrangères, contiennent, à leur tour, une mise au net de ces *Maximes d'État* (voir *France* 1631, vol. LIX). Cette mise au net est de la main d'un copiste ; mais la comparaison des deux textes nous apprend que c'est sur l'original du fonds Clairembaut qu'elle a été prise.

Il semble que la preuve est faite. Écriture du Cardinal, attestation de l'abbé Le Grand, comparaison des deux copies, explication de l'origine et du déplacement de ces papiers, tout concorde. Il est inutile de chercher dans un détail plus particulier de nouveaux arguments qui ne viendraient que par surcroît.

II.

Si nous entrons maintenant dans l'examen plus détaillé des éléments nouveaux que la mise au jour de ce recueil de notes apportera à l'histoire du Cardinal, il conviendra de faire tout d'abord une remarque qui en précise la portée.

La date extrême à laquelle semblent se rapporter les faits qui s'y trouvent mentionnés est l'année 1630. De sorte que la période de la vie du Cardinal sur laquelle de nouveaux renseignements sont fournis paraît limitée par les années 1617 d'une part et 1630 de l'autre[1].

1. La date de 1617 ressort de l'allusion faite au président Chevalier dans le premier de nos fragments. Mais le second doit être de 1624, car il traite des conditions de l'alliance avec la Hollande ; il ne peut donc être antérieur à l'époque où les ambassadeurs hollandais vinrent à la cour solliciter l'appui de la France. Les « articles accordés par le roi aux Provinces-Unies » sont du 20 juillet 1624 (voir *Mercure françois*, t. X, p. 492). — Quant à la date de 1630, elle résulte d'une citation faite dans le fragment 64, Richelieu emprunte une phrase à Villars et renvoie en marge aux Mémoires de celui-ci, « p. 877 ». Or, cette citation précise de la page ne peut se rapporter qu'à l'édition de cet auteur parue en 1630, avec une continuation de C. M. (Claude Malingre) en deux vol. in-8°. — D'ailleurs, tous les faits historiques auxquels il est fait allusion dans ces *Fragments* se placent naturellement entre les deux dates extrêmes que nous venons d'indiquer.

Si cette première période de la vie politique du Cardinal-Ministre n'est pas la plus considérable et la plus glorieuse devant l'histoire, elle est peut-être la plus importante, parce qu'elle contient en elle le germe de toutes les autres.

A peine Richelieu faisait-il partie du Conseil, à peine la chute de La Vieuville lui laissait-elle la première place que Richelieu était mis en demeure de déclarer immédiatement dans quelle direction il entendait diriger désormais la fortune de la France.

La Hollande envoyait des ambassadeurs à la cour de France pour implorer l'appui du successeur de Henri IV; l'Angleterre recherchait la main de Henriette-Marie pour le prince de Galles et offrait de s'allier à la France pour la revendication du Palatinat et le secours des protestants d'Allemagne. L'affaire de la Valteline était instante et le pape, qui s'en était constitué l'arbitre, penchait trop visiblement du côté d'une solution favorable à l'Espagne.

Si, à ces difficultés extérieures, on ajoute la menace des troubles à l'intérieur, le parti protestant en armes, les grands, prêts à tourner à leur profit les prétentions de Gaston, frère du Roi, on admettra aisément que Richelieu avait à se prononcer sans hésitation et que, de la nature des résolutions qu'il allait prendre, dépendait le sort de toute la suite de son ministère.

Or, en ce temps-là, Richelieu avait certainement arrêté dans son esprit le plan de conduite qu'il devait développer plus tard. Mais il nous est permis de douter qu'il pût concevoir dès lors l'espérance de l'appliquer tout entier, et surtout qu'il osât en dévoiler la meilleure part à ses collègues du ministère.

Richelieu, en 1624, était encore avant tout le favori, le protégé de la reine mère, l'ancien compagnon de Concini et l'habile intrigant qu'une heureuse fortune avait fraîchement revêtu de la pourpre romaine. Il n'est pas douteux que, pour tous ceux qui ne le connaissaient pas, et même pour plus d'un de ceux qui croyaient le connaître,

Richelieu dût passer pour *catholique* et *Espagnol*[1]. Peu de monde pouvait deviner en lui le ministre aux longues vues qui devait reprendre et pousser jusqu'à ses extrêmes conséquences la politique de Henri IV.

Il n'y avait pas bien longtemps d'ailleurs que, dans son esprit même, une évolution s'était faite, évolution que l'histoire n'a pas su marquer avec une précision suffisante. Richelieu, qui avait été d'abord l'homme de la cabale qui entourait Marie de Médicis, venait de rejeter définitivement la politique des petits moyens, des petites vues et des petits résultats, qui portait au pouvoir les protégés de la reine mère, pour se donner tout entier à la grande conception, française par excellence, de la lutte contre la maison d'Espagne.

Nous avons de fortes raisons de croire que cette évolution eut lieu en lui lors du séjour de trois ans qu'il fit dans son diocèse et à Avignon, « au milieu de ses méditations et de ses livres », comme il le dit lui-même.

Mais, dans une telle carrière, les intérêts immédiats doivent prendre souvent le pas sur les plus hautes conceptions de la pensée. La première nécessité qui s'impose à un esprit capable d'entreprendre de telles choses est d'avoir entre les mains le moyen de les accomplir, c'est-à-dire le pouvoir. Aussi les nouveaux desseins de l'évêque de Luçon ne se découvrirent-ils qu'après que la réconciliation de la reine mère et du Roi, ménagée par lui, lui eut valu le titre de cardinal et l'espoir prochain du ministère.

1. Lorsqu'on apprit à Londres que Richelieu prenait la direction des affaires, l'impression fut fâcheuse. On crut que le Cardinal était hostile au projet d'alliance des deux couronnes et que la proposition du mariage courait chance d'être rejetée. A Rome, au contraire, on se félicita vivement. Pourtant des gens perspicaces eussent pu ne pas se laisser aller à une pareille illusion. Richelieu s'était déjà prononcé très énergiquement dans le sens d'une politique anti-espagnole. Voir une des notes suivantes et cf. Guizot, *Un projet de mariage royal*, p. 279; Avenel, *Correspondance de Richelieu*, t. II, p. 21, note, et p. 35.

Quand l'Église eut ainsi épuisé pour lui ses dernières faveurs et qu'il se sentit, autant qu'un homme peut l'être, maître de sa destinée, Richelieu leva peu à peu les voiles qui avaient dissimulé ses véritables desseins.

Peu à peu aussi s'éleva et grandit, dans la cour particulière de Marie de Médicis, une lutte sourde que les moindres circonstances recueillies par l'histoire rendent évidente pour nous. Les amis du Cardinal sentent qu'ils sont débordés, dépassés, eux disent trahis[1]. Richelieu consacre les premières années de son ministère à lutter contre eux et consume une partie de ses forces dans ce labeur stérile. Il ne l'emporte qu'au bout de sept années, grâce à son activité, à sa finesse, à son énergie, grâce aussi, car il faut rendre à chacun la justice qui lui est due, grâce à l'intelligence vraiment patriotique du roi Louis XIII, sur laquelle Richelieu s'était aperçu bien vite qu'il pouvait décidément compter[2].

De la connaissance de ces considérations et de ces

1. En 1630, Marie de Médicis disait qu'il y avait quatre ans qu'elle savait les mauvaises dispositions du Cardinal à son égard. Voir, dans le *Journal du Cardinal,* « les Plaintes de la Reine mère », t. I. — Il est probable que c'est par allusion à ces divisions que Richelieu a écrit notre fragment 90 : « Ce n'est pas malheur à un homme d'être éloigné d'une société quand on y veut prendre de mauvais conseils, car c'est une marque asseurée qu'on le tient trop homme de bien pour consentir au mal et trop habile homme pour ne connoistre pas celuy que l'on vouloit faire. »

2. Dans son *Testament politique,* Richelieu ne cache pas au roi toute l'inquiétude qu'il avait éprouvée au début de son ministère : « Lorsque je suis entré dans les affaires, ceux qui avoient eu l'honneur de la servir auparavant (V. M.) tenoient pour constant qu'entre faire un rapport à leur préjudice, et le persuader à V. M., il n'y avoit point de différence; et, sur ce fondement, leur principal soin étoit d'avoir tousjours de leurs confidents auprès d'Elle, pour se garantir du mal qu'ils avoient à craindre. *Bien que l'expérience que j'ai faite de la fermeté de V. M. en mon endroit* m'oblige à reconnoître ou que le jugement qu'ils faisoient étoit mal fondé, ou que les réflexions que le temps lui a fait faire sur moi-même lui ont ôté cette facilité de la première jeunesse, je ne laisse pas de la conjurer de s'affermir de telle sorte en la conduite dont il lui a plu user envers moi, que personne n'en puisse appréhender une contraire » (*Testament politique,* édit. 1764, t. I, p. 250).

faits découle l'appréciation exacte de la situation dans laquelle se trouva le cardinal de Richelieu en arrivant au ministère.

Il avait ses projets en tête[1]; mais il craignait d'en faire la montre. Lui, qui plus tard devait aller si vigoureusement et tout broyer devant lui, ne pouvait alors avancer qu' « à pas de laine et de plomb », pour employer une de ses expressions familières. Il craignait de découvrir trop brusquement la lumière, dont tant de regards qui le suivaient menaçaient de se trouver trop facilement éblouis.

1. M. Avenel a démontré très ingénieusement la non-authenticité de la fameuse phrase que Voltaire « avait lue » dans une lettre de Richelieu et que tant d'écrivains ont reproduite d'après lui : « Le roi a changé de conseil et le conseil de maximes. » Cette phrase très littéraire, peu politique, est de Saint-Évremond (voir Avenel, t. VII, p. 552). Il n'y a pas cependant lieu de nier que telles ne fussent, à cette époque, les pensées du Cardinal. Nous avons remarqué, dans un pamphlet qu'il y a toutes raisons d'attribuer à Richelieu ou du moins à un de ses séides politiques (le nom de Duplessis, évêque de Mende, a été prononcé), un passage tout aussi énergique dans ce sens et dont les termes sont dignes d'être rapportés. A l'époque où fut publié ce pamphlet, Richelieu était dans le Conseil, mais n'avait pas encore la direction des affaires. La *Voix publique au Roi* s'exprime ainsi : « Autant vaut, dit le proverbe, être bien battu que mal battu ; faites tant que vous voudrez le complaisant avec la senora dona Iberia, asseurez-vous qu'elle ne vous pardonnera jamais et mettra aussi peu en considération tous les signalez plaisirs que la France lui a faict de l'avoir laissé establir dans la Valteline, à Juliers, au Palatinat et par toute l'Allemagne. — Vous traitez avec les Hollandois, vous escoutez les conseils de Savoye et de Venize, vous entrez en alliance avec l'Angleterre, vous avez donné retraicte à Mansfeld ; soyez certain, Sire, que, lorsqu'elle verra son jeu découvert, elle ne manquera pas de vous ramentevoir catholiquement tous ces péchez mortelz ; et vous avez beau alléguer que vous estes meilleur catholique qu'elle, que vous n'avez point veu Mansfeld, croyez comme aux saints nouveaux que toutes ces excuses n'empescheront point que ceste bonne dame ne veille jour et nuict pour vous prendre sans verd. *C'est pourquoy Vostre Majesté doit résoudre hardiment les choses qui regardent sa conservation, elle doit voir librement Mansfeld, l'employer promptement, maintenir ses anciens alliéz, sans s'arrester aux spéculations des moines ny du nonce, lesquels ne preschent que l'intérest du pape et non celuy de vostre service* » (*Recueil* de 1628, p. 574). Cf., sur les pamphlets attribués au Cardinal, de Mourgues, *Lettres du P. Chanteloube*, p. 40.

De là vient qu'avant de rentrer dans le ministère, tandis qu'il feignait d'en refuser les honneurs et les travaux, une fausse modestie, ou plutôt une habileté singulière, l'amenait à déclarer qu'il était tout à fait incapable de traiter en particulier les affaires de l'extérieur : « Cette place, disait-il dans le mémoire qu'il rédigea pour la refuser, cette place est périlleuse pour le Cardinal, qui appréhende avec grandes raisons tel employ, estant certain que la conduicte des affaires étrangères, *qu'il recognoist n'estre pas en luy* (ces mots sont ajoutés de sa propre main), est la chose la plus importante de ce royaume[1]. »

C'est cette remarquable préoccupation du Cardinal qui donne le plus haut intérêt à l'une des premières pages des nouveaux documents que nous étudions ici.

Les ambassadeurs hollandais étaient, en ce moment, à la cour de France et imploraient le secours du Roi contre la maison d'Autriche. L'affaire fut délibérée dans le Conseil, et Richelieu ne dissimula pas qu'il était favorable à leur demande. Lui-même nous a conservé, dans ses *Mémoires*, la plus grande partie de la *Consultation* qu'il adressa au Roi à cette occasion. Au fond, il ne s'agissait de rien moins que l'attitude à prendre à l'égard de la maison d'Espagne.

Or, il est singulier que les raisons alléguées par Richelieu, en présence de ses collègues, ne soient pas les mêmes que celles qui l'avaient déterminé dans le particulier; nous trouvons dans nos fragments une série de considérations très importantes que Richelieu notait pour lui-même, mais qu'il se gardait bien d'exposer aux yeux de ceux qu'il évitait d'instruire plus qu'il ne convenait.

En effet, une des raisons sur lesquelles il insiste dans

----

1. Voir tout le Mémoire dans la *Correspondance* publiée par M. Avenel, t. I, p. 785.

le *Mémoire*, pour motiver la continuation de l'alliance des Hollandais, c'est qu'il faut craindre que l'abandon ne jette ceux-ci dans le désespoir : « Les efforts du roy d'Espagne estant plus grands, dit-il, les Hollandois affoiblis et divisés pourroient bien facilement incliner à rechercher le renouvellement de la trêve ou le traité d'une bonne et éternelle paix, ce qui ne semble pas être impossible au terme où les choses en sont... » Et il ajoute plus loin : « De dire que le roy d'Espagne n'y voudra pas consentir il n'y a point de vraysemblance, car c'est son avantage. » Et il continue ainsi, s'attachant à démontrer que le plus grand danger qui menace la France, si elle refuse l'alliance des Provinces-Unies, c'est de voir celles-ci, de guerre lasses, se jeter dans les bras de la maison d'Espagne et, par une confédération solide, rentrer, avec plus de liberté seulement, dans la sphère de la politique espagnole, dont leur rébellion les avait détachées. « Ce serait, ajoute-t-il encore, en s'épuisant à former un vain fantôme, ce serait le renouvellement de l'ancienne alliance des Pays-Bas avec la maison de Bourgogne, toujours désirée et poursuivie par les rois d'Angleterre et jugée utile aussi par les rois d'Espagne pour se fortifier contre nous[1]. » Telles étaient les raisons spécieuses qui amenaient Richelieu à conclure en plein Conseil qu'il convenait de prêter l'oreille aux propositions des ambassadeurs hollandais[2].

Était-ce sur de pareils arguments que sa conviction, à lui, s'était faite? Point du tout, nos fragments révèlent, sur ce point, sa véritable pensée.

Richelieu ne croyait pas que la paix ni l'alliance fût possible entre la maison d'Espagne et les Provinces-

1. Voir *Mémoires*, édit. Petitot, t. II, p. 318. Les citations faites dans le texte sont empruntées au ms. original des Mémoires qui est au ministère des Affaires étrangères. Il est, ici comme en bien d'autres cas, plus complet que les éditions.

2. Ces considérations semblent avoir été inspirées à Richelieu par la lecture des Négociations du président Jeannin.

Unies. Il avait rassemblé, pour lui, les raisons très probantes qui rendaient cette entente impossible, impossible autant de la part des Hollandais que de la part du roi d'Espagne.

« Le roi d'Espagne, dit le fragment n° 3, ne voudra pas, cette fois, reconnaître le titre de souverain aux États. La rivalité d'Anvers et d'Amsterdam, l'importance nouvelle prise aux Indes par le commerce hollandais au préjudice des Espagnols », sans compter la vieille haine de religion et de race et la rancune accumulée par une hostilité si ancienne, ce sont là des raisons suffisantes pour éloigner de longtemps le danger d'une trêve et, à plus forte raison, d'une alliance ; telles sont les considérations que le Cardinal s'exposait à lui-même et qui devaient le convaincre. Elles étaient appuyées sur les faits mêmes ; la suite des événements que nous connaissons prouve bien que les prévisions de Richelieu devaient se réaliser.

Comment expliquer cette contradiction apparente des paroles du Cardinal autrement que par la situation fausse où il se trouvait et que nous avons essayé d'exposer tout à l'heure ? Richelieu voulait l'alliance. C'était la base de ses projets. Mais il ne pouvait avouer qu'il la voulait si ardemment, qu'il l'eût recherchée, même si la Hollande ne la lui eût pas demandée, même quand l'isolement n'eût pas été à craindre et qu'on fût resté maître de la situation. Exagérer les probabilités et les périls d'une paix entre la maison d'Espagne et les Provinces-Unies, évoquer le fantôme de l'ancienne coalition bourguignonne, c'était effrayer suffisamment ses collègues et le Roi pour que les hésitants se ralliassent à sa politique. Ainsi, parmi les personnes influentes de la cour, les sentiments de celles qui penchaient du côté de l'Espagne étaient obligés de fléchir devant l'habile menace d'un danger en apparence imminent et capital pour le pays[1].

1. Si l'on veut voir avec quelle vivacité et par quels arguments la

Il convient de laisser au jugement de l'histoire l'appréciation de l'attitude de Richelieu. Il est certain que cette sorte de dissimulation ne s'éloignait pas des procédés autorisés par les politiques de l'époque. En tout cas, Richelieu a cette excuse, décisive en de telles matières, qu'il agissait réellement pour le plus grand bien de la France.

Deux ans ne s'étaient pas écoulés que Richelieu renouvelait, à l'encontre de ces mêmes collègues incertains et de ces mêmes ennemis dissimulés, une manœuvre analogue. Ici, les historiens, avertis par Bassompierre, un de ceux qui ont été mêlés à l'intrigue, se sont aperçus de quelque chose. Mais ils n'ont pu que soupçonner la conduite à double face du Cardinal. La certitude était cachée dans les papiers particuliers du ministre.

Il s'agit de l'affaire de la Valteline et du traité qui devait la terminer.

Sur la fin de l'année 1625, le comte de Fargis représentait la France en Espagne. Lui et sa femme étaient des plus chauds amis de Marie de Médicis. Leurs intrigues dirigeaient cette petite cour, dont Richelieu avait fait partie autrefois et où il les laissait avec Bérulle, Marillac, Blainville et quelques autres.

Leur but politique était toujours l'alliance espagnole, à quelque prix qu'il fallût l'acheter, et l'extermination du parti huguenot.

Or, vers cette époque, ordre fut donné à du Fargis de s'aboucher avec Olivarès au sujet du différend de la Valteline, de manière à aboutir à un traité de paix. Cependant, on ne lui avait adressé, pour conclure cette affaire, aucun pouvoir spécial.

politique *espagnole* était défendue alors à la cour de France, il faut consulter, entre autres, le *Mercure de France*, année 1624, p. 100 et suiv. : « Response à ceux qui se portent de bouche et d'escrit à la haine contre les Espagnols. »

Mais lui sut par ses amis[1], qui étaient encore en apparence ceux de Richelieu, que le Cardinal, au fond, voulait la paix. Il la voulait en effet; mais, un peu plus tard, et surtout avec des conditions avantageuses pour la France. Son plan était de terminer auparavant l'accommodement avec les huguenots révoltés. Il craignait d'ailleurs, en agissant trop ouvertement et trop précipitamment, de mécontenter ses alliés : la Savoie, Venise, l'Angleterre et le Danemark. Tant d'intérêts divers à ménager imposaient la plus grande prudence dans les démarches et la plus sage lenteur dans les résolutions[2].

Cependant, en définitive, la conclusion de la paix avec l'Espagne pouvait avoir l'air d'un triomphe emporté par les *Espagnols* du Conseil. Puisque Richelieu lui-même était momentanément partisan de la paix, il ne voulut pas laisser à ses adversaires le lieu de s'en glorifier; et il ne songea, au contraire, qu'à trouver dans cette affaire l'occasion de leur ruine.

Soit que les conseils envoyés à Fargis par ses amis fussent, au fond, dus aux habiles et trompeuses insinua-

1. On lit dans le *Journal du cardinal de Richelieu :* « Le sieur du Fargis a dit au Cardinal qu'il avoit fait la paix, en Espagne, au traicté de Mouçon, parce que M. le cardinal de Bérulle lui avoit fait écrire par sa femme qu'il la fit *in omni modo* » (t. I, p. 56). — Il faut comparer le récit de cette négociation dans le volume de l'abbé Houssaye sur *Bérulle et Richelieu*, p. 86 et suiv. Voir notamment l'aveu que Bérulle fait de cette intervention préalable, p. 89 et 90, note. M. l'abbé Houssaye ne semble pas avoir connu le volume des archives du ministère des Affaires étrangères, où se trouvent les pièces relatives au traité de Mouçon.

2. Voir le *Mémoire au Roi* dans Avenel, t. II, p. 201. Richelieu explique ainsi ses intentions : « Pour M. le prince de Piémont (qui, à ce moment, était à la cour, sollicitant la continuation de la guerre contre l'Espagne), il faut l'escouter en Conseil s'il le désire, il *faut approuver tant qu'on pourra ses propositions, tesmoigner les vouloir exécuter*, mais estre contrainct d'en différer un peu l'exécution pour attendre l'accomplissement de la paix des huguenots... Par ce moyen, *on gagnera avec prétexte et raison le temps qui est nécessaire pour avoir des nouvelles d'Espagne* devant que de prendre une dernière résolution » (février 1626).

tions du Cardinal, soit que l'ambassadeur agît de lui-même, à l'étourdi, ne voyant que le succès apparent obtenu par les conseils de son parti et le lustre que la conclusion d'une affaire si épineuse devait jeter sur lui-même, il brusqua le dénouement. Le 1er janvier 1626, il signait le traité. Olivarès avait profité de l'empressement trop évident qu'avait montré l'ambassadeur français. Il avait emporté des conditions avantageuses pour l'Espagne et peu honorables pour la France.

Quand on apprit à la cour la conduite qu'avait tenue l'ambassadeur et qu'on reçut, pour le ratifier, le projet de traité, grand fut l'émoi. Richelieu ressentit ou montra de la colère. Fargis fut désavoué. De nouvelles instructions partirent pour Madrid, dans lesquelles on disait exactement ce que voulait la France. On écrivait à Fargis qu'il n'avait d'autre moyen d'éviter sa perte que d'obtenir des Espagnols une nouvelle rédaction du traité[1]. En réalité, Richelieu n'était pas aussi mécontent qu'il feignait de l'être. Il criait à l'incapacité et à la légèreté du représentant du Roi à Madrid. Il le discréditait, ainsi que ses amis; il protestait, à qui voulait l'entendre, que lui-même n'était pour rien dans toutes ces affaires. Cependant, il ne rompait pas le traité, ainsi que lui conseillaient d'autres empressés qui ne voyaient pas plus que les autres le fond de sa pensée.

Seulement, par un tel procédé, Richelieu gagnait du temps et, comme le bruit de toutes ces démarches se répandait, les huguenots, craignant de rester seuls en face de toutes les forces de la France, se décidaient tout à coup à mettre bas les armes et à rentrer dans l'obéissance (5 février 1626).

---

1. Voir la lettre de Richelieu au comte de Fargis dans Avenel, t. II, p. 187 et 189. Bérulle, sentant que l'on avait été un peu loin et que Fargis les avait tous compromis, se met de la partie et fait des observations à Fargis, tandis qu'il essayera de le justifier un peu plus tard. Voir le *Cardinal de Bérulle et Richelieu*, p. 91.

En mars, Fargis signe un nouveau traité. Nouvelles bévues de l'ambassadeur. Nouvelle colère de Richelieu.

Le Roi (soufflé par son ministre) va jusqu'à dire à l'ambassadeur d'Espagne « que Fargis est un fol parfait. La première fois, ajoute-t-il, il a fait une chose de sa teste sans mon sceu; la deuxième il n'a pas suivi mes ordres; je le chastierai exemplairement[1] ».

C'est qu'il convenait d'attendre encore quelque temps pour annoncer aux alliés la nouvelle situation qu'on s'était faite à leur insu. C'est qu'on jurait encore au prince de Piémont et à Bassompierre, « en lui serrant la main », qu'il ne s'agissait de rien moins que d'une pareille perfidie[2]. C'est qu'en outre, l'échange de lettres qui avait eu lieu pendant toute cette négociation avait éclairé le Cardinal sur le désir ardent qu'avaient les Espagnols d'en venir à une paix. Il le fait remarquer lui-même : « Le profit que les deux rois tirèrent de sa folie (de Fargis) étoit qu'ils connaissoient tous deux que maintenant il n'y avoit plus d'aigreur en leurs esprits et qu'ils vouloient la paix[3]. »

Le Cardinal se disait donc qu'il pouvait se montrer plus exigeant encore sur des points de détail. Le traité fut désavoué de nouveau. Il subit encore un remaniement et il ne fut enfin signé que le 1er mai 1626.

Il convenait de remettre sous les yeux du lecteur l'exposé trop rapide de ces faits importants, pour que l'intérêt du fragment 31 puisse apparaître tout entier. Voici ce fragment :

« Pour seureté du Traité qui se fera pour la Valteline, tant pour la religion que pour les choses temporelles, il

1. Voir le fragment n° 153. Cf. *Mémoires*, t. III, p. 28.
2. Voir tout le passage de Bassompierre, qui est si curieux par le ton du récit et surtout par l'exposé de la prudente conduite du maréchal en cette circonstance. C'est là l'homme de cour au naturel (*Journal de Bassompierre*, t. III, p. 237, édit. de la Société de l'Histoire de France).
3. Comparez *Mémoires*, t. III, p. 28, et nos *Fragments, loc. cit.*

suffit que les Grisons consentent de perdre les droits de souveraineté sur la Valteline, et qu'elle demeure libre, au cas qu'ils contrarieront au traité. Moyennant cette condition, les Espagnols n'ont point fait instance d'avoir la caution des Suisses requise par le traité de Madrid. Aussy cet expédient pourvoit-il à tout inconvénient. Les Valtelins le désirent ; *la France le reçoit :* le pape le propose ; les Vénitiens et Savoye l'acceptent ; reste à savoir si les Grisons le voudront. »

Telles étaient donc, de l'aveu de Richelieu lui-même, les conditions que la France pouvait honorablement accepter pour conclure la paix. Or, quels furent les points sur lesquels on se plaignit tout haut que Fargis eût agi à la légère? Ce fut précisément ceux qui touchaient à la question de la souveraineté de la Valteline. Richelieu dit, dans l'instruction qu'il adressa à l'ambassadeur, le 4 février 1626, et il répète dans ses *Mémoires,* « que les principaux points que le Roi demandoit étoient... que les peines qui seroient imposées aux contraventions qui pouvoient arriver de la part des Grisons n'allassent pas *jusqu'à la privation de la souveraineté sur la Valteline;* parce qu'il se feroit toujours en cela de la fraude de la part du roi d'Espagne[1]. »

Il est vrai que l'Instruction, dans ses derniers articles, autorisait Fargis à signer, à la dernière extrémité, un article *secret,* qui privât les Grisons de « leur autorité et prérogative sur les Valtelins » au cas où il y aurait de leur part contravention publique au traité. On comprend d'ailleurs pourquoi cet article devait rester secret. Richelieu ne voulait pas avouer à ses alliés qu'il s'était laissé aller à accorder de pareilles conditions aux Espagnols. Le traité, comme il le dit, devait ainsi paraître « plus honorable[2] ».

---

1. Avenel, t. II, p. 190; *Mémoires,* t. III, p. 9.
2. On n'eut pas besoin de recourir à un article secret. La façon dont Richelieu avait résumé ses prétentions à ce sujet fit que l'Espagne ne

Ainsi, rejet absolu d'abord, d'une condition que l'on était disposé à accorder au fond, et que l'on devait finir par accepter en définitive; grands reproches faits à l'ambassadeur pour y avoir consenti; plaintes de son étourderie, de sa légèreté, tandis que les plus mûres réflexions l'embarrassaient dans une trame si bien ourdie, ce sont là de ces traits que les contemporains appelaient les *fourberies* du Cardinal. Il s'était ménagé ainsi le temps et les moyens de satisfaire les alliés et surtout l'occasion de dérouler « cette conduite pleine d'industrie » dont il se félicite lui-même, et qui fit signer la paix par les huguenots, de crainte de celle d'Espagne, et par les Espagnols, de crainte de celle des huguenots; conduite qui peut sembler étrange, mais qui a pour justification, je le répète, et l'intérêt de la France et la fâcheuse situation dans laquelle se trouvait le Cardinal, au milieu d'une cour composée en grande partie de ses ennemis.

La signature du traité de Mouçon, loin d'être pour eux le moment d'une victoire, fut un des plus rudes coups qui les frappa. Louis XIII, et bien d'honnêtes gens avec lui, ne virent que la funeste pente politique sur laquelle ses amis menaçaient de précipiter la France.

On s'éloigna d'eux de plus en plus. Ils seront bientôt

voulut même pas envisager de face la question de sanction. Richelieu, en effet, disait qu'il consentait à ce que les Grisons, s'ils violaient le traité, fussent condamnés à la privation de leur souveraineté; mais à la condition que l'on ajoutât dans l'article que, même si les Valtelins devenaient libres et indépendants, ils ne pourraient jamais disposer des passages en faveur de la maison d'Espagne. C'était donc exclure formellement toutes les prétentions de celle-ci, prétentions pour lesquelles elle avait souvent soulevé tant de difficultés.

L'Espagne préféra laisser les choses dans le vague; et la question capitale du traité fut, en somme, laissée indécise, tant, de part et d'autre, on avait besoin de la paix. L'article 9 du traité de Mouçon se termine ainsi : « Si cela ne suffit pour arrester le cours de leurs contraventions (des Grisons), les deux rois *arbitreront ensemble une plus grande peine et s'engageront la leur faire subir* » (Dumont, v. 488). C'était laisser la porte ouverte à de nombreux démêlés.

réduits à recourir aux intrigues, pour tenter de soutenir pendant quelque temps les restes d'un crédit qui
tombait.

Quant à Richelieu, il avait trouvé moyen de tromper
à la fois, dans une seule affaire, ses ennemis à l'extérieur,
ses adversaires à la cour, ses serviteurs, ses amis, les
alliés et le roi lui-même, tout cela pour atteindre, à travers un chemin si périlleux, le but qu'il considérait
comme le plus avantageux pour le salut de l'État[1].

J'ai regret de ne pouvoir retenir plus longtemps l'attention du lecteur sur les nombreux points de la politique du Cardinal, que ces documents éclaireront ainsi
d'un jour nouveau. Je ne sache point, par exemple, qu'il
ait jamais été question, dans aucun des historiens de
cette époque, du jugement que Richelieu portait sur le
connétable de Lesdiguières. Nous pourrons aujourd'hui
nous instruire, à ce sujet, de sa plus secrète pensée.
Elle était loin d'être favorable au vieux compagnon de
Henri IV. On verra sans étonnement la suppression de la
charge de connétable suivre immédiatement sa mort,
quand on aura appris de Richelieu lui-même que Lesdiguières disait « qu'un connétable sans guerre n'étoit
qu'une ombre dans l'État »; qu'on le soupçonnait de favo-
riser la rébellion des huguenots et même que, dans les
luttes extérieures, on n'osait se servir de lui « qu'avec des
précautions[2] ».

1. Les historiens ont connu à peu près tous les incidents de ce très
curieux coup de politique. Ils en avaient été avertis par Vittorio Siri,
qui (comme je pense l'avoir démontré ailleurs) a dû avoir entre les
mains un manuscrit des *Mémoires de Richelieu*, et par Vialart (*Hist. du
ministère du cardinal de Richelieu*, in-fol., p. 136), qui a travaillé sur
des mémoires qui lui étaient fournis par l'ordre du ministre. Mais
aucun d'entre eux n'a connu le fond de la pensée de Richelieu. Tous les
historiens aussi citent les paroles que Louis XIII adressa à l'ambassadeur d'Espagne (voir, dans les *Maximes*, le fragment n° 153); mais
aucun ne donne la dernière ligne si importante, si caractéristique :
« Monsieur l'ambassadeur, je ne m'éloigne pas de penser de grandes
choses avec le Roy mon frère. »
2. Voir le fragment n° 69.

Notre étude pourrait s'élever plus haut encore à la suite des pensées de Richelieu. Les plus graves questions de la morale et de la politique sont, à chaque instant, l'objet de ses méditations. Il sait unir, dans l'expression qu'il en donne, les conceptions les plus élevées de la philosophie aux nécessités les plus immédiates de la pratique des affaires. C'est là le caractère de ces notes et ce qui les distingue excellemment des recueils et des traités ayant pour objet les mêmes matières, ouvrages que Richelieu connaissait bien, qu'il cite parfois, et auxquels il a consenti à emprunter plus d'une inspiration[1].

Il convient d'insister encore sur un caractère particulier de ce recueil. C'est que les maximes qui le composent, si relevé que soit leur objet, ne font jamais que sortir du courant journalier des choses. Ce sont les observations faites par un esprit pénétrant et attentif, et qu'il emportait, par un mouvement naturel, dans le domaine des idées générales et des abstractions. Cette marche de la pensée de Richelieu nous frappe, en particulier, dans les diverses rédactions du fragment suivant :

Fragm. 76. « J'ay souvent remarqué la bouche de quelques-uns asseurer d'une très-sincère affection et le visage tesmoigner une grande jalousie et envie envers celuy à qui on donnoit ces asseurances. Le premier de ces effets vient de la raison ; le second, du sentiment. »

Puis, reprenant cette idée et la généralisant, Richelieu ajoute :

« Il est difficile de tesmoigner comme cela se fait ; mais il

1. Dans les notes que j'ai ajoutées au texte du nouveau document, je me suis étendu sur les auteurs politiques que Richelieu lisait de préférence. On y trouvera les noms de *Guichardin*, de *Barclay*, du *cardinal d'Ossat* et aussi les recueils qui étaient de mode à cette époque. Richelieu avait beaucoup lu les politiques italiens et espagnols. Souvent il dit dans ses *Mémoires* ou dans son *Testament* : « Les politiques disent. » Il y a là un très curieux sujet d'étude que nous ne pouvons aborder ici, mais auquel la publication de nos fragments ajoutera plus d'un trait piquant et peut-être inattendu.

n'y a personne judicieuse qui ne discerne bien sur le front
des hommes certaine impression de peine que la jalousie et envie grave à l'improviste en diverses occasions : un
visage jaloux se resserre et, lorsque la raison et l'adver-
tissement qu'un homme se donne à soy-mesme le veut
faire ouvrir, on reconnoist clairement que la raison et la
nature combattent ensemble. »

N'est-ce pas ici, pris sur le fait, ce travail d'observation continuelle que l'on a souvent donné comme le trait
dominant du génie des grands artistes et qui pourrait
bien être aussi l'un des caractères les plus marqués de
l'art du diplomate !

Dans l'emploi spontané d'une telle méthode, se trouve
l'explication de la diversité de ce recueil et la raison de
l'unité intime qui lie ces fragments l'un à l'autre.

On peut aussi s'expliquer par là la liberté avec
laquelle Richelieu faisait entrer, dans le courant de ses
réflexions personnelles, des observations qui ne lui
appartenaient pas en propre. Non seulement les recueils
et les traités politiques antérieurs lui en fournirent un
certain nombre, mais les écrits privés de ses contemporains furent mis par lui à contribution.

Tel de nos fragments, et non des moins dignes d'être
cités[1], a été copié textuellement par Richelieu dans une
lettre que lui adressait de Rome l'ambassadeur français,
le cardinal de Marquemont. Richelieu était d'ailleurs
tout disposé à s'approprier ce qu'il rencontrait ainsi; car
cette maxime, consignée ici, se trouve tout entière dans
le *Testament politique.*

1. C'est notre fragment n° 79 : « En certaines occasions, parler et
agir courageusement, alors qu'on a mis le droit de son costé, n'est
point courir à une rupture; mais c'est la prévenir et étouffer avant
qu'elle naisse. » Cette maxime se trouve textuellement dans une lettre
de Marquemont adressée à Richelieu (du 2 octobre 1624). Voir le *Recueil
d'Aubery*, in-fol., t. I, p. 77. On retrouve cette maxime dans le *Testament politique*, édit. 1764, t. II, p. 36.

Ce procédé est d'autant plus digne d'attention qu'on le remarque aussi dans la rédaction des plus importants de ses ouvrages. Les *Mémoires de Richelieu* ne doivent, en effet, être lus qu'avec les plus grandes précautions. On risque, à chaque instant, d'attribuer au Cardinal des pensées et des opinions qui ne sont pas les siennes, mais qui appartiennent à d'Estrées, à Tillières, à Feuquières, aux hommes, enfin, qu'il employait, et dont les *relations* entraient par pièces dans le vaste cadre des *Mémoires*.

Quoi qu'il en soit, l'ensemble de l'œuvre littéraire du Cardinal permet d'affirmer qu'en empruntant si largement, il ne faisait, comme on dit, que reprendre son bien où il le trouvait. C'est ce que prouvent des maximes telles que les suivantes, qui sont bien de lui, celles-là :

« En la cour, il faut procéder avec les bons avec franchise, et avec les fourbes avec prudence, circonspection et autant d'apparence de franchise comme on en aura, en effet, avec les gens de bien. »

« En affaires d'Estat, il n'est pas comme des autres : aux unes, il faut commencer par l'éclaircissement du droit ; aux autres, par l'exécution et possession. »

« Les imprudents sont capables d'entreprendre beaucoup d'actions avec violence. Mais leur retour est tousjours lasche. »

Peut-on voir rien de plus noble, et de plus pratique tout ensemble, que la maxime suivante :

« Aux entreprises dont le fruit n'est pas présent, il faut employer d'ordinaire de grands esprits, de grands courages et personnes de grande authorité. Grands esprits, pour qu'ils puissent aussy bien prévoir une utilité esloignée comme les médiocres esprits voyent les présentes ; grands courages, pour que les difficultés ne les empeschent point ; grande authorité, pour qu'à leur ombre beaucoup de gens s'y embarquent. »

Est-il rien qui puisse s'appliquer mieux à toutes les
révolutions de notre histoire que cette autre remarque?
« Ès cours semblables à celle de France où l'on change
souvent de conseils, les mutations ne doivent estre prises
pour crises mortelles d'une affaire, parce que nostre
humeur est si variable que, ne demeurant fermement au
bien, nous revenons aisément du mal. »

Est-il rien, enfin, qui puisse nous faire pénétrer
davantage dans les replis les plus secrets d'un tel cœur,
que ces avertissements qu'il se donnait, en quelque sorte,
à lui-même :

« Il y a des choses dont on a bien subject de se fas-
cher, mais non pas de quereller un homme pour cela. »

Et encore : « C'est le devoir d'un grand personnage de
se souvenir de l'infirmité humaine, lorsqu'il est eslevé au
sommet de sa félicité, et de supporter doucement ceux
qu'il voit du tout abattus. »

Ce sont là des sentiments que l'histoire peut s'étonner
de rencontrer dans les expansions intimes de cette âme
à la renommée impitoyable.

III.

La lecture des Maximes et des Notes politiques qui
ont été l'objet de nos précédentes études, et dont l'authenticité ne peut faire aucun doute, suffit pour démontrer que Richelieu était loin d'être dépourvu de plusieurs
des qualités de l'écrivain. Précision, clarté, sobriété,
vivacité et vigueur, tels sont les traits du caractère de
Richelieu, tels sont ceux que nous retrouvons dans son
style.

Ce serait d'ailleurs une erreur de croire que Richelieu
ne se servait de la parole qu'avec insouciance, et qu'autant qu'elle était nécessaire pour exprimer sa pensée. Il
avait certainement des visées littéraires. Il se complai-
sait à chercher les expressions et les tours de phrase qui

devaient donner à ses discours plus de nombre, plus d'élégance et plus d'éclat.

Nous pouvons affirmer qu'il les rencontrait souvent.

Il est singulier qu'un talent d'écrivain si incontestable, et qui avait de lui-même une préoccupation si vive, ait été méconnu de la plupart des critiques modernes. Celui de tous qui, certes, était le mieux placé pour se rendre un compte exact des efforts et des résultats, l'érudit compilateur des *Lettres et des papiers d'État du cardinal de Richelieu*, M. Avenel, dit en propres termes : « Malgré ses prétentions littéraires, Richelieu n'avait rien de l'homme de lettres, *ni les habitudes ni le talent.* » Et il ajoute plus loin : « Il était ambitieux aussi de ce bruit populaire que soulève une célébrité poétique, mais il manquait du génie qui fait le grand écrivain... Nous ne croyons pas qu'on trouve dans ses œuvres deux pages entières belles d'un pur éclat et d'une irréprochable beauté[1]. »

Il n'y a pas dans les œuvres humaines d'irréprochable beauté, mais je doute que l'on trouve dans la littérature française beaucoup de pages plus voisines de la perfection du style que celle que nous transcrivons ci-après.

Richelieu vient d'exposer quelles doivent être, selon lui, les qualités du conseiller d'État. Il va nous dire maintenant quelles seront ses peines :

« Si la probité d'un conseiller d'État requiert qu'il soit à l'épreuve de toutes sortes d'intérêts et de passions, elle veut qu'il le soit aussi des calomnies, et que toutes les traverses qu'on lui sauroit donner ne puissent le décourager de bien faire.

« Il doit scavoir que le travail qu'on fait pour le public n'est souvent reconnu d'aucun particulier, et qu'il n'en faut espérer d'autres récompenses en terre

1. Introduction, t. I, p. LXI.

que celles de la renommée, propre à payer les grandes âmes.

« Il doit aussi scavoir de plus que les grands hommes qu'on met au gouvernement des États sont comme ceux qu'on condamne au supplice, avec cette différence seulement que ceux-ci reçoivent la peine de leurs fautes et les autres de leur mérite.

« De plus, il doit scavoir qu'il n'appartient qu'aux grandes âmes de servir fidèlement les rois et supporter la calomnie que les méchans et les ignorans imputent aux gens de bien, sans dégoût, et sans se relascher du service qu'on est obligé de leur rendre.

« Il doit scavoir encore que la condition de ceux qui sont appelés au maniement des affaires publiques est beaucoup à plaindre, en ce que, s'ils font bien, la malice du monde en diminue souvent la gloire, réputant qu'on pouvoit faire mieux, quand cela seroit tout à fait impossible.

« Enfin, il doit scavoir que ceux qui sont dans le ministère de l'État sont obligés d'imiter les astres qui, nonobstant les abois des chiens, ne laissent pas de les éclairer et de suivre leurs cours, ce qui doit l'obliger à faire un tel mépris de pareilles injures que sa probité n'en puisse estre ébranlée, ni lui détourné de marcher avec fermeté aux fins qu'il s'est proposées pour le bien de l'État[1]. »

La rédaction définitive de cette belle page appartient au *Testament politique*. Mais la conception de la pensée et le

1. Nous avons donné cette page en entier, afin que, par la comparaison avec les fragments que nous publions ci-dessous, le lecteur puisse se rendre compte des procédés de travail de Richelieu et de l'utilité réelle de notre document. On verra, par ce rapprochement, l'attention que Richelieu apportait au soin du style et on remarquera le progrès qui s'est accompli depuis le premier jet de la pensée jusqu'à sa rédaction définitive :

(Fragm. 106.) — « Les Estatz sont bien heureux qui sont gouvernés des gens sages ; mais d'autant plus tels gouverneurs sont sages, d'autant moins sont-ilz heureux, le faix d'un Estat estant si grand, que premier dessein de la forme se trouvent dans nos Fragments. Les Œuvres de Richelieu pourraient fournir plus d'un passage qui confirmerait le jugement favorable que cette lecture ne peut manquer de faire naître dans l'esprit du lecteur.

Richelieu savait écrire; il avait de l'écrivain les instincts et le *talent;* il en avait aussi les *habitudes;* c'est une des remarques les plus neuves qu'éveillera la lecture de ces fragments inédits.

Quel est, en effet, le trait distinctif de l'esprit et de la méthode d'un écrivain? N'est-ce pas la recherche de l'expression, recherche souvent reprise, et dont le résultat

plus un homme est sage, plus en appréhende-il la pesanteur et plus est-il en perpétuelle méditation pour l'empescher qu'il ne l'accable (*). »

(Fragm. 107.) — [Autre rédaction.] « Les Estatz sont bien heureux qui sont gouvernez par des hommes sages; mais, entre ceux qui les gouvernent, ceux d'ordinaire qui sont les moins sages sont les plus heureux, estant certain que plus un homme est habile plus ressent-il le faix du gouvernement d'un Estat, qui occupe tellement les meilleurs espritz, que les perpétuelles méditations qu'ilz sont contraintz d'avoir ne leur laissent pas un moment de repos et les privent de tout contentement, fors de celuy qu'ilz peuvent recepvoir de voir beaucoup de gens dormir à repos à l'ombre de leurs veilles et vivre heureux par leurs misères (**). »

(Fragm. 108.) — « Au reste, le travail qu'on fait pour le public n'est souvent recogneu d'aucun particulier. Il n'en faut espérer d'autre récompense que celle de la renommée propre à payer les grandes âmes; celuy qu'on regarde le plus n'est pas toujours celuy qui mérite le mieux (***). »

(Fragm. 109.) — « Les grands hommes qu'on met au gouvernement de l'Estat sont comme ceux qu'on condamne au supplice, avec cette différence seulement que ceux-cy reçoivent la peyne de leur faute et les autres de leur mérite (****)... »

(Fragm. 128.) — « Il n'appartient qu'aux grandes âmes de servir fidèlement les Rois et supporter sans dégoust la calomnie que les méchantz et les ignorantz mettent à sus aux gens de bien, sans pour cela se relascher du service qu'on est obligé de leur rendre (*****). »

(*) En marge : *Conseil.*
(**) Idem.
(***) En marge : *Testament.*
(****) Idem.
(*****) Idem.

satisfait rarement. Tandis que l'homme d'affaires ne soulève, comme disait Régnier, le fardeau de la plume que
lorsqu'il y est forcé par le besoin de communiquer sa
pensée aux autres, et qu'il se contente des premières
paroles qui semblent la traduire exactement, l'écrivain,
au contraire, entreprend pour lui-même une poursuite
plus animée, et qui lui procure des émotions plus vives.
Que d'autres discutent si c'est la pensée qui cherche à
s'éclaircir davantage ou s'il y a là un travail spéculatif,
artistique, indépendant du fond même de l'idée, il est certain que cet effort ne se remarque que chez les hommes
qu'on peut appeler des écrivains.

S'ils réussissent dans cette poursuite, ils rencontrent
le *style*, c'est-à-dire une fleur d'harmonie et d'élégance, de
symétrie et de précision, qui fait que les pensées les plus
naïves et les plus simples peuvent se revêtir de grâces
charmantes, et que les plus hautes pensées s'élèvent
encore et grandissent par le mirage de l'expression qui
les a rendues.

Notre document prouvera que le fondateur de l'Académie française avait le sentiment du style et qu'il s'en
imposait le travail. Nous y verrons des idées exprimées,
indépendamment d'un usage immédiat et pratique, dans
le seul but de bien rendre ce que l'on avait senti. Nous
y rencontrerons les mêmes pensées répétées successivement sous des formes diverses, jusqu'au moment
où a été rencontrée cette seule et unique expression
« qui est la bonne », selon le mot de La Bruyère. Enfin,
toutes ces notes déposées ici, comme dans un endroit
provisoire, ne paraîtront elles-mêmes que des ébauches,
si on les compare aux Œuvres définitives, dans lesquelles
plusieurs d'entre elles ont fini par prendre place.

Ce ne sera pas un des moindres attraits de ce nouveau
recueil que d'y reconnaître les premières traces de bien
des passages qui ont, plus tard, fait partie des écrits
plus importants du Cardinal : et le plus important de

tous, c'est-à-dire le *Testament politique*, trouvera ici, pour la première fois, la preuve absolue et matérielle de son authenticité. Nous insisterons quelque peu sur une question si intéressante.

La première édition du *Testament politique* sortit des presses de Hollande en 1688. Elle ne tarda pas à attirer l'attention du public. L'année même de son apparition, un des hommes qui ont le plus fait pour l'histoire du Cardinal, Aubery, discutait l'authenticité du *Testament* et se prononçait pour la négative. On a cru, non sans raison, que le désappointement qu'il éprouvait de n'avoir pu l'utiliser pour son *Histoire de Richelieu* avait influé sur son argumentation et sur sa décision. Par contre, de bons critiques, des hommes éminents n'hésitaient pas à soutenir l'opinion contraire : Huet, Amelot de la Houssaye, l'abbé Legendre reconnaissaient, dans cet ouvrage, la main du grand ministre ; et le dernier de ces auteurs le proclamait « le livre le plus profond et le plus parfait qui eût été écrit dans ce genre[1] ». Fénelon se rangeait à cette opinion et, cinq ans seulement après la publication du *Testament politique*, La Bruyère, dans un passage de son discours de réception à l'Académie française, lui donnait l'appui de sa haute appréciation littéraire et la mettait, en quelque sorte, sous l'autorité du corps illustre devant lequel il ne craignait pas de la rendre publique. « Ouvrez son *Testament politique*, disait-il en faisant l'éloge du Cardinal. Digérez cet ouvrage, c'est la peinture de son esprit ; son âme tout entière s'y développe : l'on y découvre le secret de sa conduite et de ses actions ; l'on y trouve la source et la vraisemblance de tant et de si grands événements qui ont paru sous son administra-

---

1. Foncemagne a réuni ces différents témoignages dans sa *Lettre sur le Testament politique*, 2ᵉ édit., à la suite de l'édition du *Testament* de 1764. Cf. aussi le P. Lelong, n° 32431. Pour l'opinion de Fénelon, voir *Revue polit. et litt.* du 23 janvier 1875, mémoire publié par M. Gazier.

tion. L'on y voit sans peine qu'un homme qui pense si virilement et si juste a pu agir sûrement et avec succès, et que celui qui a achevé de si grandes choses, ou n'a jamais écrit, ou a dû écrire comme il a fait[1]. »

Une approbation aussi formelle, et venant d'un esprit si éminent, ne suffit pas pour rallier tous les jugements. La question resta, en quelque sorte, ballottée pendant la fin du xviie siècle et pendant les premières années du siècle suivant. Elle devait demeurer quelque temps encore aux termes où l'avait mise J. Le Clerc, judicieux auteur d'une *Histoire de Richelieu;* il reconnaissait que l'œuvre était du mérite le plus élevé; mais il ajoutait qu'on ne pouvait se prononcer sur la question de l'attribution, la lumière manquant sur ce point. Il convenait, selon lui, de suspendre tout jugement.

La lumière que demandait cet écrivain ne devait pas tarder à se faire.

Tout le monde connaît la fameuse polémique contre l'authenticité du *Testament*, polémique engagée par Voltaire dans ses *Mensonges imprimés*[2], reprise par lui en divers endroits de ses écrits, et notamment dans son *Essai sur les mœurs et l'esprit des Nations*. Avec la vivacité de plume, le ton tranchant et incisif, l'esprit mordant qu'il apportait dans toute discussion, Voltaire résumait excellemment les objections qui, jusque-là, s'étaient produites contre l'attribution du *Testament* au Cardinal. Il en signalait de nouvelles. Il appliquait toute sa verve à relever les défauts réels ou apparents, les contradictions, les ignorances que son esprit même et son entrain créaient et multipliaient au besoin. Pour conclure, il ne reconnaissait

---

1. *Œuvres* de La Bruyère, édit. Servois (Hachette, 1865), t. II, p. 458.

2. La première idée de l'attaque de Voltaire apparaît dans ses *Conseils à un journaliste*. Mais il a résumé la meilleure part de ses arguments dans ses *Raisons de croire que le... Testament politique du cardinal de Richelieu est un ouvrage supposé* (édit. Hachette, 1860, t. XVIII, p. 151), et il a repris une partie de son argumentation dans l'*Essai sur les mœurs*, t. VIII, p. 236 et suiv.

dans cette œuvre « indécente », « ridicule », « impudente[1] », — et combien d'autres épithètes plus vives encore, — il ne voyait, dis-je, dans le *Testament politique* que le produit indigeste des compilations de quelques écrivains à gage. Il désignait même l'abbé de Bourzeis.

Malheureusement pour l'opinion de Voltaire, elle rencontra la discussion d'un adversaire parfaitement instruit, à l'esprit sérieux et modéré, plein d'une finesse railleuse et courtoise, peu disposé à se payer de mots et à se laisser embarrasser par les affirmations tranchantes de son redoutable partenaire.

Dans une *Lettre*, dont la rédaction est nécessairement alourdie par le grand nombre des citations exactes, mais don le ton, parfaitement mesuré, n'est pas dénué d'un certain humour incisif et délicat, il reprit un à un les arguments de Voltaire, les battit en brèche de la façon la plus sérieuse et la plus solide, et conclut à son tour par l'affirmation de l'authenticité du *Testament*. Je ne sais quel fut, en définitive, le sentiment de Voltaire, après qu'il eut pris connaissance de la lettre de Foncemagne. Il est probable qu'il ne changea point une idée arrêtée dans son esprit et qu'il se refusa à l'aimable invitation que lui faisait Foncemagne, en terminant sa lettre par ce passage de Celse : « Les petits esprits ne veulent rien sacrifier, parce qu'ils n'ont rien de trop. Mais un homme supérieur peut impunément essuyer quelques pertes : il lui sied bien, quand il s'est trompé, de l'avouer ingénument. »

---

1. « Le Cardinal ne laissait pas échapper de paroles dures et indécentes » (t. XVIII, p. 155). — « Le comble du ridicule et de l'indécence » (p. 154). — « Cent autres absurdités pareilles, dignes d'un professeur de rhétorique de province dans le xvi⁰ siècle, ou d'un répétiteur irlandais qui dispute sur les bancs » (p. 155). — « Cet ouvrage que la fourberie a composé, que l'ignorance, la prévention, le respect d'un grand nom ont fait admirer, que la patience du lecteur peut à peine achever de lire, etc., etc. » (p. 157).

Quoi qu'il en soit, pour les lecteurs attentifs et judicieux, la chose était jugée. Les violentes attaques de Voltaire avaient été, pour Foncemagne, l'occasion d'une argumentation et d'un éclaircissement décisifs.

Cependant, l'influence du nom de Voltaire est si grande et ses œuvres si répandues, qu'on peut dire que, tandis que le doute, en réalité, n'existait plus, le public, et le public le plus éclairé, ne se sentait pas encore absolument assuré de son opinion. Chacun des auteurs qui, depuis Voltaire, se sont occupés du ministère de Richelieu, a éprouvé encore une fois le besoin de s'occuper de la question, comme si elle n'était pas tranchée.

C'est que l'argumentation de Foncemagne, si fine, si ingénieuse, si probante, manquait d'une base indiscutable, palpable; c'est que, si les raisonnements les plus solides, les remarques les mieux fondées, les déductions les plus rigoureuses menaient à conclure en faveur de l'attribution au Cardinal, cependant on n'avait pas une preuve matérielle, écrite, qui fermât décidément la discussion.

Foncemagne avait recherché les manuscrits du *Testament politique*. Il en avait rencontré plusieurs[1]. Mais aucun d'entre eux, même celui du dépôt des Affaires étrangères, ne portait une ligne de la main de Richelieu ou de celle de ses secrétaires les plus habituels. Ce dernier même, qui provenait certainement du cabinet du Cardinal, n'était qu'une copie pleine de fautes et de laquelle on ne pouvait tirer argument suffisant sur la question de l'authenticité.

Le P. Griffet avait bien rencontré dans le fonds Colbert un fragment de la *Relation succincte* qui compose le premier chapitre du *Testament*, avec quelques mots écrits

---

1. Nous avons vu nous-même les manuscrits du *Testament politique* que cite Foncemagne. Nous en avons rencontré d'autres, le tout jusqu'au nombre de sept. En dehors de celui qu'a publié le P. Griffet, nous n'en connaissons pas où l'on puisse reconnaître la main de Richelieu ou de ses secrétaires.

de la main d'un secrétaire du Cardinal[1]. Mais on pouvait objecter encore que cette narration formait un tout indépendant ; que son authenticité ne pouvait suffire à établir celle du corps de l'ouvrage et que sa publication en tête du *Testament* n'avait servi qu'à rendre plus acceptable la fraude des éditeurs.

Aujourd'hui, pour la première fois, cette preuve matérielle, que Foncemagne eût été si aise de rencontrer, va être livrée au public. Sur les feuilles de notre document, où l'on ne rencontre guère que l'écriture du Cardinal et de ses principaux secrétaires, et dont l'authenticité est absolument indiscutable, en marge de ces feuilles, le mot *Testament*, ou quelqu'un des titres des chapitres de ce livre, comme *Conseil, Guerre, Négociation*, se rencontrent à chaque instant. Les passages du texte en face duquel ces mots sont écrits sont toujours barrés. Des signes de renvois indiquent qu'ils ont été transportés ailleurs : et on les retrouve, en effet, à peine modifiés dans la forme, absolument semblables pour le fond, dans la rédaction définitive du *Testament politique*.

C'est là un procédé dont le cardinal de Richelieu était coutumier. Dans les excellents articles que M. Avenel a consacrés à l'étude de la formation des *Mémoires*[2], il a relevé des mentions du même genre sur une foule de pièces dont des extraits ont été reproduits dans cet ouvrage. La main anonyme qui faisait ces mentions, qui indiquait ces extraits, M. Avenel l'a bien connue et l'a désignée sous le nom de *main du secrétaire des « Mémoires »*. C'est cette même main que nous retrouvons en marge des feuilles qui ont servi à la rédaction du *Testament politique*.

Que si tant de rapprochements si clairs ne suffisaient

1. Ce fragment est publié en appendice à la fin de l'*Histoire de Louis XIII*, du P. Griffet. Il a été réimprimé dans l'édition du *Testament politique* de 1764. Le P. Griffet avait, selon une erreur commune, attribué au Cardinal l'écriture de Charpentier. Le manuscrit est conservé à la Bibliothèque nationale.

2. Voir *Journal des Savants*, années 1858 et 1859.

pour forcer la conviction, un dernier argument que nous
indiquerons encore l'emporterait probablement.

Quelques autres passages du recueil manuscrit présentent des marques différentes et des signes spéciaux.
On y voit en particulier le mot *employé*, que M. Avenel
indique comme désignant spécialement les passages qui
sont entrés postérieurement dans le corps des *Mémoires*.
Nous les trouvons, en effet, dans cet ouvrage. De sorte
que notre argumentation en faveur du *Testament* se complète de ce dernier rapprochement, que, si les fragments
authentiques et marqués du mot *employé*, avec des signes
de renvois, ont servi pour les *Mémoires*, leurs voisins,
marqués du mot *Testament* avec. des signes de renvois,
étant également authentiques, se trouvant également
dans le texte du *Testament*, sont une preuve indéniable
de l'authenticité de celui-ci.

Je produirai ici deux seuls exemples de ces rapprochements, en avertissant toutefois qu'ils sont extrêmement
nombreux. L'édition qui sera faite de nos documents[1] les
contiendra tous. Les seuls que je citerai seront, j'espère,
suffisamment concluants.

Le fragment 59 s'exprime ainsi : « Il y a certaines
gens qui n'ont point d'action que quand ils sont esmeus
de quelque passion. Sont ceulx que Plutarque dit qui
ressemblent à l'encens, qui ne sent jamais bon que quand
il est dans le feu. » En marge de ce fragment est écrit le
mot *Testament* avec un signe de renvoi Φ, et le passage
lui-même est barré. Or, ce signe de renvoi spécial Φ indique que le passage a dû servir aussi dans une pièce de
politique courante. En effet, nous le trouvons dans un
Mémoire au Roi, que le Cardinal adressa à Louis XIII en
1629[2]. Nous le trouvons, en outre, dans le *Testament
politique* sous la forme suivante : « Estant chose assez
ordinaire à beaucoup d'hommes de n'avoir point d'action

1. Les *Maximes d'État* ont été publiées dans un volume des *Mélanges*
de la collection des Documents inédits de l'Histoire de France.

2. Voir *Mémoires de Richelieu*, t. IV, p. 265, et Avenel, t. VII, p. 195.

que lorsqu'ils sont animés de quelque passion, ce qui les fait considérer comme l'encens, qui ne sent jamais bon que lorsqu'il est dans le feu, je ne puis que je ne dise à Vostre Majesté (Louis XIII) que cette constitution dangereuse à toute sorte de personnes l'est particulièrement aux rois, qui doivent plus que tous les autres agir par raison[1]. » Ainsi ce passage se trouve, dans nos fragments qui sont authentiques, dans un rapport de Richelieu qui est authentique, dans les *Mémoires* qui sont authentiques. Ne faut-il pas conclure à l'authenticité du *Testament* qui le contient aussi?

Le fragment 104 est cette maxime fort simple : « Il faut escouter beaucoup et parler peu pour bien agir au gouvernement d'un Estat. » Le Clerc, dans sa *Vie du cardinal de Richelieu* (t. III, p. 365), fait observer que c'est une de celles qui se trouvaient le plus fréquemment dans la bouche du Cardinal. En effet, comme nous l'indique la note marginale, elle se trouve dans le chapitre *Conseil*, c'est-à-dire du *Conseil du prince*, dans le *Testament politique :* « Comme il est de la prudence du ministre d'Estat de parler peu, il en est aussi d'escouter beaucoup[2]. »

Ces rapprochements, je le répète, pourraient se multiplier. Des pages entières du *Testament* sont sorties de cette préparation première. Leur étude, en même temps qu'elle écartera le doute qui restait sur des œuvres plus importantes, servira à faire pénétrer plus intimement dans le véritable esprit qui présida à la rédaction de notre propre document.

Ainsi, de 1617 à 1630, époque à laquelle se rattachent tous les faits mentionnés dans ces *Fragments politiques*, Richelieu pensait, sinon à rédiger le *Testament* lui-même, du moins à consigner, sous une forme littéraire, les maximes et les observations qui faisaient le fond de

1. *Testament politique*, part. I, ch. vi, t. I, p. 244 de l'édit. de 1764.
2. *Testament politique*, ch. viii, sect. I, t. I, p. 269.

sa politique. Déjà, depuis longtemps, la rédaction des *Mémoires* était mise en œuvre. Peut-être Richelieu ne voulait-il d'abord qu'introduire dans le cours de leur récit les lambeaux qu'il jetait sur ces feuilles, et l'idée de les réunir dans un corps de doctrine ne lui vint-elle que plus tard.

En tout cas, des soins de ce genre prouvent combien étaient vives les préoccupations littéraires qui lui inspiraient ce travail.

S'il est, dans l'ensemble de son œuvre, trop de passages qui sentent le mauvais écrivain, si la lourdeur, et surtout l'afféterie et une recherche excessive s'y rencontrent trop fréquemment, il ne convient pas d'oublier que la responsabilité de leur rédaction ne doit pas retomber toute sur le Cardinal. Bien des secrétaires travaillaient pour lui, et il n'eut pas toujours le temps de revoir et d'achever les parties dont il leur confiait l'ébauche.

Richelieu, d'ailleurs, fit son éducation littéraire à une époque où le pédantisme et le bel esprit étaient de mode. Son contemporain Balzac, qui n'avait pas, lui, le souci de mener le monde, tomba plus d'une fois dans de pareils défauts.

Si le grand Corneille les évita le plus souvent, c'est qu'il était le grand Corneille, et il ne faut pas reprocher trop vivement à Richelieu de n'avoir trouvé le temps que d'être le grand Cardinal.

Je m'arrête. La lecture des documents eux-mêmes en apprendra plus que tout autre commentaire sur les services qu'ils peuvent rendre à l'*Histoire de Richelieu*.

La lumière nouvelle qu'ils jetteront sur son œuvre éclairera aussi l'histoire particulière de l'esprit supérieur qui a accompli de si grandes choses.

Richelieu fut avant tout l'homme de la pratique et de la raison d'État. C'est un trait de son génie politique que son ambition ne l'emporta jamais au delà du possible. Mais il mit tout en œuvre pour l'atteindre.

Son développement a été lent, réfléchi et sûr. Il ne

s'est jamais avancé par bonds; mais jamais non plus il n'a reculé d'un pas. Il a été mûr de bonne heure et il a conservé sa force entière jusqu'à la fin; restant maître de lui, même sur ce pinacle de la fortune où le vertige saisit les plus forts.

Une pareille puissance, une telle pondération, une si grande force, jointes à un calme et à une persévérance si extraordinaires, ont, jusqu'ici, surpris l'histoire. Elle ne s'est pas même appliquée à en examiner les causes et à en étudier les ressorts. Il est de tradition de faire de Richelieu un homme de toutes pièces.

Pour tout le monde, et même pour ceux qui l'ont le mieux connu, pour ses amis et pour ses ennemis, il est l'homme qui, en arrivant au pouvoir, annonce au Roi qu'il a trois desseins en tête : abattre les grands, réduire les huguenots et ruiner la maison d'Espagne. Le reste de sa vie se passe à réaliser ce plan prismatique, à trois faces, aux arêtes aussi vives qu'un cristal.

Grâce aux documents nouveaux qui se produisent tous les jours et à d'autres qu'on doit espérer de rencontrer, on pourra enfin essayer de pénétrer plus avant dans la connaissance de la nature et de l'évolution intime de son génie.

On saura les influences d'éducation et de race qui ont contribué à le former; on saura les leçons qu'il a suivies; on connaîtra ses premiers goûts, ses premières passions, ses premiers pas. Peu à peu l'étude s'élèvera en le suivant lui-même dans des sphères plus hautes. La fréquentation des hommes le forme; la pratique des cours le mûrit. Paris et Rome, les Italiens et les Espagnols, Sully, Villeroy et Concini lui-même lui apprennent tout l'art du parvenir, du demeurer et toutes les lois du bien régner.

La première partie de sa vie est dirigée, incertaine en quelque sorte et sans boussole, par le désir et par le besoin de se faire, dans le monde du temps, un nom et de se créer une situation exceptionnelle.

En même temps qu'il l'obtient, qu'il occupe la pourpre

romaine et le ministère, la théorie politique qui le gui-
dera jusqu'au bout s'élève en lui et l'éclaire. Désormais,
il voit un but supérieur à celui de l'ambitieux vulgaire
qui n'aspire qu'à dominer. Lui veut agir et faire bien.

De ce jour, ceux qui l'avaient aidé dans son ascension
première se séparent de lui. Il s'élève au-dessus d'eux.
Mais plusieurs années sont nécessaires pour qu'il puisse
se détacher de leur suite embarrassante et tenir dans sa
main l'esprit changeant et faible du Roi. C'est dans une
telle lutte que se consume une bonne partie de ses premiers efforts. Au bout de sept ans seulement il peut, si
j'ose dire, dépouiller le vieil homme. La Journée des
Dupes est son triomphe décisif, non pas seulement sur
ses adversaires, mais sur lui-même. En son cœur, la raison d'État a décidément étouffé tout sentiment : soit
religion, soit reconnaissance, soit pitié. Elle plane en lui
comme un aigle solitaire. Toute autre considération se
tait devant la loi du Salut public.

De ce jour, il règne. Dix années encore s'écoulent pendant lesquelles il s'applique uniquement à la réalisation
de ce grand dessein pour lequel il a depuis longtemps
tout préparé : la ruine de la maison d'Espagne. Il a mis
en pratique sa propre maxime : « Qu'une fois les affaires
commencées il les faut suivre d'une perpétuelle conti-
nuité de dessein ; agir ou cesser ne devant être que par
dessein et non pas par relâche d'esprit, indifférence des
choses, vacillation de pensées ou dessein contraire. » Ce
but qu'il touche presque, il tombe avant de l'atteindre.
Mais l'œuvre est faite, et des successeurs qu'il a formés,
qu'il a choisis lui-même n'auront plus qu'à recueillir les
fruits de sa peine. Le règne de Louis XIII se ferme par
un coup décisif : la bataille de Rocroi.

[1881.]

SUR LA PRÉTENDUE DECOUVERTE

D'UN SUPPLÉMENT AUX

MÉMOIRES DE RICHELIEU

*Étude sur un supplément inédit des Mémoires de Riche-
lieu, manuscrit qui, sur la foi de M. Léopold Ranke,
célèbre historien allemand, a passé pour les* Mémoires
du Père Joseph, *par J. Parmentier.* (Paris, Thorin,
1878, 202 p. in-8°.)

Le livre dont nous venons de transcrire le titre a valu
à M. Parmentier le grade de docteur ès lettres. La Faculté
de Paris s'est plu à reconnaître ainsi le mérite d'un professeur laborieux et à récompenser l'effort honorable
qu'il a fait pour éclaircir quelques-uns des points obscurs de notre histoire moderne.

M. Parmentier est, paraît-il, un travailleur opiniâtre.
Parti des rangs les plus modestes du corps enseignant,
il s'est élevé peu à peu jusqu'aux titres d'agrégé et de
docteur. MM. Egger, Himly, Fustel de Coulanges ont
manifesté publiquement leur haute sympathie pour
M. Parmentier, et nous sommes heureux de rappeler ici
les témoignages honorables qui lui ont été accordés par
des bouches si autorisées.

Nous avons assisté nous-même à la soutenance de la
thèse; nous avons recueilli de la bouche même de M. Parmentier des explications et des commentaires qui com-
plètent l'exposé des travaux qu'il a rédigés. Nous avons
remarqué la conscience avec laquelle il travaille, l'esprit

de tolérance qu'il apporte dans la discussion et la bonne foi avec laquelle il accepte les conclusions contraires à celles qu'il se donne tant de peine à établir.

Nous allons présenter sur cette thèse une série d'observations qui ont échappé à M. Parmentier et qui peut-être nous forceront d'adopter une opinion contraire à la sienne.

En 1849, Ranke avait attiré l'attention de l'Académie des sciences morales et politiques sur un manuscrit de la Bibliothèque nationale, où il croyait reconnaître des Mémoires d'État provenant des papiers du P. Joseph. L'historien allemand tirait les raisons de cette attribution de la nature même des pièces qui se trouvent copiées dans ce manuscrit, de la nature des affaires qui y sont traitées, et enfin d'une indication très précieuse extraite des *Memorie Recondite,* de V. Siri. Cet auteur contemporain des événements, d'ailleurs exact et bien renseigné, avait eu ces Mémoires entre les mains et les avait cités plusieurs fois sous le titre de *Registri ms. del Patre Joseffo*[1].

Ces raisons, fortifiées par un examen attentif de l'ouvrage, avaient amené M. Ranke à conclure, dans la manière sobre qui lui est habituelle, à l'existence de Mémoires du P. Joseph. Dès lors cette attribution ne fut guère mise en doute, et tous les travailleurs de seconde main s'empressèrent d'accepter les conclusions de M. Ranke.

M. Parmentier s'est à son tour appliqué à l'étude de ce document important, et voici le résultat de ses recherches : à son avis M. Ranke se trompe ; sa conviction est : 1° Que ce manuscrit est un Supplément des Mémoires de Richelieu ; 2° qu'il a été rédigé en partie pendant la vie du Cardinal, et en partie après sa mort ; 3° enfin, qu'il a été écrit par le même secrétaire dont le cardinal-duc s'était servi pour la composition de ses Mémoires à partir de 1631.

---

1. *Memorie Recondite* (in-4°. Roma-Lione, 1677-1679), vol. VII, p. 756, et VIII, p. 191. Adde, t. VII, p. 762, etc.

Exposer ces conclusions, c'est assez dire l'importance du travail de M. Parmentier. Il est entré là, du premier coup, dans une des questions les plus obscures et les plus débattues de l'histoire moderne, celle de la rédaction des Mémoires de Richelieu.

Pour aborder ce sujet et le traiter avec fruit, il fallait des qualités spéciales et une longue préparation. C'est là une matière de pure érudition. Les élégances du style et l'art de la composition y servent de peu. Par contre on est en droit d'exiger des hommes qui s'appliquent à de telles études une connaissance approfondie de la matière, une minutieuse exactitude dans l'examen des manuscrits, et par-dessus tout un sens critique, solide et droit, dégagé de tout esprit de système et résolu à marcher dans cette recherche sans autre préoccupation que celle de la vérité historique. Nous dirons rapidement quel était l'état de la question au moment où la thèse de M. Parmentier est venue apporter dans le débat un nouvel élément d'examen.

Quand, en 1823, les éditeurs de la collection Petitot purent enfin avoir entre les mains le manuscrit des Mémoires et le publier pour la première fois, la joie qu'ils ressentirent en communiquant au public un texte si important et si précieux les éblouit; un certain nombre de points importants échappèrent à leur attention. Ils virent en gros qu'ils avaient là, sous la main, des Mémoires venant du cabinet de Richelieu; que la rédaction avait toute l'apparence d'être définitive; ils crurent reconnaître, sur les marges du manuscrit, l'écriture du Cardinal; c'était pour eux un certificat d'authenticité et d'originalité incontestable. Ils ne s'inquiétèrent pas de savoir s'il existait d'autres manuscrits; s'il n'était pas possible d'améliorer, en faisant quelques recherches, un texte qui, par endroits, semblait incomplet et défectueux. A la hâte ils donnèrent au public, sous le titre, — arbitrairement choisi par eux, — de *Mémoires du Cardinal de Richelieu*, une reproduction, aussi exacte que

possible, du seul manuscrit qu'ils connussent, du manuscrit en huit volumes des archives du ministère des Affaires
étrangères.

Le public, à son tour, fut trop heureux de la bonne
fortune qu'on lui procurait pour se montrer sévère à
l'égard de cette attribution. Il y avait longtemps que
la rumeur de l'existence de Mémoires de Richelieu cir-
culait. On reconnut dans la nouvelle publication une
largeur de touche, une grandeur de conception, une
explication si intime et si déliée des moindres ressorts de la politique, et une connaissance si vaste et si
large de ses plus hautes combinaisons, qu'on n'eut pas
d'abord l'idée de s'arrêter aux minuties et aux points de
détails. Tous les lecteurs et tous les travailleurs acceptèrent cette œuvre dans la forme et avec l'idée qu'on leur
en avait donnée, et elle devint, à juste titre, la base des
études les plus sérieuses entreprises depuis lors sur
l'époque de Louis XIII.

Cependant quelques érudits remarquèrent de nombreuses incorrections de détails, des lacunes, des trans-
positions; ils songèrent à s'approcher de la source même
du document, à s'inquiéter de l'auteur de la rédaction,
de la fidélité des copistes ou des éditeurs. Ce furent
d'abord les éditeurs de la collection Michaud et Poujoulat. Suivant à la trace les travaux de leurs devanciers, ils
allèrent droit au manuscrit des Affaires étrangères, l'exa-
minèrent, le retournèrent en tous sens; n'y trouvèrent
que peu de choses nouvelles. Ils relevèrent quelques
erreurs, en ajoutèrent quelques autres, mirent quelques
notes nouvelles au bas des pages, remanièrent arbitrairement certains passages inintelligibles et donnèrent
leur nouvelle édition, — peu différente en somme de la
première.

En 1851, M. Ranke adressait à son tour à l'Académie
des sciences morales et politiques une communication
importante. Il avait retrouvé, dans une copie manuscrite

conservée à la Bibliothèque de la rue de Richelieu, un précieux fragment des Mémoires du Cardinal : il publiait ce fragment. Dans un appendice de sa *Franzœsische Geschichte*[1], ce fragment publié de nouveau était accompagné d'une notice où l'historien allemand examinait la question de l'authenticité des Mémoires. La solution qu'il proposait, appuyée sur d'ingénieuses conjectures, était formulée dans le sens affirmatif; mais M. Ranke n'avait pas vu les manuscrits originaux; sa dissertation ne pouvait être encore définitive.

Quelques années plus tard (1857), M. A. Champollion-Figeac, étonné de ne rencontrer que rarement dans les Mémoires de Richelieu le nom du président Molé dont il publiait les Mémoires, en vint à se prononcer contre l'authenticité de ceux attribués à Richelieu. Il s'appuyait sur ce fait important, et sur lequel il insistait pour la première fois, que le cours du récit était le plus souvent emprunté à des relations provenant de différents personnages mêlés aux affaires du temps. Pour lui donc, il n'y avait dans l'œuvre attribuée au Cardinal qu'un travail de compilateur. Il poussait son opinion jusqu'à cette affirmation absolument erronée que Mézeray était le véritable auteur de la partie des Mémoires publiée en 1730 sous le nom d'*Histoire de la mère et du fils*.

Excellente en quelques points, l'argumentation de M. Champollion laissait à désirer sur beaucoup d'autres. Il fallait qu'un homme plus spécialement adonné aux études relatives à Richelieu reprît de nouveau cette question. C'est ce que M. Avenel ne tarda pas à faire, dans un excellent travail qui parut au *Journal des Savants* (années 1858 et 1859). L'éminent éditeur des *Lettres, Instructions diplomatiques et papiers d'État* du cardinal de Richelieu avait plus que personne compétence pour s'occuper de la question. Il lui a fait faire un pas décisif.

---

1. Édit. de Stuttgard, 1861, V⁰ vol., p. 129.

Son travail a déblayé le terrain, il est la base de toute étude sérieuse sur les Mémoires de Richelieu. M. Avenel annonce tout d'abord l'existence aux Affaires étrangères d'un autre manuscrit original des Mémoires. Ce nouveau manuscrit est une première rédaction, plus complète, plus intéressante que la seconde, seule connue par les éditeurs.

Sur ce manuscrit qu'il désigne par la lettre A, M. Avenel relève à chaque instant les traces de l'œuvre de rédaction et de composition des Mémoires. Aidé par la connaissance toute particulière qu'il avait de l'écriture de Richelieu et de ses secrétaires, il en vient à conclure après un examen attentif :

1º Que les Mémoires de Richelieu ont été rédigés dans son cabinet et sur des pièces diplomatiques arrangées et préparées dans ce but, dont la plus grande part a été fort heureusement conservée jusqu'à nous.

2º Que le manuscrit A est un fragment important d'une première rédaction des Mémoires, dans laquelle les pièces originales qui ont servi à la rédaction sont à peine fondues, de sorte qu'on peut suivre à la trace la série des remaniements par lesquels elles ont passé avant d'entrer définitivement dans la composition générale de l'œuvre.

Ce manuscrit A est donc d'une importance de premier ordre; bien des passages précieux supprimés plus tard se retrouvent intacts dans ce manuscrit. Le copiste du manuscrit définitif B a commis bien des erreurs qu'on peut relever et corriger au moyen de A.

3º Mais A lui-même n'est pas sans défauts. Au contraire; les fautes y abondent comme dans B. L'intervention personnelle de Richelieu, qui est évidente pour le travail de réunion des pièces[1] et pour leur arrangement, est plus

---

1. Je ne puis que renvoyer aux passages très importants cités par M. Avenel, *Journal des Savants*, 1858, p. 159 et suiv., p. 171, etc. La plupart de ces textes sont extraits des mss. des Mémoires ou de la Correspondance du Cardinal.

obscure et plus douteuse s'il s'agit de la rédaction. C'est
à peine si M. Avenel croit pouvoir relever dans le cours
de ces énormes volumes in-folio *un mot* ou *deux* écrits de
sa main. Celle même de ses secrétaires ordinaires ne se
remarque que rarement. La masse des corrections, des
additions qui se trouvent sur l'un et l'autre des manuscrits est d'une écriture que M. Avenel ne connaît pas. Il
qualifie le personnage anonyme qui a tout revu, tout re-
manié, du nom de Secrétaire des Mémoires. D'ailleurs ce
travail de révision a été lui-même si mal fait, l'incurie
des copistes a été si grande que M. Avenel ne craint pas
de conclure en ces termes : « *Si Richelieu est bien l'auteur de ces Mémoires, au moins n'en a-t-il jamais lu le
manuscrit; au moins, n'a-t-il lu ni l'un ni l'autre des
deux originaux que nous avons aux Affaires étrangères,
et l'on peut considérer comme un fait incontestable qu'il
n'y en a jamais eu d'autre écrit sous ses yeux*[1]. »

Ce n'est pas tout ; à la suite de ces remarques capitales
sur les textes originaux, M. Avenel s'était mis en quête
d'autres manuscrits ; il en signalait six nouveaux, tous
copies du xvii° siècle, tous fragmentaires ; mais parmi
lesquels celui que M. Ranke avait connu avait une réelle
importance, puisqu'il donnait un passage qui manquait
dans l'un et l'autre des manuscrits des Affaires étrangères.

Si décisif que fût le travail de M. Avenel, si excellentes
que fussent ses remarques et ses conclusions, il restait
encore à glaner après lui. C'est ainsi qu'un certain nombre
de manuscrits importants des Mémoires ont échappé à
ses recherches ; nous citerons tout d'abord celui qui ren-
ferme la copie de la première partie des Mémoires, qui
faisait partie des papiers de Mézeray. C'est d'après ce
texte qu'a été faite au xviii° siècle la première édition
fragmentaire des Mémoires de Richelieu, sous le nom

---

1. Février 1859, p. 124.

d'*Histoire de la mère et du fils*. Plusieurs fois on l'a cru perdu; plusieurs fois on l'a revu; mais, en définitive, ni les éditeurs des Mémoires, ni M. Avenel ne l'ont eu entre les mains; il n'est cependant point sans importance; car c'est dans ce volume qu'on trouve la seule trace manuscrite des premières pages des Mémoires, pages dont l'authenticité a été plus d'une fois mise en doute. Les éditeurs avaient reproduit ce fragment d'après l'édition de Hollande de 1730. On a aujourd'hui le manuscrit même qui a servi à établir cette édition. Il est conservé à la Bibliothèque nationale sous le n° 20795 du fonds français, dans un volume in-folio, composé de pièces relatives au règne de Louis XIII, qui toutes proviennent du cabinet de Mézeray. Il occupe les pages 101 à 294 de ce volume; une note manuscrite collée en tête nous apprend qu'il a été copié sur un original conservé en *cahiers* dans la Bibliothèque du roi. Cette mention ne semblera point sans intérêt, si l'on veut bien se souvenir que la première rédaction des Mémoires de Richelieu a été faite sur des *cahiers séparés*, reliés postérieurement dans le manuscrit A de M. Avenel.

Nous signalerons encore un autre manuscrit fragmentaire des Mémoires de Richelieu. C'est le n° 15624 du fonds français de la Bibliothèque nationale; nous en devons la connaissance à la bienveillante indication de M. Deprez, conservateur au cabinet des manuscrits. Une circonstance particulière l'a fait échapper aux recherches antérieures : c'est qu'il porte un titre faux et que ce titre s'est trouvé tout naturellement reproduit au catalogue. Voici ce titre copié exactement sur la première page du volume : « *Journal des Mémoires de Monsieur de Sainct-Malo ès années 1631-1632 et 1633 (Volume 2ᵉ)*. » Le P. Lelong avait connu ce manuscrit et l'avait mentionné sous le n° 31502 de sa Bibliothèque historique, comme se trouvant parmi les manuscrits du président Harlay. Il provient de Saint-Germain-Gèvres et portait

dans ce fonds le n° 44. C'est un volume in-folio de 586 feuillets, copié d'une écriture du xviie siècle.

Ce manuscrit a dû être plus complet originairement ;
l'indication de *2e volume* qu'il porte en est la preuve ;
le 1er volume a échappé à nos recherches ; il a même dû
exister un 3e volume, comme nous le verrons tout à l'heure.

Quant à la fausse attribution de *Mémoires de M. de
Sainct-Malo*, il n'est pas facile de déterminer la cause de
cette erreur ; on sait que les Mémoires de Richelieu ne
portaient pas de titre. Les rédacteurs eux-mêmes qui prétendaient faire une *Histoire* plutôt que des *Mémoires* donnaient pourtant à leur travail l'un ou l'autre de ces noms
indifféremment. Le nom même de *Journal* se trouve assez
fréquemment pour le désigner en tout ou en partie. Richelieu, d'ailleurs, ne faisait pas le mystère autour de l'œuvre
qu'il entreprenait. Tous ceux qui l'approchaient de près
savaient qu'il écrivait une *Histoire*, les uns pour y avoir
aidé en lui fournissant des relations, les autres pour en
avoir copié ou fait copier des fragments. C'est ainsi que
Dupleix, Vialart, Mézeray se servirent des Mémoires du
Cardinal, que l'abbé de Cerisy les indiqua clairement
dans son discours funèbre[1], que Séguier, Dupuy, le
prince de Condé, le président Harlay et bien d'autres
probablement en firent prendre des copies. C'est probablement ce que fit l'évêque de Saint-Malo, auquel notre
volume est attribué. C'était, à cette époque, Harlay de
Sancy, amateur, lettré, d'ailleurs dans la confidence de
Richelieu ; il avait aussi travaillé pour le Cardinal, et en
plusieurs circonstances, — évêque de conscience assez
large, sa vie est un roman peu édifiant, — il avait prêté
au grand politique le secours de favorables consultations
théologiques. Qu'en échange de ces bons offices Richelieu lui ait communiqué les parties les plus intéressantes
de ses Mémoires ; que l'évêque de Saint-Malo en ait fait

1. Voir Ranke, *Franz. Gesch.*, t. V, p. 153.

prendre copie; que cette copie anonyme se soit trouvée
dans ses papiers; qu'on ait cru y voir des Mémoires de
M. de Saint-Malo, c'est là un enchaînement de faits très
naturels et que personne ne se refusera à admettre.

Il n'était pas inutile d'entrer en quelques détails sur
ce point de bibliographie; car la connaissance de ce manuscrit nous amène à la découverte d'un fait singulier.
Personne n'ignore la grande autorité dont jouit dans tout
le xviie et le xviiie siècle le livre de Vittorio Siri, les
Memorie Recondite; un peu abandonné depuis la publication des Mémoires de Richelieu, il avait été jusque-là
le fonds même de toute histoire sérieuse du règne de
Louis XIII. On savait vaguement que cet auteur, pen-
sionné par le duc d'Orléans Gaston, avait été bien renseigné. Les contemporains faisaient le plus grand cas de
sa science et de son jugement[1]. On disait qu'il avait travaillé sur de bons mémoires. Or, quels sont ces mémoires?
Nous avons vu tout à l'heure qu'il connaissait les registres
manuscrits du P. Joseph; nous pouvons ajouter maintenant qu'il avait entre les mains, — sans le savoir, — les
mémoires mêmes du cardinal de Richelieu. En effet, il
arrive fréquemment que V. Siri donne à ses lecteurs les
plus longs détails sur ce qui se passait dans les conseils
du roi; il expose tout au long les délibérations sur les
affaires les plus graves. D'où tire-t-il des renseignements
si précieux et si bien circonstanciés? Il nous le dit lui-
même plusieurs fois en marge de son livre : de l'*Historia
ms. del Vescovo di S. Malo*[2]. Examinons le récit lui-même
et comparons-le aux Mémoires de Richelieu. Le premier
est une reproduction du second : par exemple, le 18 décembre 1633, il y a une délibération dans le conseil sur
le sujet du retour de la reine mère et de Monsieur; Riche-

1. Voir en particulier Guy Patin. Édit. Reveillé-Parise, I, 263; II, 7.
La bibl. de Leclère. Lenglet-Dufresnoy, *Méthode pour étudier l'histoire*,
t. IV, p. 94, etc.
2. Voir t. VII, p. 586, 710, 762, etc.

lieu donne son avis en ces termes : « Qu'elle avait jusqu'ici témoigné avoir une mauvaise volonté contre l'État ; que le roi, auparavant qu'elle se retirât de France, lui avait offert toutes sortes de conditions d'accommodement, etc.[1]... » V. Siri traduit mot pour mot : « Che fino all' hora la regina madre haveva sbottato una prava volontà contra lo Stato. Che prima di fuggire di Francia le havesse il re offerto ogni sorte di conditione d'accordo[2]... », et ainsi de suite ; la délibération y est tout entière ; en marge, l'auteur renvoie aux mémoires manuscrits de l'évêque de Saint-Malo. La chose maintenant est hors de doute. V. Siri a connu, au moins en partie, les Mémoires du cardinal de Richelieu ; c'est de là, comme de tant d'autres pièces curieuses à lui communiquées, qu'il a tiré ces nombreux et précieux renseignements qui font de son livre, non pas un recueil d'anecdotes curieuses, comme l'a cru M. Parmentier, mais bien un des documents les plus solides et les plus autorisés de l'histoire de France dans la première moitié du xviie siècle.

Il n'est pas inutile d'ajouter ici, pour compléter l'étude du nouveau manuscrit des Mémoires qui se cache sous le titre d'*Histoire de M. de Saint-Malo*, que V. Siri nous fournit à son tour la preuve que ce manuscrit a dû avoir un 3e volume. En effet, à la page 762 du tome VII de ses *Memorie*, la note marginale qu'il écrit à l'occasion des négociations entre la reine mère et la cour, au mois de février 1634, est ainsi conçue : « Historia ms. del Vescovo di S. Malo *dell' anno 1634.* » Donc, Vittorio Siri a connu le récit de l'année 1634 dans le manuscrit des Mémoires. Or, le volume unique que nous possédions, le tome II, s'arrête à l'année 1633 ; donc il existait un 3e volume. Et si nous jugeons des deux volumes qui nous manquent par la proportion de celui que nous avons sous les yeux, ce

1. Michaud et Poujoulat, t. VIII, p. 494.
2. T. VII, p. 710.

nouveau manuscrit devait comprendre dans son ensemble le récit d'environ dix années du ministère du Cardinal.

Il est d'autres points encore sur lesquels le travail de M. Avenel demanderait à être complété, et sur lesquels une étude attentive des manuscrits et des pièces originales qui ont servi à la rédaction pourrait apporter plus d'un éclaircissement. Nous avons dit que nos grands dépôts publics, et en particulier les archives du ministère des Affaires étrangères, avaient conservé jusqu'à ce jour la plupart des documents qui forment, en quelque sorte, le gros œuvre des Mémoires du cardinal de Richelieu. Ces collections ne sont pas composées seulement, comme on pourrait le croire, de documents diplomatiques, de lettres, de traités ou de pièces ayant originairement un but autre que celui de servir à la composition d'un récit historique. Le Cardinal profitait de sa situation exceptionnelle pour réunir de toutes mains des morceaux d'une nature absolument différente. A tous les hommes politiques avec lesquels il était en rapport, il demandait de dresser pour lui les *Relations* des événements auxquels ils s'étaient trouvés mêlés. On trouve dans la Correspondance du Cardinal des traces si nombreuses du fait que nous constatons qu'il est inutile d'y insister plus longtemps[1]. Les d'Estrées, les Tillières, les d'Effiat, les Feuquières, les La Valette, les Charnacé, et combien d'autres s'empressaient, pour satisfaire aux désirs du ministre, de dresser, de la même plume qui écrivait tant de dépêches diplomatiques excellentes, des récits non moins excellents, non moins substantiels, non moins exacts des événements politiques dont ils avaient été les témoins ou les acteurs. Ces relations, remises au Cardinal, ont servi à la composition des Mémoires; mais si la

---

1. Voir les textes cités par M. Avenel, auxquels nous avons renvoyé plus haut. M. Avenel n'a pas ignoré ce travail singulier d'où sont sortis les Mémoires de Richelieu. Il l'indique (p. 167a°, 858); mais pour un seul passage seulement, et il est bien loin de donner à cette pensée tout le développement qu'elle mériterait à bon droit.

plupart d'entre elles sont restées ensuite cachées et enfouies, en quelque sorte, dans la masse énorme des papiers qui dort depuis si longtemps dans nos archives, quelques autres plus heureuses ont vu la lumière, soit que leurs auteurs en aient conservé dans leurs cabinets des doubles, que leur famille a publiés après leur mort; soit que quelques-unes de ces pièces aient eu la bonne fortune de sortir autrefois des papiers du Cardinal et de tomber entre les mains des érudits et des curieux. On a pu, même au xviiie siècle, faire un recueil composé en grande partie de ces mémoires[1]. Les éditeurs de cet ouvrage n'ont pas ignoré le caractère particulier que nous venons de signaler; seulement, comme s'ils eussent craint d'en dire trop au public, ils ont gardé un silence prudent sur la manière dont ces pièces curieuses étaient venues entre leurs mains. Aujourd'hui nous savons d'où elles viennent, nous savons quelle a été la cause de leur rédaction, nous savons à quoi elles ont servi, nous pouvons en trouver souvent les doubles dans les papiers du Cardinal, nous pouvons y étudier les nombreuses sœurs que leur ont données l'insistance de Richelieu et l'exacte complaisance de ses amis politiques; enfin, nous avons sous les yeux le monument historique pour lequel ces œuvres importantes devaient servir et ont servi de matériaux. Or, rien n'est plus étonnant, plus étrange que le sans-gêne avec lequel les Mémoires de Richelieu ont pillé les récits faits de mains étrangères et, — puisque c'est le mot consacré en cette matière, — ont pris leur bien où ils l'ont trouvé. On a copié mot pour mot des passages considérables, quelquefois tout l'exposé d'une affaire, des portraits, des jugements. On a copié, et on a mal copié; on a quelquefois fait dire au Cardinal tout le contraire de sa véritable pensée; d'une page à l'autre des

1. *Mémoires particuliers pour servir à l'histoire de France sous le règne de Henri III, Henri IV et Louis XIII*, 3 vol. in-12. Paris, Didot, 1766.

jugements pour et contre se produisent, sur une même affaire et sur un même personnage. Personne, jusqu'ici, ne s'est demandé la cause de ces singulières divergences; c'est que le copiste inintelligent a transcrit exactement les relations qu'on lui avait fournies et qu'il a donné la pensée de Tillières, d'Effiat, ou de tout autre, au lieu de suivre celle du cardinal de Richelieu. Par contre, la sagacité des historiens et des critiques s'est trompée plusieurs fois et a fait au Cardinal l'honneur de certains passages excellemment traités, qui ne sont pas de lui; là encore c'est le copiste seul qui a travaillé. Le Cardinal n'avait fait que demander la relation et l'envoyer au cabinet où se traitait la rédaction des Mémoires. Ce n'est pas seulement sur la fin de la vie du Cardinal, alors que les grandes affaires de la politique extérieure et intérieure absorbaient les derniers efforts d'un esprit épuisé et d'un corps mourant, que ces procédés de rédaction nous apparaissent. On les rencontre dès les premières pages des Mémoires. On peut les suivre pendant tout le cours de leur développement.

Or, relever avec soin toutes les traces de ces emprunts faits à d'autres récits, établir pièces en main la part réelle du Cardinal dans la composition de l'œuvre; séparer le vrai d'avec le faux, trier les erreurs; dire « ceci est de Richelieu », cela n'est « pas de lui », c'est là encore un travail dont personne ne niera l'utilité; M. Avenel ne l'a pas fait et ne pouvait pas le faire; il arrivait le premier, il allait au plus important et au plus pressé; mais on pouvait songer à le reprendre après lui. Ce travail, nous le savons, doit être long et pénible. Il faudra, pour le mener à bonne fin, remuer la masse énorme des documents que les archives des Affaires étrangères ont héritée du cabinet du Cardinal. Mais qui ne voit la lumière que cette étude apportera non seulement sur la question de la rédaction des Mémoires, mais sur toute l'histoire du règne de Louis XIII? Il permettra de distinguer les

mérites si divers et si variés des hommes qu'employait
le Cardinal; il nous montrera, par la comparaison de ces
relations avec les instructions du ministre lui-même, la
part de direction et d'action qui, dans chaque affaire,
revient de droit soit à Richelieu, soit aux hommes qui
agissaient sous lui. Il nous apprendra souvent l'état des
rapports qui régnaient entre les uns et les autres; les
causes de la faveur et de la défaveur, les diverses vicissitudes des affaires et les destinées différentes des personnages qui y étaient employés.

Décidé à suivre nous-même cette voie lente et pénible,
nous n'avons pas été peu surpris, lorsque nous avons vu
M. Parmentier en prendre une autre plus rapide, il est
vrai, mais aussi plus hasardeuse. Des nombreux manuscrits des Mémoires de Richelieu que nous avons indiqués
plus haut, M. Parmentier n'en a point connu un seul; des
difficultés que soulève leur étude, il ne s'est point préoccupé un seul instant. Ses renseignements sur la matière
se résument, à peu de chose près, aux travaux de
M. Avenel. Ne connaissant qu'eux, il les a mal connus;
dans les articles de M. Avenel et dans ses notes sur la
Correspondance, il a vu quelquefois ce qui n'y était pas,
et souvent il n'a pas vu ce qui s'y trouvait. Il s'est exposé
à prendre le Pirée pour un homme, et les fausses conclusions qu'il a tirées plus d'une fois de l'examen super-
ficiel de ces travaux de seconde main l'ont amené à se
tromper à son tour dans l'étude du manuscrit unique
qu'il a consulté. Ainsi (p. 123), quand M. Parmentier
veut nous donner une idée du mode de rédaction des
Mémoires, il en est réduit à copier textuellement un passage de l'article de M. Avenel. Ailleurs, M. Parmentier
s'occupe d'un manuscrit du fonds Saint-Germain « qui
contient les années 1631, 1632 et 1633 seulement et qui,
dit-il, a été copié sur le manuscrit A des Mémoires »
(p. 48). Il en parle, bien entendu, sans l'avoir vu : c'est
ce qui nous explique son erreur. Ce manuscrit, en effet,

n'a point été copié sur le manuscrit A, mais bien sur le manuscrit B, et c'est ce que M. Avenel a dit, un peu obscurément il est vrai, en ces termes, « qu'il avait été copié sur le manuscrit des Affaires étrangères ».

M. Parmentier cite plus loin (p. 169), toujours d'après M. Avenel, un manuscrit des Mémoires de Richelieu, allant de 1609 à 1630. Mais M. Avenel lui-même déclare ne pas connaître ce manuscrit qu'il indique sur la foi de P. Lelong; et il semble même douter de son existence.

Plus loin encore (p. 170), M. Parmentier, désirant appuyer une hypothèse aussi originale que peu fondée, à savoir que Richelieu avait conçu d'abord le plan de ses Mémoires comme séparé en deux parties, l'une pour les affaires extérieures, l'autre pour les affaires intérieures, donne une preuve à l'appui : c'est qu'il existe un manuscrit qui ne se rapporte qu'à l'histoire intérieure seulement[1]. Si M. Parmentier eût vu ce manuscrit, il se fût bien rendu compte qu'il s'agit là d'un travail personnel et propre à l'abréviateur, que ce travail a été fait en 1652, dix ans après la mort du Cardinal, et qu'il n'est nullement « permis de croire que c'est une copie d'un original qui renfermait *les choses de France seulement* ».

Si M. Parmentier eût étudié les manuscrits des Mémoires et les pièces qui leur ont servi de matériaux, il eût évité encore probablement la téméraire prétention de mettre à la légère un nom sur l'anonyme annotateur que M. Avenel avait désigné seulement sous le titre de Secrétaire des Mémoires. M. Avenel avait, certes, une grande expérience des hommes et des choses relatives au temps de Richelieu. Il s'est tenu sur la réserve[2]; je crois que

1. C'est le ms. Dupuy, n° 767.
2. M. Parmentier (p. 187) attribue cette rédaction au P. Ange de Raconis. Il avoue d'ailleurs qu'il n'a pu trouver sur ce personnage aucune espèce de renseignement. Il suffisait pourtant d'ouvrir le premier volume venu de Bibliographie des Capucins (voir Wadding et Denys de Gênes, *Bibliotheca scriptor. ordin. sancti Francisci.* Gênes, 1691, p. 22). M. Avenel lui-même parlait de ce frère Ange (t. II, p. 135).

cette attitude est la meilleure à garder d'ici à longtemps, et qu'il faudra de bien minutieux travaux pour parvenir à dégager quelque chose de fixe et de certain en une matière aussi délicate.

Il faut bien reconnaître d'ailleurs que, pour entrer dans l'étude que se proposait M. Parmentier, la connaissance même des manuscrits de Richelieu ne suffisait pas. Depuis plus de deux siècles il a été fait sur cette époque bien des travaux solides et on trouve dans les livres imprimés bien des renseignements non moins sérieux et plus faciles à réunir. Qui croirait que M. Parmentier ne s'est pas préoccupé davantage de cette recherche que de la première! La bibliographie du sujet lui est, on peut le dire, totalement inconnue : V. Siri est un des adversaires directs qui s'opposent formellement à sa thèse sur le soi-disant supplément des Mémoires. M. Parmentier avoue qu'il n'a jamais lu ses œuvres, et il le qualifie (p. 198) d' « auteur d'anecdotes curieuses »; en dehors de l'histoire de Louis XIII par Bazin, pour laquelle M. Parmentier professe un dédain peu justifié, la meilleure histoire de ce règne que nous ayons est, sans contredit, celle du P. Griffet. Il a connu bien des documents originaux que seul il a employés jusqu'ici; le premier il a donné un supplément inédit des Mémoires, réimprimé après lui sous le titre de *Narration succincte*. Il est, je l'avoue, lourd, pédant et ennuyeux; mais il a du sens et de la bonne foi; M. Parmentier n'a jamais lu le livre du P. Griffet.

Il s'étend (p. 92 et suiv. de sa thèse) sur les relations de Richelieu avec Wallenstein; mais il ne connaît ni l'*Histoire de Wallenstein* par Ranke, ni même celle de

Il l'a confondu avec son frère Abra de Raconis, évêque de Lavaur. Je ne vois, pour moi, aucune raison de faire intervenir ce bon Père dans la rédaction des *Mémoires* du cardinal de Richelieu. C'était un esprit médiocre qui s'occupa beaucoup de controverse; on trouve plusieurs lettres de lui dans les archives du ministère des Affaires étrangères.

notre Sarrazin; il ne cite pas une seule fois les précieux
Mémoires pour servir à l'histoire de Richelieu, publiés
par Aubery, où il eût trouvé tant de passages importants
pour établir la véritable théorie de la rédaction des Mémoires; il ignore Balzac, Mourgues, Leclère, Guy Patin,
qui tous importaient à son sujet; il n'a pas lu les *Négociations de Feuquières*, sans quoi il eût remarqué probablement que, parmi les passages relatifs à Wallenstein,
dont il croit donner la primeur, le plus important peut-
être était emprunté presque textuellement à une lettre
de Feuquières adressée au P. Joseph et publiée depuis
plus de cent ans[1].

Que dis-je? Ce manuscrit même qu'il étudie, ce manuscrit qu'il considère comme un fragment des Mémoires
de Richelieu, ce manuscrit qui fait tout l'objet de sa
thèse, autour duquel devaient se concentrer tous ses
efforts, M. Parmentier l'a mal connu. A propos de ce
document, M. Parmentier fait quelque part à M. Ranke
un reproche cruel : « Sainte-Beuve, dit-il, a écrit que
rien n'aidait à parler d'un livre comme de l'avoir lu; on
pourrait retourner la pensée et l'appliquer à M. Ranke :
rien n'empêche de parler d'un livre comme de ne l'avoir
pas lu ou de l'avoir lu sans attention »; et plus loin,
comme si le coup n'était pas assez fort, M. Parmentier
ajoute : « M. Ranke, on vient de le voir, ne sait pas ce
qu'est le manuscrit dont il parle[2]. » Il était hardi d'adresser de tels reproches à un écrivain aussi sérieux que
M. Ranke. Avant de les formuler, M. Parmentier eût dû
s'assurer qu'ils ne pouvaient, en aucune façon, retomber
sur sa tête.

Je ferai d'abord un reproche général à M. Parmentier.
C'est de n'avoir pas donné à ses lecteurs la description
du manuscrit qui faisait à lui seul tout le sujet de sa

1. Voir *Lettres et négociations de Feuquières* (Amsterdam, 1753), t. II,
p. 215.
2. P. 25 et 27.

thèse. Peut-être que, s'il se fût appliqué à ce travail, il eût été amené à relever quelques détails qui lui ont échappé, et qui ne sont pourtant pas sans importance pour la recherche qu'il se proposait d'entreprendre. J'essaierai de combler cette lacune. Ce sera pour le lecteur une occasion d'entrer de plus près dans la connaissance du manuscrit et de remarquer l'absence de méthode avec laquelle a été conduit le travail de M. Parmentier.

Le manuscrit se compose de quatre volumes petit in-folio, reliés en maroquin rouge, aux armes de Béthune. Chacun de ces volumes porte aux quatre coins des plats et sur le dos de la reliure les deux P entrelacés qui indiquent le nom de Philippe de Béthune. Sur le dos du premier, le relieur a mis ce titre : *Mémoires du Règne du Roy Louis XIII, de l'an 1634;* sur le dos du second, il a marqué : *Suite de l'histoire de l'année 1634;* sur le troisième : *Mémoire du Règne du Roy Louis XIII en l'an 1635;* sur le quatrième : *Histoire manuscrite de l'année 1636.* Sur les pages blanches qui se trouvent en tête de chacun des volumes, on lit les anciens numéros du fonds Béthune : 9246-9247-9248-9249. Tout en tête, une indication qui semble de même origine : « *Louis XIII, vol. 45-46,* etc. »

Aucun des volumes ne porte de titre général manuscrit; mais en tête de chacun d'eux on lit l'indication de l'année dont l'histoire est traitée à la suite. Ils sont généralement paginés par folios, avec quelques erreurs dans la numérotation. En gros, ils sont tous écrits de la même main, main nette et élégante d'un copiste du XVIIe siècle, qui semble avoir travaillé beaucoup pour M. de Béthune; car cette écriture se retrouve souvent parmi les volumes de sa collection. Dans notre manuscrit en particulier, elle a subi différentes transformations : tantôt plus rapide et plus pressée, tantôt plus lente et plus large; elle prend cependant un caractère assez uniforme à partir de la deuxième moitié du premier volume. Il n'est pas inutile

de remarquer ici que, malgré l'habitude assez grande
que j'aie des papiers du cardinal de Richelieu, je n'ai
jamais eu l'occasion de la rencontrer parmi les documents
qui proviennent du cabinet de celui-ci. Cette écriture,
d'ailleurs, n'est pas la seule que l'on remarque dans notre
manuscrit. Il eût été intéressant pour M. Parmentier
d'observer qu'on trouve quelquefois des corrections faites
d'une autre main. Cette fois ce n'est plus l'écriture d'un
copiste; elle est tremblante et peu assurée; les corrections qu'elle introduit, fort peu nombreuses d'ailleurs,
portent sur les erreurs de transcription échappées trop
souvent au premier écrivain; ces erreurs ne sont pas
toutes corrigées, tant s'en faut. Je trouve en particulier
des traces de cette intervention étrangère dans le tome I,
au folio 42, où les mots d'une pièce en italien mal trans-
crits par le copiste ont été rétablis; je la retrouve encore
dans le volume II; aux folios 84 et 85, plusieurs mots
sont encore corrigés, entre autres des mots en espagnol;
au folio 87, cette main a écrit en marge sept ou huit
mots; c'est la trace la plus importante de son apparition
que j'aie rencontrée en feuilletant les volumes; je la revois
encore au folio 103, etc. L'apparition de cette écriture
est trop rare, les corrections qu'elle introduit trop peu
importantes pour que l'on puisse déterminer facilement
quel est l'auteur de ces annotations, et quel rôle il a joué
dans la rédaction ou dans la transcription du manuscrit.
Je dois cependant insister encore sur ce fait qu'il n'y a
pas le moindre rapport entre cette écriture et celle de
l'annotateur anonyme des Mémoires de Richelieu, que
M. Avenel appelle le Secrétaire des Mémoires. Quand
M. Parmentier, interrogé sur le point de savoir si l'on
avait affaire à un original ou à une copie, répondit avec
hésitation que c'était une copie « comme les Mémoires
de Richelieu », il donna une preuve de plus qu'il n'avait
pas vu le manuscrit des Affaires étrangères et qu'il
n'avait pas même étudié le sien avec attention.

Entrons maintenant dans l'examen de la composition même de l'œuvre. M. Ranke a déjà remarqué qu'elle se divise en deux parties ; la première, beaucoup plus étendue et plus développée, occupe les trois premiers volumes. Elle comprend l'histoire des années 1634 (2 vol.) et 1635 (1 vol.). La deuxième partie occupe le quatrième volume et traite dans des proportions beaucoup moins importantes des années 1636-1637 et 1638 jusqu'au mois de novembre.

Le caractère le plus frappant de ce travail, c'est qu'il ne s'agit point ici d'une œuvre qui soit complète et se suffise à elle-même. Dès les premiers mots, l'auteur nous avertit qu'il n'entend faire qu'un *supplément :* « Je commence le supplément de cette année par l'affaire la plus considérable qui fut en France, outre que c'est aussy la première dans l'ordre de mes mémoires et du temps : l'absence de M. frère de Sa Majesté. » Un second trait qui frappe dans la lecture de cette première phrase, c'est que l'auteur travaille sur des *mémoires*, et l'on verra plus tard que ces *mémoires* lui ont été « fournis ». Jusqu'à la fin de son travail, l'auteur conserve cette double préoccupation d'avertir le lecteur qu'il ne fait qu'un supplément et qu'il travaille sur des pièces qui lui sont mises entre les mains. Voici la phrase importante qui ferme le quatrième volume :

« Je finis en novembre ce travail, qui est le même mois où finissent les mémoires qu'on m'a fournis. J'attends les autres pour achever, afin de rendre ce service au public, en luy conservant avec ma plume le secret des plus belles affaires qui se soient passées dans l'Europe. »

La composition générale de l'œuvre répond bien à l'intention de l'auteur. C'est plutôt un recueil de pièces mises bout à bout, « selon l'ordre des temps », qu'une rédaction suivie et complète. On voit bien à première vue que, dans l'ordre où ses mémoires se trouvaient classés, le travailleur anonyme les a copiés, ou résumés à son tour, sans se préoccuper beaucoup de l'exactitude, sans examiner de très près la date réelle des faits, sans s'appliquer à relier par un fil, si léger qu'il fût, la série des événements. Nous devons ajouter enfin que ce travail semble au premier abord incomplet en tête et en queue; mais il est à croire qu'il n'a jamais eu d'autre début, car le manuscrit du fonds Béthune qui le précède dans l'ancien classement est d'un autre format, et quoiqu'il traite de sujets analogues, il semble faire partie d'une œuvre différente. Quant à la fin, il est à croire que c'est le manque de mémoires venant du P. Joseph qui a arrêté le travailleur, et il n'est pas probable que son œuvre ait été poursuivie au moyen de pièces ayant une autre origine.

Il reste maintenant à déterminer quel est l'auteur de ce manuscrit, quelle est la date de sa rédaction, quelle est l'histoire qu'il complète et quelle est l'importance de son travail. C'est là précisément le sujet de la thèse de M. Parmentier, et nous le suivrons tout à l'heure sur ce terrain, au moins nous rechercherons avec lui s'il existe des rapports sérieux entre ce supplément et les Mémoires du Cardinal. Auparavant, il convient de dire encore un mot de la manière dont M. Parmentier a étudié ce manuscrit et de relever le peu de soin qu'il a mis à examiner et à reproduire des passages que lui-même a considérés comme les plus importants de tout l'ouvrage. On peut dire que, parmi les nombreux fragments du manuscrit que M. Parmentier a cités, il n'en est pas un seul qui ne contienne une ou plusieurs fautes de *lecture*. Cependant, nous l'avons dit, l'écriture du manuscrit est belle et facile; elle est d'une main moderne par la forme et par l'allure; je ne sais comment expliquer les fautes qui se retrouvent à chaque page. J'en signalerai quelques-unes, au hasard :

P. 50, M. Parmentier cite un passage d'une demi-page; voici les fautes que j'ai relevées dans ces quelques lignes : « le sieur *Brasseux* », pour « le sieur *de Bras-*

seuse »; ligne 10 : « qu'elle *scavoit* », pour « qu'elle *sçait* »; ligne 18, M. Parmentier omet ce passage important à propos du P. Joseph : « *comme il est exprimé en l'histoire de sa vie* ». Nous reviendrons plus tard sur ce fait. Au haut de la page 51, M. Parmentier écrit « logé *à* la Bastille »; il y a sur le texte : « *dans* la Bastille »; quelques lignes plus bas : « sans lui *laisser* entre les mains le P. Chanteloube », au lieu de « sans lui livrer », etc...

P. 77, M. Parmentier cite un autre passage relatif au chancelier Oxenstiern. La phrase imprimée est absolument inintelligible; la voici : « Au commencement il fit le difficile ne voulant pas tenir le traité de Paris anéantissant celui d'Heilbronn et qu'ainsi il ne restoit aucune obligation entre la France et la Suède; cela étoit indifférent au Roi. » Reportez-vous au texte, vous verrez que M. Parmentier a sauté un passage entier sans s'en apercevoir, et qu'il faut écrire cette phrase très claire maintenant : « Au commencement il fit le difficile ne voulant pas tenir le traité de Paris; *ensuitte de quoy on le paya en mesme monnoie; car on luy fist voir qu'on ne se soucioit guère de traicter et qu'encore que le traité de Paris anéantissoit* celuy d'Heilbronn, et qu'ainsy il ne restoit aucune obligation entre la France et la Suède, cela étoit indifférent au Roi », etc...

P. 85, un autre passage cité, d'autres erreurs s'y trouvent : « *sur le soir ils couchèrent ensemble* », dit M. Parmentier; il y a dans le texte « *ils se marièrent et couchèrent ensemble* », ce qui est plus convenable; trois lignes plus bas, il y a dans le texte : « l'armée du Roy estoit dans la Lorraine pour se *saisir* des places qui restoient »; M. Parmentier écrit : « pour se *servir* des places qui restoient ». M. Parmentier semble avoir en outre une particulière préoccupation d'altérer les chiffres : ainsi, p. 53, il met d'après le Supplément la mort de Wallenstein au 15 février; c'est le 25 qu'il fallait dire et que le manuscrit a écrit. P. 77, il lit le *26 avril*, tandis qu'il y a le *seizième d'avril* en toutes lettres dans le manuscrit[1]. P. 98, M. Parmentier fixe de son plein gré à 40,000 livres la somme promise à Wallenstein par le roi de France ; il y a 50,000 livres dans le texte, et c'est bien la somme qui fut offerte.

M. Parmentier se plaint fréquemment de l'incurie du copiste, des bévues qu'il a commises ; il tient à nous en donner des exemples ; il les souligne par des *sic* et par des notes explicatives. Prenons quelques exemples à notre tour. P. 145, dans une instruction, on dit à Feuquières : « S'en retournant à Worms, où il se doit faire une assemblée des quatre cercles pour prendre les moyens de continuer la guerre, afin d'obtenir une seure et raisonnable paix, les affaires à la forme suivante. » La phrase est tout à fait inintelligible. M. Parmentier se hâte de mettre un *sic* et il ajoute en note : « Pour donner une idée de l'incurie et de l'ignorance du copiste, nous transcrivons le texte tel qu'il est dans le manuscrit. » Malheureusement M. Parmentier se trompe ; il y a quelque chose de plus dans le texte : trois mots, — trois mots seulement, que M. Parmentier a omis et qui donnent tout le sens à la phrase. Voici la phrase finale (*Feuquières* étant le sujet exprimé plus haut) : « afin d'obtenir une seure et raisonnable paix, *portera s'il se peut* les affaires à la forme suivante ». N'insistons pas davantage, le jeu deviendrait cruel ; une seule note de ce genre nous donnera lieu de relever encore une erreur de M. Parmentier ; mais ici il ne s'agit plus d'erreurs de transcription ; c'est un point d'histoire intéressant que M. Parmentier a mal compris ; il vaut la peine d'y insister.

Dans une instruction à Feuquières, rédigée par Bouthillier et le P. Joseph, revue et corrigée par Richelieu, les conditions auxquelles le Roi entend faire la paix sont

---

1. T. III, fol. 135 v°.

énumérées tout au long. Voici l'une de ces conditions :
« Que les trois évêchés de Metz, Toul et Verdun et les
lieux qui y sont compris demeurent en la protection de
Sa Majesté et en la manière qu'ils sont maintenant, sans
que luy et ses successeurs puissent estre en cela troublez
et molestez, *réservant toutefois à l'Empereur le droict de
reprise et de recognoissance.* » M. Parmentier donne cet
article d'après le Supplément ; il souligne comme nous
l'avons fait le membre de phrase final, et il ajoute la note
suivante : « Les mots en italique forment un contresens :
le copiste écrivant sous la dictée a fait ici une de ces
bévues dont le Supplément est rempli. » Nous avons sous
les yeux la minute de cette instruction, revue par Richelieu, arrangée plus tard pour les Mémoires. La phrase en
question s'y retrouve, bien entendu. Le copiste n'a pas
commis la moindre bévue ; il est fâcheux que M. Parmentier ne se soit pas rendu compte que la condition ainsi
posée avait un sens très réel et très complet. Il suffisait
de se renseigner quelque peu, pour ne pas ignorer que
les droits de reprise et de recognoissance sont des droits
féodaux très clairs, très nettement définis et qui, réservés
au suzerain, n'ont rien qui soit contraire à la protection
que les traités avaient accordée au roi de France.

Il eût été plus intéressant, puisqu'on s'arrêtait en cet
endroit, d'essayer de trouver les motifs qui décidaient
Richelieu à rappeler, dans son projet de traité, ce lien
féodal qui rattachait la France à l'Empire et donnait au
Roi une espèce d'infériorité. Lui, si méticuleux d'ordinaire dans la recherche de ces questions de forme qui,
quelquefois, peuvent donner à certaines prétentions l'apparence du droit, pourquoi ne s'arrête-t-il pas sur ce
point ; pourquoi, dans un traité qu'il compte bien imposer à ses adversaires, laisse-t-il passer cette clause, et ne
songe-t-il pas à la rayer du code diplomatique ? Il y a une
conjecture qui vient tout naturellement à l'esprit, et que
bien des faits analogues pourraient contribuer à fortifier.

Richelieu désirait ne pas perdre un prétexte, si mince qu'il fût, de s'immiscer dans les affaires de l'Allemagne. À cette époque il cherchait à s'ouvrir, par tous les moyens, une porte qui pût lui donner accès dans la diète, ou du moins dans l'organisation du corps germanique; c'était le moment, ne l'oublions pas, où il songeait très sérieusement à obtenir pour lui-même le titre de coadjuteur de l'archevêque électeur de Trèves. Peut-être trouvons-nous dans la clause où nous nous sommes arrêtés quelque temps une trace de la même préoccupation. Lui et le P. Joseph, habitués à peser les mots et n'ignorant pas qu'avec une ligne on peut prendre une province, avaient sûrement réfléchi sur cette phrase. Ce que M. Parmentier a pris pour une bévue du copiste était, peut-être, le fruit de leurs méditations[1].

On voit par ces exemples jusqu'à quel point la méthode de M. Parmentier a été incertaine, et ses connaissances restreintes, en raison des difficultés du sujet

1. Ce n'est point à la légère que j'affirme que Richelieu a réfléchi sur cette phrase; car, comme j'espère le démontrer tout à l'heure, le texte qu'a publié M. Parmentier, d'après le Supplément, est celui de l'Instruction telle qu'elle sortit des mains du P. Joseph. Nous avons au ministère des Affaires étrangères une autre rédaction de ce même document. Bien des passages y sont modifiés et corrigés. C'est la leçon définitive et telle que l'a acceptée Richelieu. Or, le passage en question a subi une légère transformation qui rend la phrase plus claire et plus naturelle. Il y a dans ce texte : « ... demeurent *comme ils sont maintenant* en la protection de Sa Majesté, sans que luy et ses successeurs... » (Arch. Aff. étr., Allemagne 1634). — Ajoutons un mot encore pour démontrer complètement qu'il y avait là une finesse du Cardinal et du P. Joseph. En 1630, au traité conclu à Ratisbonne avec l'Empereur, on avait passé superficiellement sur une clause analogue. Plus tard, en 1645, la France réclama la possession et la suzeraineté complète du pays. Elle l'obtint enfin en 1648, aux traités de Westphalie. Ces variations dans la politique suivie par notre cabinet indiquent bien qu'il y avait eu quelque chose de particulier, qui, à l'époque que nous étudions, avait arrêté la pensée de nos habiles négociateurs.

Si l'on veut voir le détail des prétentions de la France sur ces différents pays, il faut consulter les papiers de Godefroy et, en particulier, le volume qu'il a publié, en 1645, sous le titre de *Mémoires et Instructions pour servir dans les négociations et affaires concernant les droits du roy de France.* Paris, Cramoisy.

qu'il ne craignait pas d'aborder. Les observations générales que nous avons présentées jusqu'ici ne touchent point cependant au fond même de la thèse; elles ne font que nous mettre en garde contre la conviction que s'est faite M. Parmentier et contre les résultats qu'il considère comme acquis à la science.

Le livre de M. Parmentier est divisé en sept chapitres; ces sept chapitres peuvent se ramener pour nous à deux conclusions principales : la première, que le manuscrit en question n'est composé ni de mémoires ni de papiers d'État du P. Joseph; la deuxième, qu'il n'est rien autre chose qu'un supplément inédit des Mémoires du cardinal de Richelieu. Seuls ces deux points présentent quelque chose de nouveau; seuls ils s'appuient sur une argumentation du moins spécieuse; seuls ils intéressent le public; seuls ils nous arrêteront quelque temps. Car, de reprendre l'examen inattendu du livre de M. Marius Topin, auquel M. Parmentier a consacré une bonne partie de son travail; de nous étendre sur les trois points de l'histoire de Richelieu à l'étude desquels M. Parmentier s'est arrêté, sans avoir aucune connaissance des travaux anciens ou modernes, ce serait allonger inutilement cet article.

Une seule chose nous intéresse : avons-nous réellement affaire à un supplément des Mémoires? Nous ne le pensons pas pour notre compte, et nous allons mettre nos objections et nos doutes sous les yeux du lecteur.

Voici les conclusions posées par M. Parmentier :

1° Le manuscrit 3754 à 3757 du fonds français est un supplément des Mémoires de Richelieu.

2° Il a été rédigé en partie pendant la vie du Cardinal et en partie après sa mort.

3° Il a été rédigé par le même secrétaire dont Richelieu s'était servi pour la composition de ses Mémoires à partir de 1631[1].

---

1. P. 11.

4° Il a été composé sur les pièces qui ont servi à la rédaction des Mémoires : « Après les corrections faites par le Cardinal pour son Histoire, le secrétaire les a conservées dans le Supplément[1]. »

Voici maintenant l'argumentation développée par M. Parmentier :

Le manuscrit en question déclare à plusieurs reprises qu'il est un supplément. L'intention de compléter un autre travail est évidente et formellement exprimée dans tout le cours de l'œuvre.

Mais de quoi ce manuscrit est-il le supplément! Il le dit lui-même plusieurs fois encore ; car il renvoie soit à l'*Histoire générale des guerres*, soit à l'*Histoire*, soit à l'*Histoire entière*. Quels sont ces ouvrages? M. Parmentier a pensé qu'à eux tous ils n'étaient qu'un seul et même ouvrage : les Mémoires de Richelieu, désignés si fréquemment par leur auteur sous le nom de l'*Histoire*. M. Parmentier a relevé la plupart des passages où le rédacteur du Supplément renvoyait au travail qu'il complétait, disant par exemple : « Je laisse ceci à l'*Histoire; l'Histoire* dira cela; je ne m'étends pas davantage parce que l'*Histoire* a développé ce point, etc. » Il s'est trouvé que ces renvois coïncidaient le plus souvent avec des points développés dans les Mémoires du Cardinal. M. Parmentier s'est souvenu en outre de ce que disait M. Avenel, que dans le volume A des Mémoires du cardinal de Richelieu se trouvent parfois copiées des pièces qui ont disparu de la rédaction B, mais que ce manuscrit ajoute alors cette note : « On verra cette pièce à la fin du volume »; comme on ne les trouve pas à la fin du volume, M. Parmentier a conclu que Richelieu avait eu l'intention de faire faire, avec les pièces trop longues pour entrer dans le corps de l'Histoire, un appendice à ses Mémoires et que cet appendice a même été commencé de son

____
[1] P. 49.

vivant. Qui dit appendice dit supplément, — c'est ainsi qu'a raisonné M. Parmentier. — Or, nous avons ici un Supplément qui n'a pas son Histoire, nous avons dans les Mémoires de Richelieu une Histoire qui n'a pas son Supplément. Il se trouve que notre Supplément concorde à peu près avec notre Histoire. L'appendice de l'Histoire devait être une réunion de pièces; il y a des pièces dans notre Supplément; ces pièces sont souvent confidentielles; elles touchent aux arcanes de la politique; elles ne peuvent provenir que du cabinet d'un premier ministre; qui a voulu l'Histoire a voulu le Supplément; qui a fait l'Histoire a fait le Supplément. Donc nous avons entre les mains, pour les années 1634 à 1638, le Supplément des Mémoires de Richelieu, Supplément que les Mémoires annonçaient pour les années antérieures à 1630 et qui, pour ces années, a été perdu malheureusement.

Une fois cette conviction entrée dans l'esprit de M. Parmentier, aucune objection n'a été assez forte pour l'ébranler, aucun fait assez évident pour lui montrer son erreur. Que Vittorio Siri, auteur sérieux et contemporain, appelle ce manuscrit « Registres du Père Joseph », cela lui importe peu; il ne discute même pas cette objection grave et la néglige dédaigneusement; que le manuscrit renvoie, le plus souvent, à une « Histoire générale des guerres », titre qui n'a jamais été celui des Mémoires de Richelieu, peu importe à M. Parmentier; entassant hypothèse sur hypothèse, il affirme, sans donner aucune preuve, que Richelieu a commencé par rédiger ses Mémoires en deux parties séparées; l'une relative aux affaires extérieures, l'autre aux affaires intérieures; que ces deux rédactions se sont, plus tard, fondues en une seule, qui forme aujourd'hui les Mémoires. Or, il n'y a aucune trace, — aucune, d'un travail de ce genre; jamais ce titre : « Histoire générale des guerres », ne se trouve dans les papiers de Richelieu, où il est parlé si fréquemment de l'Histoire. Mais M. Parmentier ne prend en considération aucune de ces objections. Son siège est fait; il ne voit même pas dans son texte les arguments les plus clairs qui s'élèvent contre lui. — Et pourtant sur quoi est appuyée cette conviction si enracinée? Nous l'avons dit, sur des conjectures, sur quelques rapprochements; sur cette simple remarque que les renvois faits par le Supplément correspondent, à peu près, à certains passages des Mémoires. Il n'y a rien autre chose; pas un seul fait positif dans toute l'argumentation de M. Parmentier; pas une seule fois on ne voit l'auteur du manuscrit dire nettement : « Je fais un supplément au travail entrepris par le Cardinal »; pas plus que nous n'avons vu une seule fois le Cardinal ou ses secrétaires faire allusion à une « Histoire générale des guerres » ou à un Supplément.

Si ces remarques importantes n'ont pas arrêté M. Parmentier, devons-nous cependant les passer ici sous silence; et si en face des conjectures qu'il a groupées avec art, nous plaçons quelques faits positifs, catégoriques, ne pourrons-nous pas affirmer que M. Parmentier, dans le désir d'enrichir l'Histoire d'un document de premier ordre, s'est laissé tromper et aveugler, et qu'il importe de ne pas laisser se propager cette erreur?

Reprenons une à une chacune des affirmations de M. Parmentier. Il dit (p. 11) et il prétend démontrer (p. 188 et suiv.) que le Supplément a été rédigé partie pendant la vie du Cardinal (les deux premiers volumes et le commencement du troisième), partie après sa mort (la fin du troisième volume et tout le quatrième).

A l'appui de ce qu'il avance, M. Parmentier cite plusieurs passages du manuscrit. Vérifions quelques-unes des citations et ajoutons-en quelques autres. M. Parmentier remarque que l'auteur du manuscrit fait allusion à une vie du P. Joseph[1]. Voici le passage entier, c'est celui que

1. P. 188. M. Parmentier indique ce passage comme se trouvant au fol. 28 du ms. C'est une erreur; il est au fol. 9 v°.

M. Parmentier a tronqué à la p. 50 de sa thèse : « La royne mère envoya le sieur de Brasseuse de Bruxelles au Père Joseph, capucin, ... pour l'assurer de sa part qu'elle reconnoissoit luy avoir grandes obligations des bons offices qu'elle sçait qu'il luy avoit rendu, et que, s'il fust venu la treuver à Compiègne avant qu'elle se fust retirée en Flandres, ce qu'il eust faict sans une incommodité qui luy survint dans le chemin pour y aller, *comme il est exprimé en sa vie*, elle ne fust point sortie du royaume, etc. » Quelle est cette vie du P. Joseph, à laquelle il est ici fait allusion? M. Parmentier dit quelque part dans une note[1] que c'est celle que le P. Lelong (t. I, nº 13919) place en 1638. « Le capucin, ajoute-t-il, n'étant mort que le 18 décembre, il faudrait au moins la mettre en 1639. Elle était manuscrite et en latin ; on ne l'a pas retrouvée. » M. Parmentier se trompe ; pour cette vie manuscrite, le P. Lelong ne donne aucune indication de date, pas plus 1638 que 1639. Ce n'est pas à cette vie manuscrite et inconnue qu'il est fait ici allusion ; c'est évidemment à la vie du P. Joseph, publiée en 1645 sous le titre suivant : *Vita et gesta P. Joseph Leclerc Capucini*. Paris, Denis Thierry, in-4º. Cet ouvrage est attribué par Wadding et d'autres auteurs de bibliographies capucines au P. François d'Angers ; nous en avons en vain cherché un exemplaire dans les bibliothèques de Paris ; mais il est cité par toutes les bibliographies sous cette date de 1645[2]. C'est probablement ce travail que Richard a eu entre les mains pour la composition de son *Véritable P. Joseph* ; nous retrouvons là en effet le détail auquel il est fait allusion, et nous y apprenons que c'est une entorse réelle ou supposée qui a empêché le P. Joseph de se rendre auprès de la reine mère, à Compiègne, avant son départ pour l'exil.

Voici un passage plus important du *même tome Iᵉʳ* qui a tout à fait échappé à M. Parmentier. *Au folio 27*, l'au-

1. P. 25.

2. Consulter le P. Lelong, nº 13920, et Denys de Gênes à l'article François d'Angers, p. 112.

teur donne les noms des docteurs qui furent chargés de faire la consultation théologique relative à l'affaire de Camus, évêque de Belley : « Les docteurs qui eurent la commission de cette œuvre furent, dit-il, les sieurs de Vallentien, Le Clerc, Isamberg, Charton et Lescot, *à present evesque de Chartres.* » Or, le *Gallia christiana* nous apprend que ce Lescot reçut ses bulles, du pape Urbain VIII, le *22 juillet 1643* et qu'il fut sacré en chapelle de Sorbonne le *15 novembre* de la même année. Cette indication rejette donc la rédaction du premier volume des Mémoires au moins au delà des premiers mois de l'année 1644.

Voulez-vous d'autres preuves de ce fait? En voici une encore que M. Parmentier n'a pas connue. Elle est au folio 75 *de ce même tome Ier.* Après avoir indiqué les causes de la guerre avec l'Espagne, l'auteur écrit : « Le cardinal de Richelieu, qui n'estoit pas d'humeur à souffrir tant de bravades, engagea enfin Sa Majesté, de sorte que la chrestienté est restée dans le trouble où on la veoit, et soubz lequel nous gémissons sans espérance de paix que par miracles, *quoy qu'on travaille après*, sy ce n'est quand un des partis sera abattu, et que la nécessité extresme empeschera de pouvoir faire la guerre, et ainsy contraindra de consentir à la paix. »

Ce passage, qui (disons-le en passant) est nettement contraire au cardinal de Richelieu, ne désigne-t-il pas assez clairement l'époque même où il a été écrit : « La paix, après laquelle on travaille », dit-il ; c'est une allusion assez claire aux premières négociations de la paix de Westphalie. Quelle est la date de l'ouverture des négociations, — je ne dis pas de l'ouverture du congrès : c'est mars 1644, le moment où d'Avaux se rendit à Münster. Ainsi donc, nous avons encore ici un texte qui exprime assez clairement que la rédaction du premier tome du Supplément ne peut être antérieure aux premiers mois de 1644. Bien d'autres indications que l'on relèverait facilement dans

les autres volumes, et dont M. Parmentier a cité quelques-unes, nous feraient suivre peu à peu les progrès de
l'œuvre, dans le cours des années 1644, 1645 et 1646; je
m'arrêterai seulement à la plus importante, à la plus
claire de toutes. Elle a été pour M. Parmentier, qui ne
l'a pas ignorée, le sujet d'une erreur assez considérable.
— Il s'agit de l'orgueil du duc Charles de Lorraine. « Il
avoit », dit l'auteur du Supplément, « fait faire des
médailles d'or avec son effigie ayant pour revers un bras
tenant une épée de laquelle il abat trois fleurs de lis
soubs cette devise : *En temps je moissonne...* Je ne sçays
pas quand il trouvera ce temps, puisqu'il n'y a pas encore
un mois qu'on luy vient d'enlever la dernière de ses
places pour la seconde fois. De sorte qu'il ne luy reste
à présent pas seulement une motte de terre, et peut dire
avec[1] vérité comme le filz de Dieu que les renards ont
leurs tanières et les oiseaux leurs nids, mais que luy n'a
pas qui luy appartienne où reposer sa teste[2]. »

Il ne peut faire de doute pour personne, excepté pour
M. Parmentier, qu'il s'agisse ici de la seconde prise de
La Mothe, arrivée le 7 juillet 1645[3]; c'était une place
importante et le dernier boulevard de la Lorraine. Sa
prise fut un événement qui frappa beaucoup les contemporains. S'il restait encore quelque doute après qu'on a
lu la phrase si claire de l'auteur du Supplément, il suffirait de souligner ce jeu de mots : « Qu'il ne lui reste à
présent pas seulement une *motte* de terre. » Ainsi donc
il est dit positivement dans ce passage que l'auteur l'écrivait en août 1645, *un mois* après cet événement militaire.
M. Parmentier n'a pas voulu voir cela; et il n'a tiré de ce
fait si important que cette simple conclusion, que le
folio 75 du tome III avait été rédigé « à la fin de 1641,

---

1. M. Parmentier écrit *en;* mais c'est *avec* qu'il y a dans le ms.
2. T. III, fol. 60.
3. Voir D. Calmet, vol. III, col. 427.

ou au commencement de 1642 », au moment de la reprise des hostilités contre Charles de Lorraine[1]!

Si, cependant, M. Parmentier s'était appliqué un seul instant à relever le véritable sens d'un texte qu'il a lu et copié, il ne se fût pas exposé à nous affirmer que le Supplément avait été rédigé en grande partie (2 vol. et demi!) avant la mort du Cardinal; car, une fois ce passage bien compris, il faut supposer, pour admettre cette manière de dater, que, juste avant le fol. 75 du tome III, le rédacteur, écrivant au début de 1642, se serait arrêté brusquement, aurait mis là sa plume et attendu, pour poursuivre, que les armées de Louis XIV se fussent emparées de La Mothe pour la seconde fois; cela fait, il aurait repris son œuvre et tout d'un trait l'aurait poursuivie jusqu'à la fin; car plusieurs autres passages nous prouvent que le Supplément a dû être terminé dans les premiers mois de 1647.

Il est bien entendu qu'il n'y a rien dans le tome III qui puisse autoriser cette hypothèse. D'ailleurs, les preuves que nous avons données plus haut établissent surabondamment que le rédacteur ne s'est mis à l'œuvre qu'en 1644, au plus tôt; qu'il a poursuivi son travail en 1645 et l'a terminé probablement en 1646. Il serait facile d'arriver à une plus grande précision; car l'auteur du Supplément est communicatif; mais cette recherche n'est pas ici de saison; il suffit d'avoir établi clairement que, contrairement à la première conclusion de M. Parmentier, pas une ligne de ce travail *n'a été écrite du vivant du cardinal de Richelieu.*

M. Parmentier a-t-il été plus heureux en affirmant en second lieu que l'auteur du Supplément n'était personne autre que le secrétaire, qui, à partir de 1631, a mis en ordre et rédigé les Mémoires de Richelieu (p. 173 et suiv.)? Nous ne le pensons pas. On voit bien ce qui a conduit M. Parmentier à établir cette identité des deux

____

1. P. 189.

rédacteurs. Du moment où il supposait que le Supplément dépendait des Mémoires, il fallait bien admettre
aussi « que Richelieu avait employé la même main au
premier comme aux seconds ». Mais ici encore nulle
preuve sérieuse, aucun fait, aucune argumentation
solide. M. Parmentier croit remarquer des analogies de
style et de tournure ; il s'étonne que quelques formules
se retrouvent dans l'un et l'autre des deux livres, sans
observer que, si ces mêmes formules sont dans l'un
comme dans l'autre, c'est parce que tous deux copient
des dépêches et des pièces analogues.

Ici encore donnons, à notre tour, quelques faits positifs. Pour les besoins de sa cause, M. Parmentier sup-
pose que, à partir de 1630, Richelieu a changé de secrétaire. Si la première rédaction analogue au manuscrit A
nous manque pour les années postérieures à 1630, il y
a fort heureusement aux Archives des Affaires étrangères
et à la Bibliothèque nationale un grand nombre de
pièces, postérieures à cette date, qui sont *préparées
pour les Mémoires*. Or, nous affirmons que dans ces
pièces la main de l'annotateur n'a pas changé ; c'est toujours celle qui a présidé à la rédaction du manuscrit A ;
c'est toujours la main du secrétaire des Mémoires. Nous
affirmons encore qu'il n'y a aucune ressemblance entre
cette écriture et celle, — je ne dis pas seulement du
copiste, — mais aussi de l'annotateur du Supplément.
Donc l'examen matériel du manuscrit est contraire à
l'hypothèse de M. Parmentier.

Il y a plus : quand l'auteur du Supplément veut désigner l'auteur de l'Histoire qu'il complète, comment s'y
prend-il ? Dit-il : « J'ai dit ceci, nous avons dit cela » ?
... jamais ; il dit *l'historien ;* et il sépare évidemment les
deux personnalités l'une de l'autre par des phrases
comme celles-ci : « Je viens à ce que *l'historien* n'a pas
seu que le roy d'Espagne..., etc.[1] » ; et ailleurs : « Je ne

_____
1. T. III, fol. 225.

touche pas ce qui a esté si publicq que l'*historien* l'a pu
voir puisqu'il estoit dans Paris et que la chose se passa
dans le Parlement[1]. » Ces formules ne sont-elles pas
assez nettes? Est-ce ainsi que l'on parle de soi-même?
D'ailleurs, l'examen des deux questions suivantes ne fera
qu'ajouter une nouvelle clarté à tant d'évidence. Examinons donc : 1° si l'auteur du Supplément s'est servi des
mêmes pièces qui avaient été préalablement employées
dans les Mémoires ; 2° si c'est aux Mémoires de Richelieu
que s'adressent les renvois du Supplément.

M. Avenel avait établi, et nous l'avons déjà répété ici
plusieurs fois, que les documents qui avaient servi à la
rédaction des Mémoires de Richelieu étaient pour la plupart parvenus jusqu'à nous et qu'ils gardaient des traces
nombreuses de la préparation qu'ils avaient subie pour
entrer dans le cours de la rédaction. Puisqu'on avait
affaire, dans notre Supplément, à un recueil de pièces
analogues, puisqu'on affirmait que l'auteur de ce manuscrit a reproduit sous leur forme première et intégrale
des pièces que Richelieu avait corrigées, altérées, pour
les faire entrer dans ses Mémoires (p. 95, p. 166 et
suiv.), ce qu'il y avait de plus simple c'était de recourir
à ces pièces elles-mêmes, de les comparer aux copies du
Supplément et de faire toucher du doigt au lecteur la
vérité des affirmations que l'on avançait sans aucune
preuve. M. Parmentier n'a pas songé à cela. Il a simplement comparé le manuscrit du Supplément avec l'édition
des Mémoires ; quand il a rencontré dans le premier des
pièces qui ne se trouvaient pas dans les seconds, il s'est
écrié : « Voyez comme notre Supplément était utile,
comme il était bien dans la pensée de Richelieu », sans
se demander si ces documents ont jamais été de ceux
qui ont figuré dans le cabinet du ministre ; quand il a
rencontré les mêmes pièces dans les deux ouvrages, il a

1. T. IV, fol. 1.

noté quelques divergences de rédaction, et il s'est écrié
encore : « Voyez l'utilité du Supplément, il réforme, il
complète, il dément les Mémoires; cela n'était-il pas bien
nécessaire et tout à fait dans la pensée de Richelieu? »
Enfin, sans se demander s'il n'y avait pas, parmi les
papiers rassemblés par le cardinal-ministre, bien
d'autres documents de premier ordre, et qui eussent fait
la joie du rédacteur du Supplément, s'il eût été admis à
les consulter et à les reproduire; sans s'imposer tout ce
travail[1], M. Parmentier a cru que quelques remarques
superficielles suffiraient pour convaincre le lecteur d'un
fait que des preuves palpables, tangibles, pouvaient si
facilement établir ou renverser.

Nous avons fait cette recherche. On pourrait prendre
une à une chacune des affaires traitées dans le Supplément et établir par une simple liste des pièces que son
auteur a copiées et de celles qu'il a omises qu'il n'a
jamais eu dans les mains les papiers de Richelieu. Il y a
telle pièce insignifiante, quelque lettre du P. Joseph,
quelque dissertation théologique que notre auteur a
reproduite soigneusement « sur l'original », comme il le
dit; il n'y en a nulle trace dans les volumes qui, sous leur
reliure du xviie siècle, sont parvenus intacts jusqu'à nos
jours. Par contre, je donnerai ici une liste des pièces
relatives aux négociations qui eurent lieu au début de
1634 dans le but de faire rentrer en France la reine,
mère du roi. Toutes ces pièces ont été réunies pour les
Mémoires, la plupart d'entre elles sont annotées de la
main du secrétaire; elles sont toutes de première importance, et cependant l'auteur du Supplément n'en a pas
connu une seule.

Je commence au voyage de Brasseuse, dont le Supplément a parlé : « Advis sur le retour de la Royne, mère
du Roy, du 18e décembre 1633. — Récit des tentatives

1. Bibl. nat., n° 2036⁸⁴ᵃᵇ fr., suppl., fol. 95 et suiv.

faites par Brasseuse auprès du Roy (publié dans Avenel,
t. IV, p. 527). — Février 1634. Lettre du général des
Feuillants au cardinal de Richelieu, au sujet de la réconciliation. — Coppie de l'instruction donnée au s^r de
Laleu, au voyage qu'il a fait en France de la part de la
Reyne-mère au mois de février 1634. — 26 février 1634.
Réponse du Roy à la Reyne-mère. » A la suite, il y a des
lettres de Richelieu, du P. Suffren et bien d'autres qui
sont du plus haut intérêt. Toutes ces pièces ont été
tenues, annotées, employées par le secrétaire des
Mémoires. Elles se trouvent mêlées à des fragments de
récits qui sont les premières rédactions de certains passages[1]. Mais aucune d'entre elles n'a servi au Supplément. Ceci d'ailleurs n'est pas spécial à l'affaire de la
reine mère; nous pourrions produire une liste analogue
pour chacun des points d'histoire qui se trouvent traités
à la fois de part et d'autre; combien, par exemple, ne cite-
rions-nous pas, sur l'affaire de Monsieur, de pièces de
premier ordre, interrogatoires, déclarations du roi, soumission de Monsieur et de ses partisans, arrêts du Parlement[2], pièces qui toutes ont été entre les mains du
rédacteur des Mémoires, aucune dans celles du rédacteur du Supplément. Nous préférons passer et insister
davantage sur un genre de preuves plus convaincant
encore et surtout plus intéressant; il nous fait entrer
dans l'intérieur même du cabinet de Richelieu et assister
à la rédaction des dépêches sur le sujet le plus grave
dont s'occupait alors la politique française, je veux dire
les affaires d'Allemagne. — C'est de ces dépêches qu'est
rempli notre Supplément; cela n'étonnera pas le lecteur,
s'il se souvient que V. Siri et Ranke ont cru voir, dans
cet ouvrage, des Mémoires sortant du cabinet du

---

1. Voir, au fol. 116, tout un fragment important dicté pour les
Mémoires et qui y est reproduit. Michaud et Poujoulat, t. VIII, p. 524.
2. Voir Arch. des Aff. étr., France 1634, 1er et 2e semestres, vol. 68
et 69.

P. Joseph; car le capucin avait en particulier la haute main sur tout ce qui se rapportait à cette contrée.

M. Parmentier a eu l'occasion de citer quelques-unes de ces pièces; quand il les a comparées avec certains passages du texte des Mémoires, il a été frappé des différences assez sensibles existant entre deux textes qui prétendaient pourtant se servir d'un seul et même document. Il a conclu de là que Richelieu avait altéré la pièce pour la faire entrer dans ses Mémoires et que le Supplément nous l'avait rendue dans son intégrité. Je n'insiste point sur ce qu'il y a de choquant dans cette supposition et sur ce qu'il y a d'invraisemblable dans cette autre idée que le Supplément a été rédigé pour démentir le récit principal; il vaut mieux dire tout de suite, puisque c'est le fait, que les pièces reproduites dans les Mémoires sont différentes de celles qui se trouvent dans le Supplément, non point parce que les premières ont été corrigées, mais simplement parce que les secondes ne sont pas les dépêches et les actes diplomatiques définitifs; ce ne sont que des projets de rédaction.

J'ai dit que, pour la politique d'Allemagne, c'était le P. Joseph qui avait la direction des affaires. Mais le P. Joseph n'avait aucun titre officiel pour agir; il avait fallu lui adjoindre quelqu'un à qui toutes les dépêches fussent adressées, qui signât et contresignât les réponses, en un mot qui tînt la plume. Ce personnage officiel, c'était Bouthillier. C'est ce qui nous explique pourquoi le nom du P. Joseph ne se voit pour ainsi dire jamais, dans toutes ces correspondances, dans tous ces papiers où son influence se fait sentir à chaque instant[1]. Nous avons eu la bonne fortune de rencontrer l'explication la plus formelle et la plus catégorique sur la véritable part que le P. Joseph prenait à la rédaction des dépêches;

1. Cependant, dans les *Négociations* de Feuquières, c'est toujours à Bouthillier et au P. Joseph que sont adressées les dépêches de Feuquières. Voir l'édit. de 1753, à toutes pages.

elle est dans une lettre de Bouthillier à Feuquières, du 17 août 1634 : « J'advoue avec vous, écrit Bouthillier, qu'il est très-nécessaire que vous soyez esclaircy souvent des intentions de Sa Majesté sur les choses qu'elle vous ordonne; mais *concertant avec le R. P. Joseph ordinairement les dépesches qu'on vous fait*, je ne vous escris pas si souvent que je fais à tous les autres ambassadeurs du Roy, parce qu'estant tantost *les uns d'un costé, les autres de l'autre*, il est malaisé de s'assembler si justement qu'on puisse résoudre toutes les affaires avant que les ordinaires partent. Je tiendrai pourtant la main à ce que vous soyez plus souvent instruit de toutes choses[1]. »

Ce passage est formel. Bouthillier et le P. Joseph s'assemblaient pour rédiger les dépêches; un commis de Bouthillier écrivait sous la dictée de l'un ou de l'autre; c'est ce qui explique la quantité de minutes de la main de ce commis indiquées par M. Avenel. Nous en trouvons un nombre considérable dans les papiers de Richelieu; mais les dépêches ainsi rédigées n'étaient point encore définitives. Avant d'être envoyées, elles passaient sous les yeux du Cardinal; celui-ci faisait ses observations, corrigeait en marge, quelquefois de sa propre main, le plus souvent par l'intermédiaire d'un secrétaire; la dépêche, ainsi remaniée, était enfin transcrite en minute par un secrétaire de Richelieu, et l'original signé du roi et contresigné de Bouthillier partait pour l'Allemagne; mais les deux minutes, c'est-à-dire celle provenant de chez Bouthillier et celle recopiée par le secrétaire du Cardinal, restaient dans les papiers de Richelieu et prenaient leur place, en attendant qu'on les fît servir à la rédaction des Mémoires; c'est ainsi que nous avons pu assister aujourd'hui à ce travail intérieur, que nous avons vu ces projets chargés de ratures et ces minutes définitives, portant, seules à leur tour, les traces de la préparation pour entrer dans les Mémoires.

1. Aff. étr., Allemagne 1634, pièce 64.

Or, quelles sont les pièces que reproduit notre Supplément? Non pas celles qui présentent la rédaction complète, mais bien les premiers projets, la rédaction antérieure aux corrections du Cardinal, en un mot les pièces telles que les a rédigées le P. Joseph. Les Mémoires, au contraire, n'ont jamais employé que les minutes définitives. C'est ce qui explique les divergences quelquefois très importantes que les deux ouvrages présentent dans la reproduction d'une même pièce.

Nous donnerons un seul exemple et nous le tirerons d'une instruction à Feuquières publiée par M. Parmentier. La comparaison du texte du Supplément et de celui de la minute de la pièce rendra un compte bien net de la nature des corrections que Richelieu jugeait à propos de faire sur les projets, corrections que le Supplément n'a pas connues :

Texte du Supplément, p. 99 :	Texte de la minute définitive[1] :
S'il se rencontre que ledit duc de Fritland voulut s'arrester aux ordres que le sieur de Feuquières reçut l'an passé pour traiter avec ledit duc, sur lesquels il semble que *le compte* de Quinsquy se fonde quand il dit par sa lettre que ledit duc de Fritland accepte les articles proposez par ledit sieur de Feuquières[2], l'on ne croit pas que ce nouveau projet de traité y contrarie.	S'il se rencontre que le duc de Fridland voulust s'arrester aux ordres que le sieur de Feuquières receut l'an passé pour traicter avec ledit duc *de Fridland*, sur lesquels il semble que Quinsquy se fonde quand il dit par sa lettre que le duc de Fridland accepte les articles proposez par ledit sieur de Feuquières, l'on ne croit pas que ce nouveau projet de traité y contrarie.
Que s'il insistoit sur quel-	*Si touttes fois ledit duc de*

1. Arch. des Aff. étr., Allemagne 1634, t. X, pièce 7.

2. A ce sujet, M. Parmentier semble ignorer encore que nous ayons des renseignements précis sur ces premières négociations engagées avec Wallenstein en 1633. Il suffisait pourtant d'ouvrir les *Lettres et négociations de Feuquières* (t. II, p. 1), il en eût vu les détails vers le 16 juillet de cette année. Cf. Avenel, t. IV, p. 472.

*ques poincts non assez claire-
ment exprimez en ce projet,*
Sa Majesté donne pouvoir au
sieur de Feuquières de luy
donner en cela satisfaction,
s'abstenant toutes fois d'obliger par escrit Sa Majesté en
ce qui regarde le royaume de
Bohême, l'asseurant *qu'elle
désire y contribuer.* Mais cette
promesse se doibt faire, pour
estre authentique et effective,
par le concours de tous les
associez, lequel Sa Majesté espère d'obtenir. Ledit duc voudra bien juger combien cela
luy seroit périlleux de commencer cette affaire par la
communication de tant de personnes en un point si important. Que s'il veut commencer
à se déclarer par la publication et par l'effet de cette
sienne prétention se fondant
sur ce que ce royaulme est
électif et que la maison d'Autriche le possède contre les
*formes ordinaires de ce royaul-
me,* le sieur de Feuquières
peut asseurer ledit duc que
sans délay Sa Majesté approu-
vera et appuyera cette action ;
et le sieur de Feuquières luy
en pourra donner asseurance
par escrit, lorsqu'il aura faict
cette publication ou qu'il seroit sur le point de le faire, si
cela le retenoit ou que cela le
fist déclarer.

*Fridland insistoit sur quelques
points contenus esdites propositions précédentes qui ne feus-
sent assez clairement exprimez en ce présent project,* Sa
Majesté donne pouvoir audit
sieur de Feuquières de donner
en cela satisfaction *audit duc
de Fridland,* s'abstenant toutes
fois d'obliger par escrit Sa
Majesté en ce qui regarde le
royaume de Bohême, l'assurant que *sadite Majesté le désire et contribuera tout ce qui
dépend d'elle, mais que cette
promesse* se doibt faire pour
estre autentique et effective
par l'*exprès et commun* concours de tous les associez, lequel Sa Majesté *ne doubte pas*
de pouvoir obtenir ; *mais que
ledit duc de Fridland peut bien
juger combien il* seroit périlleux de commencer cette affaire par *la communication
entre* tant de personnes *d'un*
point si important. Que s'il
veut commencer à se déclarer
par la publication et par l'effet de cette sienne prétention
sur ce que ce royaume est
électif, et que la maison d'Autriche le possède contre les
formes *antiennes,* le sieur de
Feuquières peut assurer ledit
duc que sans dédlay S. M. ap-
prouvera cette action, et mesme ledit sieur de Feuquières
luy en pourra donner asseurance par escrit aussy tost
qu'il aura faict cette publica-

> tion ou qu'il seroit certaine-
> ment sur le poinct de la faire,
> s'il ne tient qu'à cela que *ledit*
> *duc de Fridland vienne à se*
> *déclarer, ce que toutes fois le*
> *sieur de Feuquières taschera*
> *d'éviter s'il peut.*

Si nous continuions cette comparaison sur la même pièce ou sur d'autres, nous verrions le même genre de corrections se multiplier : tantôt c'est un article ajouté, tantôt un article omis. Un seul mot changé donne à la phrase ou plus de vigueur ou plus de retenue ; ce ne sont pas là des erreurs de copiste ou des altérations de rédacteur, ce sont des corrections d'homme d'État et rien autre chose. Une pièce de ce même volume X d'Allemagne nous fait par son aspect seul entrer dans ce mécanisme de la confection des dépêches[1]. — Elle était rédigée complètement, prête à être recopiée. Elle portait pour titre : « Mémoire à Monsieur de Feuquières. » Mais soumise au Cardinal, la rédaction ne lui a pas plu ; il a fait mettre en marge ses corrections, a fait rayer le titre et mettre à sa place : « *Projet* de Mémoire *pour* M. de Feuquières. » Cette nouvelle rédaction se trouve recopiée avec les corrections quelques pages plus loin et elle a servi à la rédaction des Mémoires.

Ne pouvons-nous pas nous arrêter maintenant et conclure encore une fois que M. Parmentier s'est trompé, que l'examen des manuscrits et des pièces est contraire à son hypothèse et que les pièces qui ont servi aux Mémoires ne sont pas celles qu'a connues l'auteur du Supplément?

Donnons enfin quelques remarques définitives et dernières pour arriver à une conclusion générale qui résume

---

1. Dépêche à Feuquières du 10 mars 1634. Arch. Aff. étr., t. X, au début du volume.

et embrasse toutes les autres : que ce n'est point aux Mémoires de Richelieu que renvoie le Supplément et que par conséquent nous n'avons point affaire à un Supplément inédit des Mémoires de Richelieu.

Nous nous arrêterons peu à certaines considérations que nous avons eu déjà l'occasion d'indiquer en passant. Le Supplément renvoie à trois ouvrages, dont deux au moins sont distincts l'un de l'autre : c'est l'*Histoire générale des guerres* (toujours au second tome) et l'*Histoire*. Ces deux ouvrages sont parfaitement différenciés dans la phrase suivante : « Je ne dis rien de la surprise de Philipsbourg par les impériaux et de la perfidie de Bamberger qui en avoit été gouverneur, d'autant qu'*outre ce que l'Histoire en dit*[1] elle est amplement décrite dans l'*Histoire générale des guerres* au tome second de la première narration de cette année » (Supplément, t. III, fol. 37). Ainsi les deux ouvrages coexistaient l'un à côté de l'autre. Comment appliquer ces renvois à un ouvrage unique, les Mémoires de Richelieu ; comment, en présence de ce texte, accepter l'explication donnée sans aucune preuve par M. Parmentier que l'*Histoire* et l'*Histoire générale des guerres*, d'abord distinctes, furent fondues *sous les yeux de Richelieu* en une seule Histoire ? M. Parmentier dit « sous les yeux de Richelieu » ; en effet, les Mémoires ont été rédigés pendant la vie du Cardinal. Mais notre Supplément, nous le savons, a été écrit après sa mort, et il parle encore des deux ouvrages comme distincts ; donc ces deux ouvrages, auxquels il renvoie, ne peuvent avoir été après cette rédaction fondus en un seul par Richelieu, puisqu'il était mort depuis près de deux ans quand on écrivait ce passage.

Autre remarque générale : M. Parmentier se fait fort

---

1. Remarquer que ce renvoi ne coïncide nullement avec le récit des *Mémoires ;* car s'ils parlent de la surprise de Philipsbourg par les Impériaux, ils ne disent pas un mot de Bamberger et ne prononcent même pas son nom. Voir Michaud et Poujoulat, t. VIII, p. 579.

de cet argument que les Mémoires de Richelieu révèlent
en plusieurs endroits l'intention formelle de jeter en
appendice à la fin des volumes quelques-unes des pièces
les plus longues et les plus importantes. M. Parmentier
conclut de là que nous avons sous les yeux ce complé-
ment promis par les Mémoires. Mais qui dit appendice
ne dit pas Supplément. Que Richelieu ait manifesté, au
début de ses Mémoires, l'intention de dégager du récit
quelques pièces importantes et de les mettre à la fin du
volume, faut-il en conclure qu'il s'engageait à faire tout
un nouveau récit, où tantôt on emploierait des pièces
qu'il n'a pas connues, tantôt on reproduirait avec des
variantes celles qu'il a données tout entières; un Supplément qui serait souvent la contradiction de ce qu'il avançait dans son Histoire, où les faits seraient présentés
sous un jour différent, où les jugements seraient parfois
sévères pour lui et pour sa politique?

N'insistons pas sur ces considérations, passons encore
aux faits précis. M. Parmentier nous expliquera-t-il pourquoi les mêmes points historiques traités par les
Mémoires et par le Supplément sont le plus souvent
datés différemment? Ainsi l'Histoire dit qu'Oxenstiern
arriva le 20 avril à Compiègne; le Supplément dit le 26.
L'Histoire date du 1er février une importante dépêche
adressée à Feuquières, le Supplément la met au 3 février;
les Mémoires placent la mort de Wallenstein au 15 février, le Supplément dit le 25. Une autre instruction à
Feuquières est mise « au commencement de février par
les Mémoires », le Supplément la date en propres termes
du 28 janvier. Fait plus grave : le Supplément dit au
fol. 111 du premier volume : « Le 23 mars fut donné un
arrest au Parlement par lequel le mariage de Monsieur
fut déclaré rapt ». Or, cet arrêt n'est pas du 23 mars, il
est du 5 septembre. Les Mémoires de Richelieu n'ont
pas commis cette grave erreur. Ils distinguent nettement
entre le jour où l'action fut intentée, *le 24 mars*, et celui

où l'arrêt fut rendu, *le 5 septembre*. D'ailleurs, Richelieu avait fait prendre une expédition officielle de cet acte important. Elle est dans ses papiers (Arch. Aff. étr., France 1634, vol. 69). Si le rédacteur du Supplément eût eu ces papiers entre les mains, il ne se fût pas trompé si grossièrement.

En effet, remarquons-le, l'erreur n'est jamais du côté des Mémoires, elle appartient toujours au Supplément; on ne peut donc prétendre que le rédacteur de celui-ci ait eu l'intention de corriger le récit des Mémoires. Il travaillait sur des pièces mal ordonnées; il était lui-même mal renseigné; il s'est trompé souvent. Tout cela est très naturel et s'explique; mais aussi cela est absolument contraire à l'hypothèse de M. Parmentier, savoir que le rédacteur du Supplément avait le manuscrit des Mémoires entre les mains.

Est-ce tout? Non pas; voici un dissentiment bien plus grave que M. Parmentier a dissimulé d'une façon vraiment singulière. Au folio 8 du tome I, l'auteur du Supplément, expliquant au lecteur le plan qu'il compte suivre, dit : « Pour ce que dans le Supplément COMME DANS L'HISTOIRE *je suis l'ordre des temps et non les affaires*, je laisse celle-cy qui est domestique pour veoir les estrangères à mesmes que le temps les fera veoir en ordre. » Or, l'Histoire (c'est-à-dire les Mémoires de Richelieu dans l'hypothèse de M. Parmentier) suit-elle l'ordre du temps? Jamais. Les Mémoires prennent une affaire, la conduisent jusqu'au bout, en reprennent une autre et ainsi de suite. Cette méthode produit même dans l'ensemble du récit une certaine confusion chronologique. Le passage du Supplément va donc directement à l'encontre de l'affirmation de M. Parmentier. M. Parmentier n'a pas ignoré cette phase; quelle est son explication? La voici tout entière (p. 89) : « L'auteur du Supplément prévient le lecteur qu'il suit l'ordre du temps et non des affaires. Pourquoi ferait-il cette observation si ce n'était pour marquer la différence d'avec l'Histoire, qui doit suivre l'ordre inverse, c'est-à-dire celui des affaires et non du temps? Les Mémoires de Richelieu sont dans ce cas..., etc. » On le voit, M. Parmentier n'a rien fait autre chose que négliger une petite phrase, c'est celle-ci : *comme dans l'Histoire*. Elle est pourtant écrite dans le Supplément; comment expliquer une négligence aussi forte? Le Supplément déclare bien que *son His-toire* suit l'ordre du temps et non des affaires. On ne peut donc la confondre avec les Mémoires de Richelieu.

Ailleurs, le Supplément dit : « Je viens *à ce que l'His-toire n'a pas seu* que le roy d'Espagne fit retenir le rézi-dent pour le roy à Madrid, jusques à ce qu'il sceut que le sien se fust retiré de Paris à Bruxelles en sûreté; au lieu de le laisser retourner après, on fit encore garder très-sévèrement un courrier qu'on y avoit envoyé pour le faire revenir. » Les Mémoires de Richelieu ont-ils, en effet, passé ce fait sous silence? Non pas. Voici le récit des Mémoires, plus ample et plus circonstancié : « Le comte de Barault, notre ambassadeur, étoit parti d'Es-pagne dès le 2 janvier et y avoit laissé le sieur Peny, son secrétaire. Sa Majesté, ayant déclaré la guerre, manda audit sieur Peny qu'il la revint trouver, mais lui donna ordre de prendre audience du roy d'Espagne, si on la lui vouloit donner, ou du comte d'Olivarès..., etc...; mais il fut arrêté prisonnier et le courrier qui luy avoit porté la dépêche, sur ce qu'on eut avis en Espagne qu'on avoit arrêté à Paris le comte Salazard et saisi les papiers du vicomte Fabiano, secrétaire de l'ambassadeur d'Espagne en France, quoiqu'on les lui eût rendus et donné passe-port pour s'en aller où il voudroit[1]. »

M. Parmentier n'a pas ignoré davantage cette coïnci-dence frappante; mais il a fermé les yeux, et il dit à propos du passage du Supplément (p. 72) : « Cette pro-vocation de la part de l'Espagne *n'est pas dans l'His-toire;* on y lit, il est vrai, une violation pareille de la

____

1. T. IX, p. 603.

personne d'un ambassadeur français (il s'agit d'un résident); mais c'est en mai, lors de la déclaration de
guerre par un héraut au cardinal-infant en Flandre. »
Remarquons seulement à notre tour que le fait en question n'est pas daté dans les Mémoires et que s'il se trouve
placé un peu tôt, c'est que, selon leur habitude, les
Mémoires, suivant l'ordre des affaires, ont jugé à propos
de le citer à la suite des injures faites à la couronne de
France par le roi d'Espagne. Quant à supposer que deux
faits aussi parfaitement analogues se soient produits
alors, je laisse au lecteur à juger ce qu'il y a de vraisem-
blable dans cette défaite.

Citons encore un fait analogue, et tout aussi con-
cluant. Le Supplément raconte comme les Mémoires,
mais d'une façon beaucoup moins complète, le projet que
fit un certain Chavaignac, soudoyé par les gens de la
reine mère, d'assassiner le cardinal de Richelieu. Voici
le passage du Supplément : « Interrogé par le garde des
sceaux et le sieur du Chatelet, maistre des requestes,
confessa qu'il estoil venu de Bruxelles en dessein de tuer
le Cardinal, y ayant esté pressé et comme contrainct,
l'ayant desjà refusé deux fois, avec l'asseurance de cinquante mil escus, et qu'on luy avoit faict mettre des
relais sur les chemins pour se sauver, et déclara les
autheurs de cet attentat *des noms desquels je ne veux
pas salir l'Histoire*[1]. » Les Mémoires racontent cette
même tentative avec des détails bien plus précis et bien
plus curieux; et surtout ils n'ont pas ce scrupule du
Supplément : ils nomment en toutes lettres Du Fargis et
le P. de Chanteloube comme les conseillers du crime[2].
— Peut-on après cela imaginer que le rédacteur du Supplément ait eu le texte des Mémoires sous les yeux et
qu'il ait écrit la phrase que nous avons citée tout à
l'heure?

Nous laissons de côté une masse de faits tout aussi

1. Suppl., t. I, fol. 9.
2. Michaud et Poujoulat, *Mémoires*, t. VIII, p. 725.

probants, de considérations générales et particulières,
dont l'énumération deviendrait fastidieuse. Nous ne nous
sommes arrêté ni à la différence du style, ni au ton des
jugements qui sont quelquefois sévères pour le Cardinal ; nous n'avons tiré aucun parti des nombreux faits
que nous avons recueillis dans la lecture de ces volumes
et qui indiquent la véritable provenance de ses pièces et
le véritable but de leur mise en œuvre. C'est là une étude
qui doublerait les dimensions de cet article déjà trop
long : d'ailleurs elle intéresse plutôt la critique générale
des documents de l'histoire de Louis XIII que celle des
Mémoires de Richelieu lui-même. C'est sur ce terrain
que nous avons voulu nous maintenir.

Il ne nous reste plus, pour pouvoir enfin poser nos
conclusions générales, qu'à examiner le seul argument
sérieux sur lequel s'est élevée la thèse de M. Parmentier, c'est-à-dire la concordance de certains renvois du
Supplément avec le texte des Mémoires. Ces renvois sont
au nombre de quinze, dit M. Parmentier ; « il n'y en a
point d'autres ». Nous doutons beaucoup de la vérité de
cette affirmation ; mais contentons-nous de ce nombre.
M. Parmentier a cité tous ces passages dans son ouvrage
(p. 53 et suiv.). D'une façon générale, quels sont les
faits à l'occasion desquels le Supplément les a écrits ?
Toujours les plus importants de l'histoire de cette
époque : c'est la mort de Wallenstein ; c'est la bataille de
Nordlingen ; c'est la surprise de Philipsbourg par les
Impériaux ; c'est la déclaration de guerre à la couronne
d'Espagne ; c'est la bataille d'Avein et ainsi de suite. Or,
je le demande, quelle est l'histoire du règne de Louis XIII
qui pouvait passer sous silence de tels événements ? De
ce que ces faits se trouvent racontés dans les Mémoires
de Richelieu, faut-il conclure que ce soient ces Mémoires
que l'auteur du Supplément ait en vue ? Mais ces récits
sont aussi dans Aubery, ils sont dans Malingre, ils sont
dans Dupleix ; ou mieux ils sont tous dans la *Gazette* et
le *Mercure de France,* où chaque historien pouvait en

aller puiser les détails; la concordance générale de ces renvois avec certains passages des Mémoires ne prouve donc rien.

Si nous entrons dans le détail, l'absence de coïncidence exacte prouvera cette fois en sens contraire; nous avons déjà fait remarquer qu'à l'occasion de la prise de Philipsbourg, le Supplément remet à l'Histoire le récit de la trahison de Bamberger; les Mémoires de Richelieu n'en parlent pas. Au tome IV, folio 31, le Supplément laisse à l'Histoire de mettre le nombre en détail des troupes du roi, en mai 1636, pour l'ouverture de cette campagne. M. Parmentier, très embarrassé de ne pas rencontrer ce détail dans les Mémoires de Richelieu, se console en nous donnant celui que les Mémoires fournissent pour la campagne de 1635 (10 juillet); singulière concordance, n'est-il pas vrai? Ailleurs, il s'agit de la retraite de Gallas en Franche-Comté; le Supplément donne quelques détails assez précis, puis s'arrête et renvoie au récit de l'Histoire; ce récit évidemment doit être plus ample. Or, voici les deux lignes que les Mémoires de Richelieu consacrent à la description de la retraite : « Il commença à se retirer vers l'Allemagne, ce qui donna moyen au cardinal de La Valette d'aller assiéger Saint-Avold. » C'est vraiment court.

J'ai cité plus haut, on s'en souvient, l'allusion faite à l'arrestation du résident français à Madrid et le singulier subterfuge par lequel M. Parmentier a évité de reconnaître que le Supplément, ici, ne renvoyait évidemment pas à l'Histoire. Il y a un pendant. Le Supplément dit : « Le trentième (octobre 1638), le vicomte de Turenne attaqua avec des Français et Allemands le fort de la Chaîne de Brissac qui joint cette ville, qu'il emporta après un fort combat, et tout y fut tué. Je *laisse à l'Histoire la prise de Mercy en un autre combat* et le reste[1]. » Cette prise de Mercy a beaucoup dérangé M. Parmentier; car il n'y a rien de cela dans les Mémoires de

_____

1. T. IV, fol. 241.

Richelieu. Comment faire? C'est alors que M. Parmentier a songé aux bévues commises par le copiste. « Mais, s'est-il écrié, il se trouve dans le Supplément quantité de bévues dues au copiste, qui écrivait très vite *sous la dictée* (?) et entendait souvent mal. On lui avait dit *cette ville*, et il avait compris *Mercy* (!!). Cette confusion est une des moindres; il y en a qui rendent parfois le texte inintelligible. Par *cette ville* entendez Brisach, qui fut enlevée le 19 décembre 1638 à la suite d'opérations militaires bien décrites dans l'Histoire ». Cette explication est vraiment un peu forte : comment *Mercy* devenant *cette ville; cette ville* devenant *Brisach;* Brisach *prise en un combat.* Ce tissu d'absurdités n'a pas suffi pour arrêter M. Parmentier !

N'insistons pas : le parti pris est assez évident. Prolonger la série de nos observations serait fastidieux et inutile. Nous pensons pouvoir affirmer maintenant que la bibliographie des Mémoires de Richelieu est complètement débarrassée de l'élément de trouble et d'incertitude que la thèse de M. Parmentier avait failli y introduire. C'était là le seul but que nous nous proposions en entreprenant ce long compte-rendu.

Quant à chercher maintenant ici quelle est la véritable nature de ce Supplément, quel est son auteur, quels sont les Mémoires qui ont été mis en œuvre, cela dépasserait notre cadre. Nous avons, pour nous, l'entière conviction, — conviction fondée sur l'étude du manuscrit et sur des preuves positives, — que ni V. Siri ni M. Ranke ne se sont trompés et que nous avons affaire à des mémoires sortis du cabinet du P. Joseph. Nous réserverons pour une autre occasion l'exposé de nos recherches à ce sujet. Elles ne s'appliquent plus maintenant à l'étude critique des Mémoires de Richelieu et elles rentrent bientôt dans l'immense bibliographie des documents inédits relatifs au règne de Louis XIII.

[1878.]

RICHELIEU ET RUBENS

Rubens, né en 1577, était de huit ans plus âgé que Richelieu; mais les études artistiques étant longues, il ne produisit ses premières œuvres que vers 1604, à l'époque où le jeune abbé du Plessis de Richelieu terminait ses études en Sorbonne. La personnalité de Rubens s'affirme et son nom se fait connaître de 1614 à 1618; c'est le moment où Richelieu, hâtant sa carrière, est élu député aux États-Généraux et devient ministre pour la première fois. La commande de la galerie du Luxembourg est faite à Rubens par Marie de Médicis, à l'heure où l'évêque de Luçon est le confident intime de la reine mère et mène à son gré la petite cour. Rubens y travaille quatre ans, et il vient lui-même veiller à l'installation de ses tableaux dans le palais neuf, en 1625, à l'heure où Richelieu, cardinal et premier ministre, conclut sa première grande affaire diplomatique : le mariage de Henriette-Marie, sœur de Louis XIII, avec Charles Ier, roi d'Angleterre. Rubens assista à la cérémonie. A partir de cette époque, les deux vies, celle de l'homme d'État, qui eut un goût si prononcé pour l'art, et celle de l'artiste, qui crut reconnaître en lui-même des facultés d'homme d'État, sont parallèles. Rubens mourut en 1640, Richelieu en 1642.

Pour revivre l'époque de Richelieu, il suffit de se placer devant l'œuvre de Rubens. La « Galerie », c'est Marie de Médicis, c'est-à-dire la reine à qui Richelieu doit tout. Elle offre ses chairs plantureuses et sa masse fleurie au gras pinceau de l'artiste; on dirait qu'elle est faite pour lui. En appareil royal ou en voile de deuil, couronnée de perles ou corsetée d'argent, toute gonflée et godronnée ici-bas par les falbalas de la mode, ou nue, là-haut, et non moins débordante dans l'Empyrée, affalée aux lassitudes de l'accouchement, ou chevauchant sous le panache à triple étage qui conduit ses troupes à la défaite des Ponts-de-Cé, elle mène le cortège des Madeleines pléthoriques, des Vénus charnues et des nymphes callipyges dont Rubens a peuplé les cathédrales et les musées.

Près de la « mère », voici le « fils », ce triste et morose Louis XIII, à la barbiche noire et au teint plombé; puis, voici l'autre reine, Anne d'Autriche, attendant, dans les mélancolies d'un mariage oisif, les temps plus savoureux de Mazarin et de l'autre régence; voici les cardinaux en robe écarlate, les seigneurs guindés sur la haute fraise ou le collet empesé, les cavaliers étincelants sous la cuirasse d'or, les gardes tendus sur la hallebarde et, au bord des cadres, le minois joli des « filles de la reine » glissant vers le spectateur un regard fripon.

Et voici, par contre, les rivaux, les adversaires de Richelieu : ce froid Philippe IV, que Vélasquez, d'une touche plus grave, a aussi peint; les archiducs et l'infante Isabelle, celle qui fut la véritable souveraine de Rubens, vêtue de l'habit monacal; les ambassadeurs, les savants, les capitaines, le vainqueur de Breda, Spinola, et le cardinal-infant, saluant d'un geste si noble Ferdinand, roi de Hongrie, à la glorieuse victoire catholique de Nordlingen; voici Olivarès, le « conte duque », et voici Buckingham; mais parmi cette foule de contemporains qui semblent l'attendre, notre cardinal ne se trouve pas.

Pourtant, les deux hommes, le prêtre et le peintre, s'étaient vus, rencontrés, connus; mais, entre eux, nulle sympathie. Rubens, après avoir eu avec Richelieu les relations nécessaires pour l'exécution, l'installation et le paiement de la Galerie, malgré son goût pour les puis-

sants du monde, en resta là ; aussitôt qu'il put, il se déga-
gea, il rentra dans ses Flandres et ne se rapprocha
jamais. Peut-être l'artiste ne fut-il pas pleinement satisfait, mais ce fut le diplomate surtout qui prit ce parti et
qui s'y tint. Car Rubens fut, comme on le sait, un diplomate, non d'occasion, mais d'intention et d'action, diplomate écouté, employé, bon Flamand et fidèle sujet de son
roi, le roi d'Espagne, et de sa chère archiduchesse, l'infante Isabelle.

*
* *

Aux origines de Rubens, il y a un drame de famille où
la politique et la religion sont mêlées de telle sorte qu'on
ne peut mettre en doute l'influence qu'il eut sur la formation, le caractère et la carrière de l'homme. Son père,
Jean Rubens, appartenant à une bonne famille d'Anvers, échevin et personnage considéré, se porta vers le
calvinisme et dut, à l'époque des persécutions du duc
d'Albe, s'enfuir à Cologne, emmenant sa femme et ses
jeunes enfants. Il rencontra dans cette ville Anne de
Saxe, femme du fameux Guillaume d'Orange ; cette personne de mœurs faciles s'amusait à couronner, autrement que de lauriers, la tête sévère du « Taciturne ».
Jean Rubens devint l'avocat, le secrétaire, puis l'amant
de la princesse. Guillaume d'Orange y perdit son flegme,
et, par le moyen de son frère, Jean de Nassau, il fit enlever et enfermer, au château de Dillenburg, le secrétaire
qui observait si mal les distances. La femme de Jean
Rubens, Marie Pypelinckx, pardonna à son époux, tint
tête à l'orage ; elle éleva du mieux qu'elle put sa petite
famille, qui s'était accrue cependant. Pierre-Paul Rubens,
notre Rubens, était né, en effet, pendant cet exil, à Sie-
gen, probablement en 1577[1].

___

1. Je ne puis que renvoyer, une fois pour toutes, aux ouvrages d'une
érudition si profonde et si sûre que M. Max Rooses, conservateur du
Musée Plantin, a consacrés à Rubens : *Rubens, sa vie et ses œuvres*

Rubens grandit donc parmi les malheurs domestiques ; il connut d'abord le foyer vide, la mère en larmes, les amertumes d'une existence gênée et honteuse. Puis ce fut la mort du père, la rentrée à Anvers, alors que le fils de Marie Pypelinckx, intelligent et déjà les yeux ouverts, avait dix ans environ, et enfin le retour à la foi catholique de la mère et des enfants. Est-il téméraire de supposer que si Rubens fut, toute sa vie, un catholique ardent, un homme assoiffé de considération et d'honneurs, c'est par réaction contre les douleurs et les peines dont les fantaisies « réformées » du père avaient accablé ses jeunes années?

Rubens rentrait à Anvers, retrouvait au milieu des siens le calme, le bien-être, l'estime due à ses premiers travaux. Il s'attache à cette ville, à la foi de ses pères, à la fidélité « espagnole ».

La Belgique était, à cette époque, engagée dans le grand duel qui décidait des destinées de l'Europe. Le monde catholique se ruait sur le monde protestant. L'Allemagne et les Pays-Bas étaient les champs de bataille. Tandis que la Hollande et les Provinces-Unies s'étaient insurgées contre la lointaine Espagne et s'étaient données avec une sorte de fureur guerrière et mystique à la cause réformée, les provinces flamandes, s'affirmant dans leurs croyances traditionnelles, formaient le boulevard du catholicisme contre l'invasion protestante et républicaine. Et leur position était d'autant plus méritoire et plus difficile que, derrière elles et au-dessus d'elles, la France de Henri IV et de Richelieu tendait la main aux Hollandais et aux puissances du Nord, fomentant et alimentant de ses subsides toutes les forces anticatholiques et toutes les insurrections.

Dans cette lutte acharnée qui dura quatre-vingts ans,

(Flammarion); *Correspondance de Rubens,* publiée avec la collaboration de M. Ruelens (Anvers, 5 vol. in-4° parus). — Voir aussi Gachard, *Histoire politique et diplomatique de Rubens;* Henrard, *Marie de Médicis dans les Pays-Bas,* etc., etc.

Anvers, à la limite des deux camps hostiles, souffrait cruellement : la liberté de son port, le commerce de son fleuve, la fortune et la vie de ses citoyens suivaient les alternatives du combat. Ballottée entre les deux puissances adverses, toujours en péril, souvent assiégée, surveillée étroitement par la politique anglaise, elle avait été condamnée à une mort lente par la trêve de 1609 qui, en suspendant les hostilités pour douze ans, avait fermé l'Escaut à la navigation. Comme Rubens rentrait à Anvers, Anvers périssait.

Rubens grandit. Il reçoit des leçons d'Otto Vaenius, part pour l'Italie, devient, pendant huit ans, le peintre en titre et le familier du duc de Mantoue; de là gagne Rome, où il travaille d'après les maîtres de la Renaissance, et enfin, artiste accompli, reçoit, pour l'église Santa-Maria e San-Gregorio in Vallicella (Chiesa nuova), sa première commande importante (la « Madone entourée de saints », qu'il devait placer plus tard sur le tombeau de sa mère et qui est maintenant au musée de Grenoble). De Rome et de Mantoue il est envoyé à Madrid. Il est reçu à la cour et peut admirer de près la splendeur du roi qui a pour domaine « l'empire où ne se couche pas le soleil », pour demeure l'Escurial et pour peintre Vélasquez.

Ces impressions façonnent une âme de trente ans. Tout à la joie de vivre, enivré de la vision des choses extérieures, le peintre de la pompe a rencontré la pompe elle-même, la noblesse, la dignité, la magnificence, l'emphase. La Rome papale, celle qui règne sous la coupole neuve de Saint-Pierre, lui avait révélé l'autre Rome, la Rome antique, celle qui survit au Panthéon et au Forum. A Madrid, il salue en son maître le champion de cette puissance traditionnelle qui couvre le monde de l'étendard du Christ. Rubens, parti d'Anvers « belge » et « catholique », y rentre « espagnol » et « romain ».

Son art exprimera avec une ampleur, une richesse, une abondance, une conviction incomparables les ardeurs de la résistance catholique, la confiance dans la victoire finale de l'Église; il couvrira de ses créations souveraines les murs des églises que la foi renouvelée bâtit selon les règles de l'art antique; il appellera à la rescousse les dieux du paganisme pour honorer le dieu des chrétiens. Son génie opposera les deux grandes traditions méditerranéennes à l'irruption iconoclaste du monde septentrional.

Dans cette lutte, il s'associera à toutes les forces que la Rome pontificale restaurée, la Rome du Concile de Trente, lance sur l'univers. Il sera toujours et partout l'allié et le serviteur des hommes d'église, des ordres, des congrégations et, en particulier, de cette Compagnie de Jésus qui tient la tête de l'offensive; ses saints, ceux dont il célébrera avec le plus d'onction les miracles, seront les saints jésuites, saint Ignace, saint François Xavier; et quand il rapportera dans sa Belgique les principes de cet art néo-classique recueillis à Rome, à Mantoue, à Gênes, il définira lui-même l'idéal nouveau en ces termes : « Nous voyons, dans nos pays, l'architecture appelée barbare et gothique dépérir lentement et disparaître; nous voyons quelques esprits éclairés introduire dans notre patrie, pour son embellissement et pour sa gloire, une plus grande symétrie qui suit les règles établies par les Grecs et les Romains. *Nous en trouvons des exemples dans les églises élevées par la Révérende Société de Jésus dans les villes d'Anvers et de Bruxelles.* » Ce qu'il célèbre, en somme, c'est le style « jésuite », que nos voisins les Belges appellent de préférence le style « rubinien ».

Rubens est le peintre des deux Romes; il est l'héritier de l'Italie, mais transformée, reconvertie, « hispaniolisée »; il est catholique, oui, mais il est surtout pontifical.

Son génie n'en reste pas moins essentiellement flamand. Ce génie robuste et vibrant qui, se mesurant avec la nature entière, ne se satisfait que quand il l'a exprimée toute et qu'il l'a, pour ainsi dire, dépassée, ce génie, où a-t-il puisé sa sève, sinon dans ce limon des Belgiques, qui s'engraisse de toutes les alluvions de l'Europe? Rubens est l'héritier, à peine assagi, des splendeurs et des prodigalités bourguignonnes ; sa rhétorique est celle des « rhétoriqueurs » et sa technique impeccable est celle des tisserands, ses ancêtres. La Bourgogne des Philippe le Bon et des Charles le Téméraire, celle qu'avaient combattue Jeanne d'Arc et Louis XI, revit sous son pinceau; elle inspirera ses élèves ou ses successeurs, Jordaens, Téniers. Dans les dessous de cette œuvre de magnificence, il y a les réalités joviales et purement terrestres; les communions s'achèvent en ripailles et les processions en kermesses.

*
* *

Richelieu appartenait à une autre tradition. Fils des bords de la Loire, né aux jardins de Touraine, il n'ignorait pas la puissance de ces grasses terres du Nord et les convoitait parfois; cependant, plus sobre et plus fin, il hésitait à mêler ce sang surabondant au sang de France. Peiresc nous a laissé, en deux traits, le croquis de la cour quand on exposa, pour la première fois à Paris, la galerie du Luxembourg : « La reine, écrit-il, a été satisfaite au delà de toute expression, et elle a qualifié M. Rubens comme le premier homme du monde dans son art... Quant au cardinal de Richelieu, il ne pouvait se rassasier de regarder et d'admirer. » La reine s'écrie; le cardinal se tait : ne sent-on pas la nuance?

On sait, d'ailleurs, que, dans ce même temps, le cardinal de Richelieu s'efforçait de faire attribuer la commande de l'autre galerie, — celle qui devait célébrer la gloire du roi Henri, — à quelque peintre italien, le Josepin ou Guido Reni. Ce Rubens, dont la puissance et la verve faisaient craquer les cadres convenus, l'étonnait, mais ne lui plaisait pas. Si j'osais, je dirais qu'il en fut du

génie de Rubens comme de celui de Corneille, — où se
révélaient d'ailleurs certaines influences analogues, romain lui aussi et disciple des jésuites; — le grand cardinal, à la fois autoritaire et mesuré, les observait, et il
réfléchissait aux conséquences.

La sensibilité de l'artiste avertit Rubens. Sa nature,
sa race étaient différentes, son idéal et sa récompense
étaient ailleurs. A peine la Galerie posée, il rompt avec
Paris. Il écrit à son ami Peiresc, le 13 mai 1625 : « En
somme, je suis fatigué de cette cour, et si l'on ne me
satisfait pas avec une promptitude égale à la ponctualité
dont j'ai usé moi-même dans le service de la reine mère,
il peut arriver, je vous le dis en confidence, que je n'y
retourne pas facilement. »

Il ne devait plus y paraître jamais. Ses rares voyages
à Paris ne sont que des passages, où, le plus souvent, il
se cache même à ses amis. Dès cette époque, il combat
la politique française, et bientôt il travaille avec une persévérance que rien ne lasse à la ruine de Richelieu.

Déjà le diplomate apparaissait sous le peintre. C'est à
Paris même, et pendant le séjour de 1625, qu'il fit, aux
cérémonies du mariage anglais, la connaissance de Buckingham et surtout de l'homme qui devait l'engager dans
les affaires internationales : Balthazar Gerbier.

Balthazar Gerbier, Français d'origine, Hollandais de
naissance, Anglais par choix ou par profession, fut un
des coquins les plus complets que l'intrigue interlope ait
connus dans un temps où, pourtant, on n'était pas difficile. D'abord graveur, puis peintre, puis professeur,
puis agent de l'Angleterre, puis inventeur, puis colonisateur, toujours à court d'argent, espion dans les camps
divers, grand dénicheur de secrets et fameux marchand
d'orviétan, il sert tous les maîtres et trahit toutes les
causes qui se fient à lui. On sait qu'il livra à la cour de
Philippe IV le détail d'une conjuration formée par les
gentilshommes belges pour secouer le joug et qu'il

signala ainsi à la vindicte espagnole ; et je suis en mesure
d'ajouter qu'il vendit, d'autre part, à la cour de France ce
qu'il savait des projets de l'Espagne. Il vécut dans la men-
dicité et mourut dans le mépris : et, le plus extraordinaire, c'est qu'il a tenu lui-même le cynique registre de
ses ignominies.

Pour le malheur de Rubens, cet homme fut l'introduc-
teur du grand artiste sur le théâtre politique. Disons
tout de suite que Rubens paraît avoir ignoré les dessous
du personnage. Séduit sans doute par l'imagination
inventive de Gerbier, par les hautes relations dont il
pouvait se targuer, par l'adresse avec laquelle il maqui-
gnonna, au début, la vente à Buckingham des collections
que Rubens avait réunies dans les voyages, celui-ci lia
partie avec l'intermédiaire qui lui paraissait si facile et
si obligeant. Il resta toute sa vie attaché à Gerbier; il
descendait chez lui à Londres et il le traitait encore en
ami la veille de sa mort.

Rubens voyait aussi en Gerbier un ouvrier adroit et
utile de l'œuvre qui était la sienne ; elle se résumait en
une seule pensée : imposer à l'Europe la « paix catholique », pour le plus grand profit de Rome et de l'Espagne. Nul ne peut contester que l'entreprise ne fût d'un
bon Flamand et d'un loyal sujet ; mais elle se heurta à la
volonté et au génie de Richelieu.

Rubens apparaît dans cette tâche qu'il s'est, en somme,
donnée à lui-même, — car on n'eût pas été le chercher
dans son atelier, — comme un homme avisé, ingénieux,
un esprit fin et pénétrant ; mais aussi on le sent dupe des
apparences ; il est trop esclave des cérémonies ; il se pipe
au langage des cours, se laisse entraîner par ses propres
imaginations et par son besoin de « paraître » ; honnête,
affable, séduisant, beau, bien habillé, — un peu « glorieux ».

De 1620 à 1631, et même jusqu'en 1635, l'artiste-
diplomate est sur la brèche ; il s'offre, se multiplie,

abonde en démarches, en services, en correspondance, sacrifie tout, et même sa peinture, à cette illusion du travail politique. Il inspire une entière confiance à sa maîtresse directe, l'infante Isabelle; il conquiert même, à un certain moment, les conseils du roi d'Espagne, si soupçonneux pourtant; il devient l'ami et le familier de l'illustre Spinola; en Angleterre, il est admis à l'entretien particulier de Charles Ier et traite d'égal à égal avec les ministres. Reçu, le plus souvent, comme un agent un peu subalterne, mais toujours recherché en raison de ses belles manières et respecté en raison de son talent. On utilise ses services, on recourt à sa bonne volonté, mais sans lui dire le dernier mot des choses, — émissaire sans mission, secrétaire sans le secret.

Longtemps il peut se faire illusion sur sa véritable importance. Il est anobli en Espagne et nommé chevalier en Angleterre. Le fils de l'échevin s'élève, et son blason récent dédaigne peut-être son pinceau, quand il est ramené, soudain, à une bien rude appréciation des choses par un mot terrible du duc d'Erschott, grand seigneur belge compromis dans la conjuration, qui, flairant peut-être la dénonciation dont il allait être victime de la part de Gerbier, écrit à Rubens : « Vous apprendrez, Monsieur, comment doivent écrire à des gens de ma sorte des gens de la vôtre. »

Le lendemain, Rubens renonça aux affaires et retourna pour toujours à ses toiles. Il écrit à Peiresc : « Je me jetai aux pieds de Son Altesse et lui demandai, pour unique récompense de mes peines, qu'elle me dispensât de nouvelles missions et me permît de remplir mes fonctions (de secrétaire du Conseil) sans sortir de chez moi. »

*
* *

Disons maintenant quelles furent ces affaires qui mirent Rubens sur le chemin de Richelieu. Tout d'abord,

il travaille avec un de ses cousins, un Hollandais nommé
Jean Brandt et surnommé le « Catholique », à la conclusion d'une paix directe entre les Pays-Bas et l'Espagne.
Cette entreprise, qui s'explique de la part d'un Anver-
sois, était inconciliable, en ce temps-là, avec la fierté
espagnole et le fanatisme néerlandais : elle n'aboutit pas.

La seconde campagne diplomatique de Rubens prétendait à plus d'ampleur encore : elle ne visait à rien
moins qu'à renverser tout le système des alliances européennes et à rapprocher l'Angleterre et l'Espagne contre
la France. Ayant deviné, chez Charles Ier, certaines ten-
dances espagnoles, le peintre crut pouvoir déterminer un
rapprochement entre les deux couronnes. Mais il comptait sans l'opinion publique anglaise qui traqua le Stuart
jusqu'à l'échafaud. La politique du rapprochement an-
glo-espagnol aboutit à la révolution et à l'avènement de
Cromwell.

Rubens se résolut, enfin, à viser directement le grand
maître de la politique française, Richelieu. Quand Marie
de Médicis, après la « Journée de Dupes », se fut enfuie
de la cour et eut passé la frontière, demandant un asile
à l'infante Isabelle, il se donna, corps et âme, à la cause
de la reine fugitive et de « Monsieur », frère du roi ; ce
fut à lui que le gouvernement de l'infante confia le soin
de traiter avec les rebelles français. Il s'enfonça, ainsi,
de gaieté de cœur, dans toutes les causes perdues. Il
négocie avec ce La Vieuville que Richelieu avait rem-
placé au pouvoir et qui s'était enfui pour venir comploter
contre son détesté successeur ; il s'abouche avec d'Estampes de Valençay, avec les intrigants de l'entourage de
« Monsieur ». C'est à lui qu'ils exposent leurs déboires,
leurs espoirs, leurs illusions. Il se multiplie, et Gerbier
est son intermédiaire.

L'activité de Rubens dans cette lutte suprême aboutit
à un long mémoire qu'il adresse au premier ministre espagnol, le comte-duc d'Olivarès, mémoire par lequel il se

porte fort pour les proscrits, assurant que si l'on déclare
la guerre à la France et si l'on appuie l'entreprise de Gaston d'Orléans, on jettera bas, cette fois, l'éternel adversaire. Or, sur la marge de ce long factum qu'avait dicté
l'excès d'un zèle antifrançais, Olivarès écrivit cette simple
phrase : « Il n'y a pas lieu de discourir sur cette lettre
de Rubens ; elle est pleine d'absurdités et de verbiage
italien ; avec les meilleures intentions du monde, ces
gens-là, quand on les emploie dans une affaire, y vont
en aveugles et ne font plus attention qu'à celle-là. »

Le ministre assénait, de haut, le jugement définitif sur
la politique de Rubens. Le grand peintre, renvoyé à ses
pinceaux, les ressaisit, mais avec une sorte de fureur. Il
était en proie, désormais, à cette crise de mélancolie, —
nous dirions aujourd'hui de neurasthénie, — qui assom-
brit ses derniers jours.

La diplomatie de Richelieu l'emportait... Cependant,
notre cardinal avait choisi pour peintre le janséniste Philippe de Champaigne.

[1911.]

LA LEÇON DU CANADA

Jamais les Français n'étudieront assez l'histoire du Canada : au moment où la France vient de fonder un nouvel empire colonial, elle doit se remémorer sans cesse les erreurs et les fautes qui ont amené la perte de ses colonies au XVIIIe siècle : c'est le meilleur moyen d'apprendre comment elle saura garder celles qu'elle a fondées au XIXe et au XXe.

Le Comité France-Amérique a inscrit, en première ligne, sur la liste des ouvrages devant former la bibliothèque qu'il présente au public, l'*Histoire du Canada* de François-Xavier Garneau, complétée et mise au point, dans cette cinquième édition, par son petit-fils Hector Garneau. Je n'ai pas à faire l'éloge du livre : publié pour la première fois en 1845, il a placé son auteur à un rang très distingué parmi les historiens français. La nouvelle édition forme une véritable encyclopédie de l'histoire du Canada. Après les beaux travaux de M. Salone sur la *Colonisation de la Nouvelle-France*, de M. de La Roncière sur l'*Histoire de la Marine* (3e et 4e volumes), de M. Chapais sur *Jean Talon*, de M. André Siegfried, *le Canada*, de M. Louis Arnould, *Nos amis les Canadiens*, les annales de la colonisation sur les bords du Saint-Laurent n'ont plus de mystères. On revit, pour ainsi dire, jour par jour, les heures de l'espoir et celles du découragement, de l'apogée et du déclin. Les causes et les effets apparaissent dans leur belle ou triste réalité. Aussi est-il possible de dégager, maintenant, à l'aide de cette « littérature » nouvelle et des faits exposés en pleine lumière, l'enseignement que nous laisse l'histoire de notre belle et chère colonie, — ce que j'appellerai « la leçon du Canada ».

Le sentiment général des fondateurs de la colonie fut qu'il s'agissait réellement d'une « nouvelle France ». On tenait au mot et à la chose : « Le nom de « Nouvelle-« France », dit, justement, l'historien de Henri IV, était une déclaration de l'importance que le gouvernement attachait aux nouvelles possessions. Le nom populaire de Canada n'aurait compris ni la côte du golfe de Saint-Laurent, ni la contrée maritime (et on pourrait ajouter fluviale) des États-Unis. La préférence donnée au mot de Canada par les historiens modernes doit être attribuée à l'inadvertance ou à l'ignorance de la moitié du pays dont se composait l'établissement colonial commencé et résolu sous Henri IV[1]. »

Quant au caractère même de la colonie, il était défini avec une exactitude parfaite par Champlain et ses disciples immédiats. « Les demandes ordinaires que l'on nous fait sont : Y a-t-il des trésors? Y a-t-il des mines d'or et d'argent?... Quant aux mines, il y en a vraiment, mais il faut fouiller avec industrie, labeur et patience. La plus belle mine que je sache, c'est du blé ou du vin, avec la nourriture du bétail. Qui a de ceci, il a de l'argent. Et de même, nous n'en vivons point quant à leur substance[2]. » Poutrincourt, au dire de Lescarbot, présenta à Henri IV cinq outardes ainsi que des échantillons de blé, froment, seigle, orge et avoine, qu'il avait semés à Port-Royal, « comme estant la chose plus précieuse que l'on puisse récolter en quelque pays que ce soit[3] ».

Ainsi, il s'agit bien d'une colonie de peuplement au delà de l'Océan; il s'agit bien d'une « autre France ».

1. Poirson, *Histoire de Henri IV*, t. III, p. 566. — Cité par H. Garneau, *Histoire du Canada*, Appendices, p. 28.
2. Lescarbot, cité par H. Garneau, Appendice LX, p. 29.
3. *Ibid.*, Appendice LII.

La situation géographique, le climat rude, mais sain, l'espace grand ouvert devant l'explorateur, le chasseur et le laboureur, les avantages immédiats de la pêche et de la traite des fourrures, la conformité des plantes et des fruits de la terre avec ceux de la mère patrie observée dès le premier voyage de Champlain, tout promettait le succès. Pourtant, le succès s'est fait attendre longtemps et, une fois obtenu, la colonie a été séparée brusquement de la mère patrie.

La perte du Canada et des Indes, au xviiiᵉ siècle, a accrédité le dicton que « le Français n'est pas colonisateur ». Il serait pourtant cruellement injuste de l'appliquer, dans toute sa sévérité, à l'œuvre de nos pères au Canada. Peu s'en est fallu qu'ils n'aient pleinement « réussi » l'entreprise fondée par Henri IV, Richelieu et Champlain.

Quels sont, en effet, les principaux éléments du succès dans un essai de colonisation?

La découverte et l'exploration des lieux;

L'autorité prise soit par la force, soit mieux par la douceur, sur les populations indigènes;

Le peuplement par les colons originaires de la mère patrie;

Une exploitation économique fructueuse;

Une bonne organisation de la défense contre les ennemis et les envahisseurs;

La sympathie efficace de la mère patrie s'affirmant par les sacrifices indispensables et l'esprit de suite dans les relations avec la colonie.

Voyons ce qui s'est fait, au Canada, à ces différents points de vue. Nous aurons, ainsi, une connaissance exacte de l'effort produit et des résultats obtenus.

La découverte et l'exploration des territoires fut l'œuvre des meilleurs parmi les pionniers des origines. C'est ici que les Français excellent. Se jeter à l'aventure dans la brousse ou dans la forêt, allonger indéfiniment

le ruban des itinéraires, inscrire de nouveaux noms sur
les portulans et sur les cartes, s'exposer et se sacrifier au
besoin dans des entreprises téméraires, voilà ce qui
excite et fouette le sang de la race. Un double idéal atti-
rait, vers l'inconnu nord-américain, les explorateurs et
les missionnaires : les uns cherchaient cette fameuse
voie vers l'Asie par les mers ou les terres septentrionales
qui ne fut découverte que de nos jours par Roald Amund-
sen, les autres se donnaient pour tâche de gagner des
fidèles à la religion du Christ. Aussi l'exploration des
rivages et des territoires fut conduite, comme celle des
âmes, avec une maëstria incomparable.

Les noms de Verrazano, de Jacques Cartier, de Rober-
val, de Gourgues, de Dupont-Gravé, de Poutrincourt,
sans parler de Champlain, sont joints à l'histoire de la
découverte de la côte, depuis Terre-Neuve et l'Acadie
jusqu'aux Lacs. C'est la première étape. La deuxième
est marquée par les noms de Cavelier de la Salle, le Père
Marquette, Joliet, inséparables de l'exploration des grands
fleuves, l'Illinois, le Wisconsin et surtout le Mississipi,
aux embouchures duquel Cavelier de la Salle, venu par
l'intérieur, fonda, en 1682, la colonisation de la Louisiane. Puis ce furent les belles explorations du xviiie siècle,
notamment celle de Gaultier de la Vérendrye, inscrivant
sur la carte le lac Winnipeg, le haut Missouri, les Montagnes Rocheuses (1731) et esquissant ainsi le futur
tracé du Canadian Pacific.

Et il ne peut être question de rappeler, même par une
énumération de noms, les pointes hardies des baleiniers
basques, bretons, normands, qui fouillèrent toutes les
anfractuosités de la côte peut-être avant Christophe
Colomb, les randonnées des coureurs de bois et des coureurs de prairie se jetant à corps perdu dans la vie sau-
vage et s'enfonçant vers l'inconnu par les sentiers de
chasse et les sentiers de guerre, les aventures pérégrines
des missionnaires, des chasseurs de fourrures, des pri-

sonniers échappés au supplice, des évadés de la civilisation, dont la légende dispute les rares souvenirs sub-
sistants à l'histoire.

L'Amérique du Nord, de la baie d'Hudson au Mexique,
fut une découverte française. La prise de possession de
ces immenses contrées au nom de la civilisation est bien
l'œuvre de « nos gens », comme disent si heureusement
les Canadiens. Avoir relié le mers boréales au golfe du
Mexique par une immense domination intérieure, c'est
un titre de gloire dont la grandeur commence seulement
à se découvrir et qui est tout à l'honneur de la « Nouvelle-
France ».

La conquête accompagna la découverte ; mais ce qu'elle
eut de remarquable, c'est que, au Canada du moins, elle
se fit du consentement des populations locales : la lutte
ne fut sanglante qu'avec les ennemis de nos propres
« sauvages ». Inutile de rappeler l'union indissoluble qui
exista, de tous temps, entre les Français et les indigènes
voisins de leurs établissements : cette union remonte à
la première expédition de Champlain. Tout ce qui dépendait de la France fut rapidement « français ». Les « sauvages alliés » combattirent partout près des soldats et des
colons. Ils reconnaissaient, comme leur maître, le grand
Ononthio d'outre-mer[1] ; ils se mirent à l'école des missionnaires, jusqu'à payer de leur ruine leur fidélité ! On
objecte les longues luttes avec les Iroquois, qui mirent,
plus d'une fois, la colonie à deux doigts de sa perte ; on
reproche à Champlain d'avoir pris parti dans les querelles de ces peuples et d'avoir tiré le premier coup de
fusil allumant des hostilités sans issue avec les peuplades
de l'intérieur. Mais l'état de guerre était endémique bien

---

1. On sait que ce nom d'Ononthio était la traduction du nom d'un
des premiers gouverneurs, M. de Montmagny (la Grande Montagne), et
qu'il fut appliqué au grand chef lointain des Français, le roi de France,
dans le langage habituel des indigènes. Garneau, *Histoire du Canada*,
p. 160, n. 68.

antérieurement entre les tribus elles-mêmes. Les indigènes qui s'acharnèrent contre les établissements français y furent poussés par les colonies européennes voisines et rivales : c'est l'Europe qui transporta ses querelles sur le nouveau continent. La colonisation française sut ménager les habitants du Canada et se glisser en quelque sorte, sans coup férir, au milieu d'eux. Ce don n'est plus guère contesté à notre pays ; il était affirmé, il y a quelques mois à peine, par un ministre anglais, à propos des colonies françaises contemporaines en Afrique ; on dirait qu'il s'agit de nos colonies d'Amérique au xviiie siècle. « Je puis vous assurer que c'est l'avis général des auteurs britanniques, — et ils sont nombreux et bien renseignés, — au sujet de la colonisation française dans le nord et l'ouest de l'Afrique, que, rarement et peut-être jamais dans l'histoire humaine, une nation civilisée n'a eu un succès plus général dans le gouvernement des peuplades arriérées, n'a été plus sympathique dans son traitement des aborigènes ou n'a mieux réussi dans leur développement économique que la nation française[1]. »

Les établissements français dans l'Amérique du Nord furent, de l'aveu de tous, parfaitement conçus et solidement fondés. Pour les emplacements des futures villes et métropoles, les décisions sont, du premier coup, définitives et *géniales*. Le Saint-Laurent et le Mississipi sont les plus belles artères du continent septentrional. Québec, Montréal, Ottawa, Saint-Louis, Saint-Paul, la Nouvelle-Orléans sont des lieux prédestinés. Un auteur trouve même, dans cette divination des points historiques, un des traits déterminants de l'aptitude colonisatrice des Français. Champlain est, à ce point de vue, un

---

1. Discours prononcé par M. Herbert Samuel, ministre des Postes britannique, au banquet de la Chambre de commerce britannique de Paris le 22 octobre 1911. — Cité par H. Garneau, Appendice XVII, p. 10.

type national bien caractérisé. Il a ce qui s'appelle chez nous le *coup d'œil*, c'est-à-dire le jugement, l'autorité et la vue de l'avenir : ces qualités ne vont pas sans un haut désintéressement.

On peut louer également la vigoureuse emprise que le Français exerce sur le sol pour la mise en valeur écono-. mique des territoires qui lui sont échus. La Nouvelle-France n'a pas l'attrait des mines, des métaux précieux, des substances rares et chères, des produits à cueillette facile et à rendement énorme. Tout, ici, demande l'effort. Même les entreprises les plus fructueuses, celles qui excitent, particulièrement, la cupidité des Compagnies, des capitalistes, des monopolistes, — attirés d'ordinaire par les proies réputées faciles, — en particulier la pêche et la traite des fourrures, ces entreprises ne peuvent être poursuivies sur les lieux qu'au prix d'une lutte constante et douloureuse contre le climat, la distance, la mer, la terre, les animaux et les hommes. Le gain ne s'obtient que par un labeur patient et quotidien et de petits triomphes successifs ; or, cela convient encore au Français. Il s'adonne à la corvée ingénieuse de chaque détail avec une sorte d'enthousiasme intime et c'est un délassement du corps et de l'âme, pour lui, que ces luttes sans répit contre toutes les forces de la nature.

Et, pourtant, ce n'est pas le véritable succès économique de la colonisation française : le Français est, avant tout, — il y a trois siècles comme aujourd'hui, — un défricheur, un cultivateur. Quand il s'agit de se mesurer avec la terre, même et surtout avec une terre neuve, farouche et résistante, il ne se sent pas de joie : bûcheron, vigneron, laboureur, herbager, sur quelque sol que ce soit et de quelque outil qu'il faille se servir, il y marquera son empreinte. Le colon des « nouvelles Frances » est, en cela, un vrai fils du paysan français. « Labourage et pâturage », la devise de Sully, il la transporte, en dépit de Sully lui-même (si peu colonisateur), partout où il met le pied.

Au Canada, la colonisation essentielle de tout établissement, c'est l'accès à la mer ou au fleuve ; aussi la colonie, agglomérée d'abord autour des centres, Québec, les Trois-Rivières, Montréal, par la nécessité de se grouper contre les Iroquois, s'aligne toujours le long du fleuve en bandes étroites s'enfonçant dans la profondeur du pays. Le bûcheron va droit devant lui, cherchant, toujours plus loin, un sol neuf, mais gardant le contact avec le « chemin qui marche » d'où il reçoit les marchandises européennes et par où il exporte au loin ses produits. A la fin du XVIIe siècle, après l'intendance de Talon, le sol canadien est une étoffe sillonnée de raies verticales appuyées sur le Saint-Laurent. Dès 1668, le Père Lemercier écrit : « Il fait beau voir à présent presque tous les rivages de notre fleuve habités de nouvelles colonies qui vont s'étendant sur plus de quatre-vingts lieues de pays le long des bords de cette grande rivière où l'on voit naître, d'espace en espace, de nouvelles bourgades qui facilitent la navigation, la rendant plus agréable par la vue de quantité de maisons et plus commode par de fréquents lieux de repos [1]. »

Ce qui ressort de tous les documents mis en lumière et même de statistiques précises, c'est que le Canada, vers le milieu du XVIIIe siècle, entrait dans l'aisance, sinon dans la prospérité [2]. Le luxe, le gaspillage, le jeu sont dépeints par Montcalm en traits vifs et poignants à la veille de la catastrophe. Il y avait des années où rien que la traite des pelleteries jetait, d'un coup, sur la colonie plus de trois millions. Les campagnes surtout étaient florissantes ; les maisons de bois des bûcherons, garnies de provisions, de bons mobiliers, de fanfreluches venues

---

1. Cité par H. Garneau, Appendices, p. 183.
2. Vers 1740, après « la grande paix », le commerce du Canada se balançait par environ deux millions à l'importation de la métropole contre pareille somme à l'exportation. Il faut multiplier par trois au moins pour avoir la valeur actuelle et par dix pour avoir le total du commerce extérieur et intérieur. — Voyez Salone, p. 400.

à grands frais de la mère patrie, se multipliaient dans la sylve et les récits des contemporains nous montrent le colon canadien d'alors pareil au colon tunisien d'aujourd'hui : « Ces fistons des paroisses qui portent une bourse aux cheveux, un chapeau brodé, une chemise à manchettes, des mitasses aux jambes et qui, dès qu'ils sont en âge d'être mariés, ont chacun un cheval[1]. »

Le Canadien français est resté un défricheur incomparable : maintenant encore, il est, partout, à l'avant-garde dans l'Ouest qui s'ouvre devant lui ; c'est là qu'il faut le voir, entouré de sa nombreuse famille, fidèle à la religion, à la langue, au souvenir de la mère patrie, c'est là que « l'habitant » vit dans sa maison de bois, « faisant chantier » et continuant contre la forêt la lutte dont ses pères lui ont légué la tradition. Il ne craint pas sa peine.

Ainsi cette robuste race s'est enracinée et s'enracine chaque jour sur le sol, d'où rien ne l'arrachera plus ; elle y a vieilli à son tour, préparant les semences d'un avenir incomparable : là vit cette « âme canadienne » qui est une *conserve* de l'âme française, attendant on ne sait quel retour impossible, comme la sentinelle du « Vieux Soldat » d'Octave Crémazie :

> Dis-moi, mon fils, ne paraissent-ils pas ?

Ce colon a travaillé et il a peuplé. Il a obéi à la loi qui domine le plus naturellement la destinée humaine ; où il y a de la terre, les hommes naissent ; car la terre veut l'homme et l'homme veut la terre. Quand la terre se

---

1. On peut débattre sur cette question de la prospérité au Canada vers le milieu du XVIIIe siècle. Voyez tout le chapitre v de Salone : « Ce que coûte la Nouvelle-France. » La colonie se plaint, la métropole se plaint ; tout cela est dans le cours normal des choses. Il n'y avait pas de grosses fortunes au Canada, mais une réelle aisance, et de l'épargne et de la dépense. Cela ressort nettement de toute la correspondance de Montcalm. Hocquart écrit au ministre, en 1732, ce mot qui, je crois, résume la situation : « Tous ont des dettes ; mais ces débiteurs satisfont peu à peu. » Salone, p. 423.

raréfie ou se divise, les familles meurent. La race française fut donc, au Canada, la race prolifique, s'il en fut jamais.

L'histoire du peuplement de la Nouvelle-France est, aujourd'hui, parfaitement connue : grâce aux recherches des Garneau, des Sulte, des Rameau, des Salone, on a dressé, nom par nom, la liste des familles françaises au Canada, et on a pu suivre leur destinée. Depuis le jour de l'année 1617 où le sieur Étienne Jonquest, natif de Normandie, épousa la fille aînée du sieur Hébert, la multiplication des familles commença, et la fille du sieur Hébert, qui épousa, en 1621, le sieur Couillard, si elle « revenait » aujourd'hui trouverait les Couillard, ses enfants, répandus par centaines sur une terre où son ménage fut, un moment, le premier et le seul[1].

Ne pas croire, cependant, que les résultats constatés aujourd'hui aient été sans sacrifices énormes dans le passé. Les listes de colonisation sont, au début, de véritables martyrologes ; naufrages, guerres, disettes, épidémies, tous les maux s'abattent sur cette triste semence qui veut naître. De 1617 à 1623 et même plus tard, la population française au Canada n'a pas dépassé cinquante ou soixante âmes. En 1653, après cinquante ans d'établissement, il n'y avait à Québec que cinq ou six maisons. « Tout étoit si pauvre que cela faisoit pitié[2]. » A cette même date, la colonie tout entière ne comptait que 675 âmes. Or, si on additionnait l'apport des hommes et des femmes que le gouvernement et les Compagnies privilégiées débarquèrent pendant cette même période, le chiffre total atteindrait plusieurs milliers. La mortalité fut donc énorme. L'élan ne s'affirma qu'à partir de l'intendance de l'excellent administrateur Talon : la Nouvelle-France comptait 8,415 habitants en 1676, et 12,263

1. Abbé Couillard-Després, *La première famille française du Canada.* Montréal, 1907. — Garneau, Appendices, p. 38.
2. *Ibid.*, p. 64.

en 1685[1]. Dès lors, la loi de multiplication opère d'elle-même ; la population quadruple en quarante ans ; elle comptait 55,000 Français lors de la séparation[2] et le Dominion en compte plus de deux millions aujourd'hui.

Malgré de si longues incertitudes et de si cruels holocaustes au Dieu des terres nouvelles, ce n'est donc pas le peuplement qui a manqué au territoire canadien pour que la colonie fût réellement une « nouvelle France ».

Le Canada français, au cours de sa brève existence, sut trouver en lui-même un autre principe de vitalité, je veux dire une âme, une âme locale et française tout à la fois. Il faut bien reconnaître, ici encore, un don, une aptitude particulière à la race : la France s'installe et progresse sans recul au cœur des populations nouvelles ; elle gagne et fait tache d'huile. Ainsi, de ses plus vieilles provinces et de ses plus récentes : l'Alsace et la Lorraine, réunies les dernières, étaient sa chair et son sang en 1870, et elles ne peuvent s'arracher à un corps qui est leur être. Au Canada, le miracle est le même. En 1626, quand il y avait six maisons à Québec, Québec voulait être français, comme si cette demi-douzaine de foyers fondés de la veille sur la falaise de Saint-Laurent eussent été installés, depuis des siècles, sur le calcaire de l'Ile-de-France : sentiment plus fidèle encore dans les revers que dans la prospérité. La colonie est donc, à elle-même, dès le début et jusqu'à la fin, sa meilleure défense.

Jamais corps d'enfants perdus fut-il plus lointain, plus exposé, plus abandonné ? Tout est contre lui : l'éloignement de la mère patrie, l'état de guerre presque perpétuel, la proximité des colonies rivales et soutenues par des renforts incessants, l'hostilité des tribus sauvages, entreprenantes et bien armées, et, surtout, la durée des hivers qui l'isole complètement pendant huit mois de l'année, les

1. Salone, p. 229.
2. *Ibid.*, p. 448.

glaces coupant toute communication de novembre à mai ; pendant ce temps, la colonie est murée. A chaque saison nouvelle, elle tourne les yeux vers la mer, en se demandant si les vaisseaux arriveront ou s'ils manqueront, comme ils ont si souvent manqué. Cette espèce de halètement, ce souffle coupé, si j'ose dire, par chaque période hivernale, a quelque chose d'angoissant, même à le suivre après des siècles dans les récits contemporains.

La Mère Marie de l'Incarnation écrivait, le 3 octobre 1648, ces lignes qui sont comme l'antienne de la vie canadienne : « On dépend si absolument de la France que, sans son secours, on ne saurait rien faire. Ajoutez à cela que, quelque pressées et importantes que soient les affaires, il faut attendre un an pour en avoir la solution ; et, si on ne les peut faire dans les temps que les vaisseaux sont en France, il en faut attendre deux... » Et encore : « Ni nous, ni tout le Canada, ne pouvons subsister encore deux ans sans secours, et si le secours manque, il nous faut mourir ou retourner en France![1] »

Un fait douloureusement précis donne l'idée de cet étrange isolement, tout à fait particulier au Canada, en raison de l'hostilité permanente des colonies anglaises, qui seules eussent permis des communications, du moins indirectes, avec la mère patrie. En 1759, à l'heure où la colonie allait succomber, un officier, qui apportait de France des ordres à Montcalm, apprit qu'une des filles de celui-ci venait de mourir ; mais il n'eut pas le temps de faire préciser laquelle des quatre. Montcalm écrivait, en apprenant la triste et incomplète nouvelle : « Je crois que c'est la pauvre Mirette, qui me ressemblait et que j'aimais fort. » Il ne devait jamais savoir si c'était cette préférée qu'il avait perdue.

Cette même année, la dernière de la colonie, le « secours » fut encore attendu avec la même impatience :

---

1. Cité par H. Garneau, I, Appendice XCI.

« Le 10 mai 1759, après six mois d'attente, apparurent les frégates aux mâts fleurdelisés. Jamais, dit un capitaine français, joie ne fut plus générale; elle ranima le cœur de tout un peuple[1]. »

Malgré tout, la foi demeure : la colonie se tient sur le pied de guerre, prête à se défendre et à mourir pour cette mère patrie qui a presque toujours les yeux et l'âme ailleurs.

A toutes les époques de l'histoire du Canada, on compta sur les milices locales, sur les « alliés sauvages », au moins autant que sur les soldats de la métropole pour la sauvegarde du territoire, grand comme deux fois la France, contre les incursions des Iroquois, contre les attaques des colonies hollandaises et britanniques et, finalement, contre l'offensive résolue de toutes les forces anglaises. La colonie est à elle-même son boulevard. Un seul chiffre : l'année de la défaite, « la France, pour défendre le Canada, avait envoyé 328 hommes. Pour la prendre, l'Angleterre en expédiait 9,000 avec 47 vaisseaux[2] ».

Aussi l'histoire militaire du Canada, qui n'est pas sans analogie avec celle des Boërs de notre temps, ne présente qu'une longue épopée de fidélité et d'héroïsme. La vie d'un certain Closse, notaire et greffier à Montréal, fut plus d'une fois marquée par des traits à la Léonidas; il périt (1662) en se portant au-devant des Iroquois pour secourir d'autres colons. Le dévouement de Dollard et de seize autres Français qui tinrent huit jours dans un retranchement de palissades improvisé, avec quelques sauvages alliés, contre 6 à 700 Agniers, et qui moururent jusqu'au dernier pour sauver la colonie, est une légende pareille aux plus beaux fastes des Romains : « Un Français qui était encore debout lorsque l'ennemi pénétra dans le fort, voyant tout perdu, acheva, à coups de hache, ses compagnons blessés pour les empêcher de tomber vivants

<hr>

1. Arnould, *Nos amis les Canadiens*, p. 17.
2. Arnould, *Ibid*.

entre les mains du vainqueur (21 mai 1660)[1]. » Les exploits
du jeune Hertel, de Mme de La Tour sont célèbres ; quant
aux actes de dévouement des enfants, des femmes, des
anonymes, il faudrait des pages entières pour les dénom-
brer : ils foisonnent derrière tous les buissons de cette
histoire sanglante.

Ce n'est donc pas non plus l'énergie locale ni la fidélité de la colonie qui manquèrent. La faute est ailleurs ;
et c'est ici qu'il faut s'arrêter pour dégager, dans le
passé, les termes de comparaison qui doivent servir soit
d'avertissement, soit de réconfort pour l'avenir.

Ce qui a manqué à la France de l'Ancien régime pour
garder ses colonies (cela apparaît aujourd'hui à la lumière
des documents confirmant le jugement de l'histoire),
c'est l'esprit de suite et l'esprit de sacrifice à l'égard de
cette famille lointaine que l'esprit d'aventures avait essai-
mée de par le monde.

Richelieu, le véritable fondateur de notre empire colonial, expose très fortement les raisons qui le portaient
vers cette politique. Dans son *Testament politique*, le morceau consacré à la puissance sur la mer, — ce que nous
appellerions aujourd'hui « la maîtrise de la mer » — est
capital. Il vise à la fois l'Angleterre et l'Espagne :
« Jamais un grand pays ne doit estre en état de recevoir
une injure sans pouvoir en prendre revanche. Et partant,
l'Angleterre étant située comme elle est, si la France n'estoit puissante en vaisseaux, elle pourroit entreprendre
à son préjudice ce que bon luy sembleroit sans crainte
du retour. Elle pourroit empêcher nos pêches, troubler
notre commerce et faire, en gardant l'embouchure de nos
grandes rivières, payer tel droit que bon luy sembleroit
aux marchands. Elle pourroit descendre impunément
dans nos idées et mesme sur nos côtes. Enfin, la situation
du pays de cette nation orgueilleuse luy ostant tout lieu

---

1. Garneau, t I, p. 176.

de craindre les plus grandes Puissances de la terre, l'ancienne envie qu'elle a contre ce royaume lui donneroit apparemment lieu de tout oser, lorsque notre foiblesse nous ôteroit tout moyen de rien entreprendre à son préjudice. »

Et voici pour ce qui concerne l'Espagne : « L'utilité que les Espagnols, qui font gloire d'estre nos ennemis présents, tirent des Indes (c'est-à-dire de l'Amérique), les oblige d'estre forts sur la mer Océane. La raison d'une bonne politique ne nous permet pas d'y estre foibles; mais elle veut que nous soyions en estat de nous opposer aux desseins qu'ils pourroient avoir contre nous et de traverser leurs entreprises... Il semble que la nature ait voulu donner l'empire de la mer à la France, pour l'avantageuse situation de ses deux côtes également pourvues d'excellents ports aux deux mers Océane et Méditerranée... Or, comme la côte du Ponant de ce royaume sépare l'Espagne de tous les États possédés en Italie par leur Roy, ainsi il semble que la Providence de Dieu, qui veut tenir les choses en balance, a voulu que la situation de la France séparât les États d'Espagne pour les affoiblir en les divisant... »

Mais il sait aussi que, pour subsister, la marine a besoin de colonies. Dans le chapitre du *Testament politique* consacré au commerce de la France, il analyse, avec une précision extrême, les avantages des colonies d'Amérique et d'Afrique : nul détail ne lui paraît trop minutieux. Et, dans ses *Mémoires*, il revient à diverses reprises sur la pensée qui le porte à l'action : « Qu'il n'y a royaume si bien situé que la France et si riche de tous les moyens nécessaires pour se rendre maître de la mer; que, pour y parvenir, il faut voir comme nos voisins s'y gouvernent, faire de grandes Compagnies, et, pour ce que chaque petit marchand trafique à part, en de petits vaisseaux et assez mal équipés, ils sont la proie des corsaires... parce qu'ils ne sont pas assez forts pour poursuivre leur justice jusqu'au bout[1]. »

Mais il y a quelque chose de plus éloquent que les paroles, ce sont les actes. Si l'on pénétrait au fond de la politique du grand ministre, on verrait que la préoccupation de la mer l'a toujours dirigée, notamment dans ses rapports avec la Hollande et avec l'Angleterre. Les archives sont pleines, à ce sujet, de révélations qui ont, jusqu'ici, échappé à l'histoire. Jamais, même au fort des crises continentales, il ne perdit de vue la conception dominante de son esprit : une France grande par la mer et plus grande au delà des mers.

Cette conception était d'autant plus remarquable que, comprise seulement par quelques esprits vigoureux, elle se heurtait, comme elle se heurtera toujours, en France, au parti sans nombre des timorés et des routiniers. Avant Richelieu, Sully, influencé, sans doute, par la nécessité de ménager la Hollande et par le prestige de l'Angleterre, combattait énergiquement tout projet d'établissement lointain : « Quant à la navigation du sieur de Monts pour aller faire des peuplades en Canada, du tout contraire est nostre advis, d'autant que l'on ne tire jamais de grandes richesses des lieux situés au-dessous de 40 degrés[2]. » En 1629, quand les Anglais s'emparèrent de Québec pour la première fois, il y avait, dans le Conseil du Roi, des gens qui étaient d'avis « qu'on avait perdu peu de chose en perdant ce rocher ». C'est, en somme, la première version des « arpens de neige ».

On voit quelle claire vision des choses, quelle énergie persévérante il fallut à Richelieu pour avoir su remonter

1. *Mémoires de Richelieu*, éd. Michaud et Poujoulat, t. I, p. 438.
2. Il faudrait lire « au-dessus ». Mais il est possible que Sully fût assez mal renseigné sur la position du Canada et qu'il crût toutes les colonies françaises plus ou moins tropicales ou équatoriales. — Voyez Garneau, Appendices, p. 27.

le courant, pour être resté, malgré tout, un « colonial »
et pour avoir su mériter ce juste éloge de l'histoire :
« Madagascar, le Sénégal, la Guyane, les Antilles, l'Acadie et le Canada, tel était, en définitive, l'Empire colonial
dont nous étions redevables à Richelieu... Il avait trouvé
au Canada deux douzaines de colons, misérables épaves
de nos multiples essais de colonisation : il en laissait
assez dans le Nouveau Monde pour constituer les éléments d'une « plus grande France[1]. »

En fait, les deux doctrines que j'appellerai *continentale*
et *maritime* étaient, dès lors, en présence et en opposition ; elles le sont encore. Le gouvernement et l'opinion
se sont toujours demandé, selon les alternatives de notre
histoire, si la France peut mener de front les deux politiques et soutenir, à la fois, les deux tâches.

Cette hésitation se traduisit, au xviii° siècle, par le
mot attribué à Mme de Pompadour, quand Bougainville
vint, au nom de Montcalm, demander du secours pour la
défense du Canada, tandis que la guerre de Sept ans
absorbait les forces et les ressources nationales : « Quand
le feu est à la maison, on ne s'occupe pas des écuries. »

L'opinion de Richelieu pèse, peut-être, plus que celle
de la marquise : elle est confirmée par l'avis réfléchi et
fortement déduit de Talleyrand. Qui ne connaît son
mémoire, lu dans la séance de l'Institut, le 15 messidor
an V, sur les *Avantages à retirer des colonies nouvelles?*
Je rappellerai seulement quelques lignes de la conclusion : « ... De ce qui vient d'être exposé, il suit que tout
presse de s'occuper de nouvelles colonies : l'exemple des
peuples les plus sages qui en ont fait un des grands
moyens de tranquillité ; le besoin de préparer le rempla-
cement de nos colonies actuelles pour ne pas nous trouver en arrière des événements ; la nécessité de former
avec les colonies les rapports les plus naturels, bien plus

____

1. La Roncière, *Histoire de la marine*, t. IV, p. 722.

faciles sans doute dans les établissements nouveaux que dans les anciens; l'avantage de ne point nous laisser prévenir par une nation rivale pour qui chacun de nos oublis, chacun de nos retards en ce genre est une conquête; l'opinion des hommes éclairés qui ont porté leur attention et leurs recherches sur cet objet; enfin la douceur de pouvoir attacher à ces entreprises tant d'hommes malheureux qui ont besoin d'espérance. »

Faut-il invoquer encore, après ces grands noms, celui de Jules Ferry et son fameux mot sur le « placement de père de famille »?

Mais il s'agit d'apporter non pas tant des autorités que des raisons.

L'étendue des côtes qui forment les limites de notre France, sa situation entre deux mers, l'étroitesse des passages qui, dans la Manche et dans la Méditerranée, font dépendre son indépendance territoriale et sa sécurité commerciale des positions dominantes occupées par ses voisins, la leçon de son histoire et de toutes les histoires, prouvent qu'elle ne peut se désintéresser des choses de la mer; j'oserai dire qu'elle ne s'en est désintéressée que trop.

Le commerce d'outre-mer est, pour une grande puissance, le plus facile et le plus avantageux de tous, parce qu'il s'assure les marchés où les produits d'échange abondent et où les concurrences sont rares. Les produits coloniaux sont, le plus souvent, des matières premières indispensables à la mère patrie : occuper les territoires où ils naissent est un devoir des générations qui en ont l'opportunité envers les générations qui leur succéderont. A titre d'exemple, ne peut-on pas citer les régions où se cultive le coton, devenues, pour les puissances manufacturières, le plus précieux des héritages? Il en est de même de celles qui produisent le café, les épices, la canne à sucre, le riz (qui nourrit l'Asie entière) et tant d'autres fruits de la terre dont la consommation et le prix augmentent et augmenteront sans cesse, tandis que leur culture sera toujours restreinte à certaines zones et à certains climats. Faut-il citer encore un produit dont l'avenir est incomparable : le caoutchouc? Ce sera une des erreurs qui seront reprochées, par l'histoire, à la France actuelle, de n'avoir pas su garder l'immense domaine « caoutchoutier » que Brazza avait su lui assurer au Congo. La vigne algérienne n'a-t-elle pas, pendant la crise du phylloxera, sauvé le marché vinicole français? Et ne tiendrons-nous nul compte de l'immense clientèle que la population des colonies, sans cesse accrue et répandue dans l'univers, assure à l'exportation de la mère patrie?

Les arguments d'ordre économique se multiplieraient à l'infini : les arguments d'ordre politique et historique sont plus pressants encore. Un grand peuple ne peut se renfermer en lui-même sous peine d'étouffer et de périr. Il est dans tous les temps, selon le mot de Talleyrand, « de ces hommes fatigués sous l'impression du malheur dont il faut, en quelque sorte, rajeunir l'âme »; il est, dans tous les temps, « des hommes qui ont besoin d'espérance »; il est, dans tous les temps, des hommes qui ont soif de la nouveauté, de l'aventure, des larges espaces, et qui, si la place ne leur est pas faite au loin, ébranleront, de leur violence contenue, la stabilité de la mère patrie. Un pays sans entreprises lointaines entasse les causes de trouble en dedans de lui-même. Il faut faire au goût du risque sa part : s'il ne se répand pas au dehors, il explose à l'intérieur.

Les générations les plus rassises n'ont pas étouffé tout à fait en elles l'instinct migrateur et nomade naturel à l'homme comme à la plupart des animaux vivant en troupes. Dirigé, orienté vers les colonies, il essaime de nouvelles patries : sinon, il s'égare et se perd. A toutes les époques de l'histoire, la vitalité et la grandeur des peuples, leur aptitude à la survie s'est affirmée par la

création de familles coloniales, souvent plus fortes et plus
prospères que les familles métropolitaines qui leur ont
donné naissance.

Qu'est-ce que la Grèce, sinon une colonie de l'Asie
Mineure ; et elle-même n'a-t-elle pas projeté au dehors la
Grande-Grèce, et toutes ces villes méditerranéennes,
métropoles et civilisations qui lui ont survécu? La Gaule,
l'Ile de Bretagne, la Germanie sont des colonies romaines.
César et ses successeurs ont fondé, sur les bords du Rhône,
de la Seine, de la Tamise et du Rhin, de nouvelles Romes.
Renoncer à l'expansion coloniale c'est, pour un grand
peuple, rompre avec l'avenir.

L'histoire des temps modernes, depuis les croisades,
les conquêtes des Normands, les navigations de Vasco de
Gama et de Christophe Colomb, est une histoire coloniale. Le Portugal, l'Espagne, la Hollande, l'Angleterre,
la France ont suivi, dans leur ascension ou dans leur
déclin, le graphique de leur expansion lointaine. Axiome :
plus un peuple se dépense au dehors, plus il s'accroît en
dedans ; plus il peuple, plus il se peuple. Les familles ont
des enfants quand elles savent qu'en faire. Le problème
de la population est joint si étroitement au problème de
l'expatriation que les races les moins fécondes deviennent
prolifiques dès qu'elles sont transplantées sur un sol nouveau. Ouvrez devant elles l'espace, elles l'occupent.

Je note l'objection dernière : les ressources que les
conquêtes coloniales dépensent au loin sont nécessaires
pour la défense de la mère patrie : la France n'est ni assez
riche ni assez forte pour mener de front les deux politiques.
Il arrive toujours une heure où la parole de Mme de Pompadour, dans sa brutale crudité, devient le mot de la
situation, c'est-à-dire de la résignation et de la nécessité. Je l'ai cru... Maintenant, je ne le crois plus.

Quand l'objection fut faite à Jules Ferry, au cours du
débat qui, au sujet de l'affaire de Tunisie, ouvrait une
ère nouvelle de notre histoire, il opposa à un adversaire

une réponse simple et forte comme la vérité : « M. Clemenceau disait : en cas de guerre européenne, est-ce que l'échiquier militaire ne serait pas modifié? — Je réponds : oui, il sera modifié, mais à notre profit, en fermant une porte par laquelle on peut entrer chez nous. »

Il ne s'agit pas seulement de la prise de possession de territoires qui, si nous ne les occupons pas, seront occupés par d'autres et armés contre nous; il ne s'agit pas seulement de l'utilisation possible, par la mère patrie, de contingents indigènes, — cipayes, turcos, soudanais, troupes noires, — appoints qui ne sont pas, pourtant, tout à fait négligeables; il ne s'agit pas seulement de l'étendue considérable de territoires faciles à défendre et qui peuvent fournir des bases d'opérations précieuses pour des offensives redoutables à nos ennemis : le véritable argument est celui-ci : sans colonie, un peuple n'a pas de marine, et sans marine un peuple qui a une grande étendue de côtes est en proie à ses rivaux. Napoléon, maître de la terre, a été battu par la mer. Le blocus continental se retourna contre lui. Trafalgar eut raison d'Austerlitz.

Pour la paix, pour la guerre, pour le dedans, pour le dehors, pour le présent, pour l'avenir, les colonies sont aux peuples ce que les enfants sont aux familles. Une puissance sans colonie est une puissance stérile : tous les éloges et toutes les gratitudes de l'histoire iront toujours aux peuples colonisateurs.

. La grande erreur du xviiie siècle français, erreur qui coïncide avec la pénurie gouvernementale la plus lamentable qu'ait connue notre histoire, a été de ne pas comprendre la nécessité urgente de défendre *à tout prix* les colonies au moment où l'Angleterre faisait de leur extension le principe de sa politique et le programme de « la plus grande Angleterre »; c'est de ne pas avoir senti que notre avenir était alors, s'il le fut jamais, sur la mer et qu'il importait infiniment plus de lutter pour les Indes et pour le Canada que pour les petites principautés de l'Empire germanique. Nous n'avions pas à nous mêler aux querelles de l'Europe quand nous étions, selon le mot de Vergennes, « dans un état d'arrondissement suffisant », et tandis que nous avions le monde grand ouvert devant nous.

La vraie politique nationale et trois siècles d'efforts, des résultats déjà remarquables, tout cela fut abandonné sans autre réflexion. Le mot terrible et naïf attribué à la marquise de Pompadour n'aurait pas été dit par elle qu'il serait *vrai* dans sa bouche. Choiseul, un des rares hommes d'État français du xviiiᵉ siècle, avait le sens profond de « la maîtrise de la mer ». Il prépara la flotte qui assura, en Amérique, la revanche de la guerre de Sept ans et qui eût pu nous rendre le Canada. La France a eu le malheur, en ces temps, d'abord de ne pas être conduite, et surtout de ne pas être comprise.

Oui, notre histoire coloniale, sous l'Ancien régime, a manqué d'esprit de suite et d'esprit de sacrifice. Ceci dit, n'accusons pas, uniquement, la légèreté, la versatilité ou la parcimonie obérée du gouvernement : il y eut souvent des difficultés presque insurmontables : l'éloignement, le manque de ressources, l'ignorance, la difficulté des renseignements et, par conséquent, des résolutions et des partis pris vigoureux.

Tout le long des trois siècles coloniaux de l'Ancien régime, les appels de la colonie à la mère patrie et les défaillances de celle-ci aux heures décisives crèvent le cœur. M. Hector Garneau constate que le roi Henri IV, si sympathique qu'il fût à l'œuvre canadienne, entend la colonisation « à la façon d'Élisabeth et de Jacques Iᵉʳ : sans rien tirer de ses coffres (Lescarbot), et ne lui accordant qu'un appui moral il se contente de concéder à des Compagnies de commerce des privilèges étendus[1] ».

---

1. Garneau, Appendice LIII, p. 26.

Richelieu lui-même, quoiqu'il ait eu le véritable sens de
l'expansion lointaine, n'a pas su appliquer au Canada le
système de tolérance à l'égard des huguenots qu'il pra-
tiquait en France et sa volonté, si forte, s'est laissé
détourner, sur la fin, par les nécessités de sa politique
européenne. Champlain s'écriait, même en ces temps
favorables : « Hé bon Dieu! qu'est-ce que l'on peut plus
entreprendre si tout se révoque de la façon sans juger
meurement des affaires[1]! »

Le grand cardinal disparu, on retombe dans les incertitudes et les incohérences. Colbert, qui est son disciple
et son véritable successeur en matière maritime et coloniale, n'a qu'une conception, en somme, assez étroite et
purement « commerciale » du système colonial. Sa formule rigoureusement *étatiste* est : « Tout pour et par la
métropole. » Lui, qui a choisi l'admirable administrateur
et initiateur qu'est l'intendant Talon, n'ose pas le suivre
quand celui-ci, reprenant les idées de Champlain, soumet au gouvernement royal le seul programme véritablement national qui ait jamais été conçu pour le Canada.
Le subordonné, plus chef que les chefs, expose son plan,
ayant pour but de « former un grand royaume »; il
demande la déchéance des Compagnies et l'action simultanée, dans tous les pays de l'intérieur, pour la création
d'une grande « nouvelle France », allant du Saint-Laurent jusqu'à la Floride, les Nouvelles Suède, Hollande et
Angleterre, par delà la frontière de ces contrées jusqu'au
Mexique. (C'est une conception analogue à celle qui, à la
fin du xixe siècle, réunit tous nos établissements d'Afrique
en arrière des colonies anglaises et allemandes, par le
Sénégal, le Niger, le lac Tchad et le Chari.) Il presse le
gouvernement d'aborder cette tâche, de s'y consacrer
sans discontinuer et de faire, quand tout est relativement
facile, les sacrifices nécessaires (1665).

1. Garneau, Appendice LXI, p. 29.

Mais Louis XIV est engagé dans ses guerres européennes, contre l'Angleterre, bientôt contre la Hollande : il ne comprend pas, — comme Richelieu l'avait
compris, quand il s'agissait de l'Espagne, — qu'une
diversion lointaine aiderait ses projets européens, au lieu
de leur nuire. Colbert, en son nom, morigène Talon : avec
de tels projets on dépeuplerait la France, on l'affamerait, on la dépouillerait des soldats dont elle a besoin,
on gaspillerait les ressources du Trésor : « Il faut penser, avant tout, à l'établissement du commerce et ne
point toucher, le moins du monde, au monopole de la
Compagnie. Quant à la colonisation proprement dite, on
la pratiquera avec parcimonie, « avec ménage », dans
l'espoir d'obtenir, quand même, de bons résultats par la
succession d'un temps raisonnable[1]. »

Est-il nécessaire de rappeler les abandons de la fin
du règne de Louis XIV et l'amère faillite de celui de
Louis XV[2]?

Le gouvernement fut coupable; mais l'opinion publique
a aussi, comme il arrive presque toujours dans les catastrophes nationales, sa part de responsabilité. Le Roi
objecte toujours à ses agents militaires et civils qu'il
dépense trop au Canada, — lui qui trouvait de l'argent
pour d'autres dépenses assurément moins honorables et
moins urgentes. Mais, devant le pays lui-même, le
Canada n'a pas une « bonne presse ». On répète à
satiété la niaise formule, inventée par les politiques à

1. Cité par Salone, p. 155.

2. H. Garneau cite l'appréciation de Tocqueville sur l'administration
de Louis XIV : « Quand je veux juger l'esprit de l'administration de
Louis XIV et ses vices, c'est au Canada que je dois aller. On aperçoit
alors la difformité de l'objet comme dans un microscope... Au Canada,
pas l'ombre d'institutions municipales et provinciales, aucune force collective autorisée, aucune initiative individuelle permise. Un intendant
ayant une position bien autrement prépondérante que celle qu'avaient
ses pareils en France... une administration voulant tout faire de Paris,
malgré les dix-huit cents lieues qui les séparent. » Appendice CXCVI,
p. 85.

courte vue : « La colonie coûte plus qu'elle ne rapporte ! »
Les publicistes, les journalistes, les encyclopédistes, tous
ceux qui tranchent du sort de l'univers au coin de leur feu
et selon le caprice de leurs médiocres passions ont décidé
qu'il n'y avait rien à faire avec le Canada. Voltaire donne
le ton : « Nous avons eu l'esprit de nous établir au Canada
sur des neiges entre les ours et les castors. » Il supplie
« à genoux » Chauvelin « de nous débarrasser du Canada »
(1760). Il se félicitera, dans son *Précis du règne de
Louis XV*, d'avoir travaillé à la perte de cette colonie :
« On a perdu en un jour quinze cents lieues de terrain.
Ces quinze cents lieues, étant des déserts glacés, n'étaient
peut-être pas une grande perte. Le Canada coûtait beaucoup et rapportait peu[1]. » Comme Voltaire n'est pas, en
principe, anticolonial et qu'il se montre très favorable à
la Louisiane, on peut se demander si cette campagne en
règle contre le Canada ne fait pas corps avec la campagne
générale contre l'Église et les Jésuites, dont l'influence
avait été si longtemps prépondérante dans la Nouvelle-
France.

Passons condamnation sur Voltaire ; Montesquieu, le
sage Montesquieu, n'est pas beaucoup plus avisé : il
blâme la colonisation des pays lointains qui lui semble
être « une des causes du dépeuplement que l'on constate
en Europe depuis l'époque romaine ».

Guillaume Raynal, l'auteur de l'*Histoire philosophique
des Indes*, autre prophète, celui-là sans génie, se répand
en diatribes sur l'œuvre française au Canada ; suivant le
préjugé de l'école, il trouve tout admirable sous le
régime britannique et tout déplorable sous le régime
français. Et, en 1781, quand, à la suite des victoires
françaises dans la guerre de l'Indépendance américaine,
il est question de réclamer le Canada à l'Angleterre, qui
s'élève contre le retour de la colonie à la mère patrie ?

---

1. Sur la campagne des philosophes contre le Canada, voyez les textes
réunis par Salone, p. 429.

Raynal, le même Raynal qui fut, en ces matières, le grand éducateur de son siècle. Il adjure ses contemporains de ne pas oublier que « tout domaine séparé d'un État par une grande distance est précaire, dispendieux, mal défendu et mal administré... »; il affirme que « renoncer à une contrée que diverses puissances revendiquent, c'est communément s'épargner des dépenses superflues, des alarmes et des guerres, et que de la céder à l'un de ceux qui l'envient *c'est lui faire présent des mêmes calamités...* ». Plût aux Dieux que l'Angleterre, dans sa défaite, eût tenu le même raisonnement que la France dans sa victoire ! Ainsi, ce n'est pas sans la complicité de l'opinion que « le gouvernement nous a, selon le mot de Chateaubriand, exclus du seul univers où le genre humain recommence[1] ».

Grâce aux publications historiques si importantes qui ont fourni le sujet de la présente étude, la « leçon du Canada » apparaît, maintenant, dans sa trop claire évidence. Ni le gouvernement ni la nation n'eurent jamais, à fond et à plein, le sentiment de la grandeur de l'œuvre que quelques pionniers avaient commencée sur l'autre rivage atlantique et que des héros y avaient défendue : on n'eut jamais confiance en son avenir. Or, quand on considère le chemin parcouru, quand on réfléchit à l'étonnante multiplication des 50,000 Français laissés par le xviiie siècle sur les arpents de neige, quand on sait, de science trop certaine, ce qu'est le Canada d'aujourd'hui, ce que sera le Canada de demain, on porte le deuil inconsolable d'une telle perte, le regret le dispute au remords.

Et la pensée se reporte sur l'Empire colonial que vient de restaurer la France : on se demande si, la conception

1. Voyez la savante étude d'E. Salone, *Guillaume Raynal, historien du Canada.* Guilmoto, in-8°.

et l'institution étant également belles et grandes, le
résultat final sera aussi décevant. La France saura-t-elle
garder et développer ses nouvelles colonies?

Reconnaissons, tout d'abord, que ni les conditions ni
les dispositions ne sont pareilles. La France d'aujour-
d'hui a le sens colonial, elle a une volonté coloniale, elle
a un point d'honneur colonial; après avoir su faire les
sacrifices nécessaires pour conquérir, elle saura les continuer pour organiser et pour défendre. Espérons seulement qu'elle aura l'esprit de suite, car tout est là.

Il suffirait de comparer les résultats obtenus après
quatre-vingts ans en Algérie, après trente ans au Tonkin
et en Tunisie, après vingt ans à la côte occidentale, au
Niger, au Congo, à Madagascar; il suffirait d'opposer les
700,000 Français qui se sont installés, depuis 1830, dans
notre Afrique du Nord, aux 55,000 qui, en deux siècles,
s'étaient expatriés ou étaient nés au Canada, pour reconnaître que le progrès est infiniment plus rapide et plus
« national ».

L'obstacle de la distance n'existe pas pour l'Afrique du
Nord; le climat n'a pas la rudesse des climats septentrio-
naux. Tout, dans notre nouveau domaine, est reluisant et
séduisant. Les terres orientales et méridionales exercent,
sur l'homme du Nord, une attraction indicible. Même
cette Indo-Chine lointaine n'est pas la moins fascinante :
qui y a vécu veut y revivre. L'Empire colonial français est
un jardin d'Armide; il appelle naturellement « ces
hommes qui ont besoin d'espérance » dont parlait Talleyrand.

Mais le lien une fois créé, sa solidité tient à des raisons
plus fortes : c'est, d'abord, la volonté de la nation de
jouir de ce qu'elle a fondé; ce sont les convictions
ardentes de cette école d'hommes résolus qui ont *vu*, qui
se sont formés eux-mêmes, qui entraînent chaque jour
la jeunesse à la conviction « coloniale »; c'est le rapide
rendement économique de nos jeunes colonies; c'est,

enfin et surtout, la forte assiette que ces territoires offrent à la mère patrie pour les dominer et les défendre.

La France moderne a su faire les sacrifices nécessaires dans la période de l'occupation et de la période de possession. Les expéditions d'Algérie, de Tunisie, du Tonkin, de Madagascar, du Sénégal, du Maroc, sont tout autre chose que les « secours » lamentables envoyés outre-mer par la France du xviie et du xviiie siècle. Partout, dès le début, on a frappé le coup décisif nécessaire pour affirmer l'autorité et la force.

Et ces sacrifices ne sont pas les seuls. Les terres nouvelles, pour vivre et se développer, ont besoin d'argent et de crédit. La mère patrie le sait et son épargne, sa confiance sont largement offertes à cette jeune famille qui s'installe. Ports, routes, voies ferrées, forts, arsenaux, instruction publique, protection des indigènes, tout est largement muni, doté; les grands projets et les grandes réalisations trouvent, d'abord, les grandes ressources; et voilà une autre différence avec cette colonisation de « ménage » et de lésinerie qui fut celle de l'Ancien régime.

Enfin, le système politique et militaire que présente l'ensemble de notre nouvel Empire colonial, le front qu'il offre à l'ennemi est tout autrement conçu et organisé que celui de notre domaine colonial des xviie et xviiie siècles.

Les colonies les plus exposées, la Nouvelle-Calédonie, Madagascar, l'Indo-Chine, présentent des éléments de résistance, soit militaire, soit diplomatique, si fortement combinés qu'ils ne pourraient être annihilés qu'après une guerre plus onéreuse et plus périlleuse à l'attaque qu'à la défense; défendues par leur situation insulaire, elles tiendraient longtemps, chacune dans son réduit central, avant qu'une armée expéditionnaire vienne à bout d'en arracher les couleurs françaises : la guerre du Transvaal et la guerre de Mandchourie ont démontré les difficultés inouïes de ces grandes expéditions lointaines contre un adversaire bien armé et décidé à se défendre. L'Indo-Chine elle-même a pour protection, sans compter sa propre force militaire, la coalition des puissances qui se formerait fatalement contre tout envahisseur, que ce fût le Japon, l'Angleterre, les États-Unis. Tous, sans compter la Russie et la Chine, se retourneraient ensemble contre celui d'entre eux qui prétendrait nous arracher ces territoires ; l'occupation française est, pour longtemps, une des données indispensables de l'équilibre asiatique.

Quant à notre domaine africain, situé aux portes de la France, nourrissant des populations belliqueuses et habituées à prendre place dans nos cadres, il est invincible. C'est lui, au contraire, qui pèserait, le cas échéant, dans la balance du monde, d'un poids imprévu, et qui assurerait à notre offensive des conquêtes précieuses, au cas où une guerre générale remettrait sur le tapis ce partage du monde accompli par les dernières années du xix⁰ siècle et que tant de traités solennels ont consacré. L'Empire africain français est un empire militaire : il faut que la France le comprenne et que les puissances rivales le sachent. Non, le nouveau domaine colonial que la France a su se constituer ne lui sera pas arraché. Il dépend de la France elle-même d'y développer, en pleine paix et en toute confiance, les semences de civilisation qui doivent fructifier et se multiplier indéfiniment sur ces terres prédestinées.

Que l'opinion, seulement, ne s'endorme pas et qu'elle sache, d'elle-même, tenir en éveil son gouvernement et ses chefs ! Ceux-ci ont, trop souvent, les yeux et la pensée ailleurs : l'intérieur les absorbe. Quand, une fois, les grands efforts seront accomplis, le seul danger vraiment à craindre serait que nous retombions dans cette négligence, cette demi-somnolence où nous sommes enclins, dès que les ardeurs initiales ne nous excitent plus.

Que les Français s'avertissent sans cesse, les uns les

autres, du haut intérêt que présente le salut de leur
domaine colonial; qu'ils s'y rendent eux-mêmes; qu'ils y
envoient leurs fils; qu'ils y emploient leurs capitaux;
surtout qu'ils exercent un contrôle vigilant sur les admi-
nistrations toujours prêtes à s'enlizer dans la routine, la
procrastination ou le népotisme.

Si le gouvernement de la France était ce qu'il doit
être, il deviendrait, au premier chef, *colonial*, parce que
le haut avenir de la race est là. Nous ne verrions pas se
prolonger l'état de choses actuel qui charge un simple
chef de bureau au ministère de l'Intérieur de toute notre
responsabilité islamique et qui disperse, entre trois ou
quatre ministères, la haute direction de notre Empire
africain...

En un mot, sous un régime d'opinion, tout dépend du
pays lui-même : qu'il commande et on lui obéira; qu'il
s'instruise, qu'il réfléchisse, il exigera et on exécutera.
C'est pourquoi l'opinion ne doit pas rester dans l'ignorance des enseignements de notre histoire. Les fautes
commises peuvent avoir, du moins, cette utilité de prévenir les fautes nouvelles. Remercions ces écrivains, et
en première ligne M. Hector Garneau, qui, en mettant
sous nos yeux, dans son amère et forte réalité, « la leçon
du Canada », ont projeté la lumière à la fois sur le passé
et sur l'avenir.

[1911.]

LES FRANÇAIS

AU CŒUR DE L'AMÉRIQUE

Un livre des plus importants pour l'histoire des initiatives françaises vient de paraître aux États-Unis, c'est l'ouvrage de M. John Finley : *les Français au cœur de l'Amérique*.

J'aime beaucoup ce titre : je l'aime surtout à cause de son imprécision voulue : oui, la France est doublement *au cœur* de l'Amérique, d'abord parce qu'elle y pénétra la première et ensuite parce qu'elle s'y trouve à demeure, malgré les efforts faits par nos ennemis pour nous chasser de ce cœur et pour nous y remplacer.

M. Finley, qui a professé à la Sorbonne, réunit dans le volume, qu'une remarquable traduction de Mme E. Boutroux rend accessible à tous les Français, une partie de ses belles et savantes leçons; en outre, il les complète par une étude extrêmement précise et pragmatique des raisons pour lesquelles le souvenir de la France est si puissant en Amérique du Nord; il s'applique à déterminer les raisons anciennes et les instincts profonds qui, en formant l'âme américaine, lui ont imposé une empreinte française. C'est en parcourant le vaste territoire américain, et notamment la vallée du Mississipi, qu'il a relevé ces empreintes, ces *pas sur le sable*, qui ont servi de moule à une infinité de réalités vivantes et survivantes et qui restent gravées, pour toujours, sur les voies du peuple américain.

Pour résumer l'impression que me laisse le livre de

M. Finley, je dirai tout simplement qu'il contient une explication réelle et véritable de ce que fut, pour notre imagination enfantine, le type fameux du « coureur-des-bois » : c'est Fenimore Cooper qui se fait Tite-Live et la légende qui devient histoire. L'intensité de l'évocation obtenue par cette simple « mise au point » est d'autant plus frappante que les faits sont, en somme, extrêmement récents et que M. Finley a pu recueillir, lui-même, une tradition orale à peine atténuée par le temps. Il n'y a pas cent cinquante ans que la grande république américaine s'est fondée; il y a cent ans que les colonies françaises sur le continent américain ont été cédées à cette république par Napoléon. Deux ou trois générations, se transmettant une telle tradition, ne l'altèrent pas suffisamment pour qu'elle soit déformée. Fenimore Cooper avait certainement connu « Bas-de-Cuir » et, quand il déclare lui-même qu'il a voulu représenter le *backwoodman* dans sa simplicité native, quand son langage n'était altéré ni par l'école, ni son esprit gâté par la civilisation, en un mot, « le chevalier de la forêt vierge », tel qu'il l'a connu, il faut l'en croire. Élevé aux confins des régions colonisées et des régions sauvages, il avait eu sous les yeux le spectacle qu'il décrit, celui de la lutte du colon aventureux contre la résistance des tribus indiennes et des forces de la nature[1].

1. Ces évolutions sont si présentes à l'esprit en Amérique que le président Wilson les vise comme de son expérience propre. Voir le discours qu'il prononça, en 1895, au cinquantenaire de la Société historique de l'État de New-Jersey : « Quelle est donc la direction de l'histoire américaine? Comment se différencie-t-elle de l'histoire européenne? L'*Ouest* est le grand mot de notre histoire. L'homme de l'Ouest a été le type et le maître de notre vie américaine... » Le président Wilson dit encore, dans son entretien avec Ida M. Tarbell : « Ah! Lincoln, il incarne ce que j'appelle l'américanisme mieux que qui ce soit; il a débuté comme un *politicien de la prairie;* il est sorti de la plus rude souche humaine, » etc. Cité dans Daniel Halévy, *le Président Wilson*, 1918, p. 54.

Or, un demi-siècle plus tard, M. Finley, après d'autres excellents écrivains des origines de la vie américaine, se remet à la tâche, dans un esprit différent, certes, mais avec une même intensité d'émotion et d'expression. Lui aussi a vécu sur une terre tout imprégnée des souvenirs laissés par les premiers colons de l'Ouest :

« La Rivière divine », découverte par les Français, coule près du lieu de ma naissance; mon comté était celui de « La Salle », l'une des divisions du pays de l'Illinois qu'on appelait « le pays des hommes ». Le fort du rocher de Saint-Louis, construit par La Salle et Tonty, n'était qu'à quelques milles de là... C'est par de tels voisinages que ces pages m'ont été suggérées... »

Cet écrivain a donc reçu, dans son enfance, les impressions, fraîches encore, du souvenir français en Amérique du Nord. Il fait, de ces fleurs à peine fanées, une gerbe sans prix et nous la présente après les avoir offertes à son propre pays. Sans avoir la prétention d'innover, à proprement parler, dans le domaine de l'érudition, il donne à des choses et à des faits connus leur sens profond; il retrouve la vie dans l'herbier desséché et, remontant par la force du sentiment jusqu'à l'âme du passé, il nous la montre agissant encore sur les instincts de ce grand peuple.

Certains traits du visage américain lui paraissent se rattacher à ces origines : il le dit avec franchise, autorité et précision. Les éléments qui distinguent le caractère américain du caractère anglo-saxon proprement dit, il les signale et s'applique à les définir en les rapprochant de certains éléments essentiels du caractère français. C'est ainsi que, par une série d'observations de détail, mais dont l'ensemble fait preuve, il consolide ces liens de parenté existant entre la France et les États-Unis d'Amérique. Non seulement il retrouve les titres, mais il les authentique et les renouvelle par une revision judicieuse : suivons-le dans ce passionnant inventaire.

Le fait fondamental, c'est l'exploration et la première colonisation de la vallée du Mississipi par les Français. Or, cette vallée n'est-elle pas le tronc et la force de la grande république américaine? Les Français ont à leur actif l'honneur de cette belle découverte; en outre,. ils ont compris qu'en occupant le bassin démesuré du « fleuve Colbert » ils liaient entre elles les diverses parties de l'Amérique du Nord, qui, auparavant, s'ignoraient; ils ont compris, qu'en réunissant le Saint-Laurent à la vallée du Mississipi par les Grands Lacs, ils fondaient un incomparable empire dessiné, en quelque sorte, d'avance par la nature. Seulement, ils pensaient que cet empire serait français.

Un homme qui, comme son contemporain et son maître, le cardinal de Richelieu, eut les intentions de tout ce qu'il fit, Champlain, devina ce que serait, un jour, pour la grandeur de l'humanité, cet habitat vraiment unique et, en ouvrant la route, il planta les jalons de la future unité américaine : « Tournant ses regards vers le Sud, il pressent l'avenir de ces immenses contrées qu'il n'avait fait qu'entrevoir, mais qui seront bientôt le champ d'action de la grande Confédération américaine. Par une conception vraiment géniale, il songe, dès le début du xviie siècle, à réunir en une seule domination, par l'intérieur des terres, les établissements fondés par les Français sur divers points de l'Amérique du Nord. Il devina l'importance qu'auraient, comme trait d'union, la série des Grands Lacs qu'il a découverts et les grands fleuves qui vont vers le Sud. Il voudrait réunir le Canada au golfe du Mexique et à la Floride. Champlain rêvait d'une Amérique française. Tel était le plan gigantesque que cet homme d'action avait conçu et à la réalisation duquel il consacra sa vie[1]. »

Champlain avait eu un précurseur, sinon dans l'ordre de la pensée du moins dans celui des faits : c'est Jacques

1. G. Hanotaux, *la France vivante en Amérique du Nord*, p. 160.

Cartier, qui, comme l'on sait, pensait si peu à un continent nouveau qu'en abordant au Saint-Laurent il se croyait en Chine. Son aventure est singulière; elle commence la série des grandes déceptions que cette terre réserve à ses découvreurs, mais qu'elle récompense au centuple en leur prodiguant les plus magnifiques réalités. Ce n'est pas la Chine que ces hommes trouvent, c'est *l'Amérique*. Et l'une vaut bien l'autre. « Reçu dans la capitale des Indiens, le bon Malouin fut conduit au sommet d'une colline, semblable à celle de Montmartre, et vit s'évanouir le Cathay de ses rêves dans l'immensité d'un désert de verdure, borné seulement par la ligne de l'horizon et traversé par deux rubans d'eau étroits, mais pleins de promesses. Il se trouvait ici à des centaines de milles de l'Océan et il était sans doute le seul Européen présent à l'intérieur du pays entre le Mexique et le pôle Nord, si l'on ne tient pas compte de ses compagnons de voyage. » Voici donc le véritable fondateur, le véritable Deucalion qui, en jetant des poignées de cette terre nouvelle par-dessus son épaule, fera naître des hommes.

Comment procédèrent les successeurs de Cartier et de Champlain? M. Finley va les suivre pas à pas. Mais, dès le début de cette odyssée, il place son livre sous l'invocation de la France en reproduisant la belle prosopopée d'un de nos premiers écrivains des choses d'Amérique, Lescarbot. Tous ces initiateurs, en effet, pensent à la France, ont en vue la grandeur de la France et l'idéal français. Lescarbot s'écrie : « France, bel œil de l'Univers, ancienne nourrice des Lettres et des Armes, secours des affligés, ferme appui de la religion chrétienne, très chère Mère... Nos pères et majeurs ont jadis par plusieurs siècles été les maîtres de la mer; ... ils ont avec grande puissance occupé l'Asie; ... ils ont porté les armes et le nom français en Orient et au Midi. Toutes ces choses sont marquées de votre grandeur. Il faut, chère France, reprendre ces vieux événements, faire une alliance du Levant et du Ponant, de la France orientale et de la France occidentale; de telle sorte que continuellement votre civilité, votre justice, votre pitié, bref votre lumière se transporte là même par vos enfants. »

« Lumière de France », c'est bien par elle que l'Amérique, de la baie d'Hudson au golfe du Mexique, fut tirée de l'obscurité. Ceux qui portaient cette lumière avaient eux-mêmes, comme le texte le prouve, une pleine conscience de ce qu'ils faisaient; la clarté qui rayonnait d'eux découvrait au loin l'avenir.

Il faudrait suivre M. Finley dans la découverte qu'il fait, à son tour, des découvertes françaises en Amérique. C'est d'abord la lente avancée du « Labrador aux Grands Lacs »; à savoir l'*épopée de la forêt* avec tout ce qu'elle comporte « de souffrance tragique et de mélancolie »; ce sont, ensuite, les « voyages des frères gris » et des « robes noires », c'est-à-dire l'évangélisation par les frères Récollets et les Jésuites, souvent rivaux, plus souvent concurrents du martyre et qui portent, en somme, avec le Christ, les semences fécondes de la civilisation méditerranéenne.

Puis, c'est l'étape suprême : « Des Grands Lacs au golfe du Mexique. » C'est l'admirable randonnée de Cavelier de La Salle arrivant, par l'intérieur des terres, sur les bords de la mer fleurie et prononçant là ces paroles solennelles : « Au nom du très haut, très puissant, invincible et victorieux prince Louis le Grand, nous... en vertu du mandat qui nous a été remis par Sa Majesté, avons pris et prenons possession de cette contrée de la Louisiane, de ses mers, de ses ports, ses rades et ses baies, des gorges voisines, ainsi que de tous les peuples, nations qui l'habitent, etc., etc... Et cela, nous fondant sur l'assurance, qui nous a été donnée par les indigènes, que nous sommes les premiers Européens ayant descendu ou remonté le fleuve Colbert!... »

Et voici, maintenant, l'exposé de ce que fut dans le

passé, ce que sera dans l'avenir la vallée du fleuve Colbert, c'est-à-dire la plus belle et la plus puissante vallée du monde ; c'est le « peuplement du désert » par les Français du xviie et du xviiie siècle ; et je ne puis résister au plaisir de citer les traits exquis et exacts qui définissent le caractère de ces premiers colons : « Un grand nombre de ces habitants n'étaient pas de race pure ; il était rare que les Français amenassent avec eux des femmes dans le désert : c'étaient des commerçants, des trappeurs ou soldats... Dans les circonstances ordinaires, c'étaient des hommes charmants et de bonne humeur, parfaitement polis, se distinguant en cela avantageusement des hommes de la frontière, et religieux, tout en aimant le plaisir et la danse. Enfin, bien qu'à la longue ils se fussent assimilés certains traits de caractère empruntés aux Peaux-Rouges et que, même, ne sachant plus compter les mois et les années, ils mesurassent le temps, comme le faisaient les Indiens, d'après les crues du fleuve ou le degré de maturité des fraises, ils avaient conservé beaucoup de qualités aimables et estimables... » (*Finley.*) Quelle finesse et quelle saveur dans ces observations délicates !

Les pionniers français ne laissent pas seulement après eux une ébauche de civilisation matérielle : ils ont aussi tracé les premiers linéaments d'une civilisation intellectuelle et morale. Invoquant de loin l'autorité souveraine du grand « Onnothio », c'est-à-dire du roi de France, se réclamant de son régime paternel, et pour ainsi dire patriarcal, vivant avec les Indiens sur le pied d'une sorte de familiarité que le hasard des combats transforme souvent en véritable fraternité, ils s'habituent à respecter la valeur individuelle et les titres acquis par chacun pour la défense commune. Leur caractère égal et patient, leurs mœurs douces, le souci de l'équité et de la justice se répandent peu à peu autour d'eux ; et ces mœurs égalitaires et bienveillantes laisseront des traces profondes sur l'esprit et sur les mœurs publiques du peuple américain : « Aussi est-il permis de dire que les pionniers français, bien avant le partage, et les premiers colons de l'Ouest ensuite ont, consciemment ou inconsciemment, volontairement ou involontairement, joué un rôle appréciable dans cette expérience rudimentaire du gouvernement démocratique. »

Ces hommes sont aussi les initiateurs du puissant mouvement d'affaires qui a pour théâtre cette vallée devenue véritablement la reine des marchés du monde. Le chapitre intitulé : « Sur la piste du « coureur-des-« bois », est une merveille de sagacité et de pénétration. Ici, Fenimore Cooper se transforme en statisticien et en économiste.

A l'origine de ce magnifique développement de richesses, qu'y a-t-il? Le chemin. Le chemin est le véritable agent de transformation de la prairie, de la forêt, de ces immenses régions inabordables et impénétrables. Mais qui a créé le chemin? Les animaux? Qui l'a suivi après les animaux? Le chasseur, le trappeur, le « coureur-des-bois ». Après lui vient le bûcheron, puis le colon, le laboureur, le mineur, le prospecteur, le chercheur d'or. Enfin, la ville se fonde. Et cette ville sera, un jour, Chicago!...

L'œuvre du chemin s'est accomplie dans l'ancien monde en des milliers d'années; ici, en deux siècles au plus. Il existe encore des hommes qui ont connu ces premiers « ingénieurs des chemins » que furent les troupeaux de buffles.

Un tel exposé prend, ainsi, quelque chose de réel, de précis, qui fait pénétrer jusqu'aux racines mêmes de la civilisation américaine : « Il existait toute une classe d'ingénieurs topographes, antérieurs aux écoles et prétendant moins à l'infaillibilité que ne le font d'ordinaire les géomètres. Ce sont les animaux sauvages : le buffle, le daim, l'antilope et l'ours, qui traversent la forêt, guidés non par le compas, mais par l'instinct, lequel les conduit toujours sur le bon chemin, à savoir : aux cols les moins élevés des montagnes, aux gués les moins profonds des rivières, aux pâturages les plus riches des forêts, aux meilleures sources salines et à la voie praticable la plus directe entre deux points éloignés l'un de l'autre. Ils circulent sur des milliers de milles, opèrent leurs migrations annuelles dans les deux sens et ne manquent jamais de choisir le chemin le plus facile et le plus court. Ce sont ces ingénieurs primitifs qui tracent les premières routes dans un pays neuf; les Indiens la suivent et font de la piste d'un buffle une véritable route stratégique. Les premiers chasseurs blancs empruntent encore les mêmes pistes pour poursuivre leur gibier; et, alors, l'ex-chemin des buffles se transforme en une route carrossable pour le service de l'homme blanc, en attendant qu'il devienne la route macadamisée ou la voie ferrée de l'homme de science. »

Voilà donc les grandes lignes de la civilisation tracées sur le sol; maintenant les villes n'ont plus qu'à s'agglomérer : ce sont « les cités occidentales issues des chemins de portage français ». Alors apparaît l'Américain définitif, l'habitant des villes, fils de cette étonnante et rapide adaptation de l'Européen à la terre si récemment découverte : cette série de générations, où le « coureur-des-bois » devient le Yankee, trouve son exposé psychologique dans le chapitre : « De La Salle à Lincoln »; ainsi apparaît la création magistrale des xviiie et xixe siècles, la personne-nation qu'est le peuple américain : « la vallée de la nouvelle démocratie » est personnifiée par un homme, Washington.

Washington a commencé sa vie militaire en luttant contre les Indiens et contre les Français; il l'a portée à son apogée par la guerre de l'Indépendance en absolue confraternité d'armes avec La Fayette et Rochambeau. Ainsi le cycle s'achève : la France était là aux origines, elle y est encore à l'épanouissement. D'où son rôle intense, persistant, invisible et présent dans le développement prodigieux de la puissance américaine. L'Amérique ignore le plus souvent cette influence; mais elle la subit. Car les cadres de son existence, certains traits de son esprit, certains caractères de son gouvernement résultent de la première organisation de la colonie française : le tempérament d'un peuple, comme celui des individus, se forme dès le berceau. « Car qui sont, en somme, ceux qui gouvernent? Selon le mot de Bismarck, c'est la multitude invisible des esprits, la nation d'hier et celle de demain. Et cette invisible multitude des esprits d'hier et des esprits de demain, de ceux qui ont la bouche fermée par la poussière et de ceux qui n'ont pas encore revêtu un corps humain, parleront par la voix de la multitude d'aujourd'hui, de la multitude qui a hérité de celle d'hier et contient déjà les germes de celle de demain. »

Mus par une tradition qui subsiste et qui s'est transmise inconsciemment des pères aux enfants et qui anime aujourd'hui les foules, celles-ci, sans même savoir exactement pourquoi, se portent avec une fidélité passionnée vers la France; elles aiment, en elle, la nourrice qui a bercé leur enfance et elles retrouvent en elle certaines tendresses pour les peuples faibles et pour les peuples jeunes dont elles n'ont pas tout à fait perdu le souvenir.

La France, de son côté, reste fidèle à elle-même et à ses méthodes du passé : elle risque toujours sa vie pour la défense des nobles causes; elle aborde le problème de l'avenir comme elle abordait jadis le problème du grand Fleuve, le problème de la Vallée Inconnue; elle va de l'avant, coûte que coûte. Un jour, l'humanité sauvée reconnaîtra les siens !

Le peuple vaillant, brave et désintéressé sème sans s'inquiéter de la récolte de gratitude : elle lui viendra par surcroît.

Le beau chapitre final du livre de M. Finley, chapitre intitulé « le Cœur de l'Amérique », s'achève par cette page qui, pour les hommes qui ont fait la France américaine, serait, s'ils pouvaient la lire, la plus douce des récompenses :

« Lorsque la France abandonna cette vallée, cédant à des forces extérieures et non à une pression intérieure, ce fut pour la donner à une nation nouvelle. Elle l'avait partagée avec l'Américain primitif : elle la céda au nouvel Américain. Elle tenait son droit de possession des premiers habitants de la vallée, de ceux qui s'appelaient eux-mêmes, comme l'a dit Chateaubriand, les « enfants de toujours »; elle l'a transmis à ceux qui, aujourd'hui, commencent à comprendre que cette vallée ne leur appartient pas à eux-mêmes, mais bien aux futurs « enfants de toujours »... Voilà où ont conduit les voies frayées par les Français dans l'une des vastes régions dont ils ont été les pionniers en Amérique. Grâce à la bravoure et à la foi de ses enfants, la France a conquis la vallée du Mississipi sur un passé d'un million de siècles; grâce à des héroïsmes ignorés, elle l'a faite sienne et l'a gardée pendant un siècle sous sa domination, et bien que, nominalement, elle n'ait plus aucun droit de propriété sur son territoire, elle conserve, du moins, le droit de toucher encore une sorte d'arriéré de fermage, de partager les fruits des vertus humaines qu'elle y a semées jadis. Ce droit-là, jamais le temps ne pourra ni le lui enlever ni l'obscurcir : il ne saurait qu'augmenter. »

Puisque cette hypothèque existe et qu'elle est reconnue par les possesseurs de la terre, les Américains eux-mêmes, nous en faisons pleinement abandon, une seconde fois, au peuple américain. Nous ne lui demandons qu'une seule chose en retour, c'est qu'il nous accorde, avec une filiale largesse, l'amitié, la confiance et la foi.

[1916.]

LA

CANONISATION DE JEANNE D'ARC

En 1911, je terminais mon livre sur Jeanne d'Arc par ces mots : « Nous ne sommes qu'à l'aube des temps qui verront s'accomplir indéfiniment sa mission. » Depuis lors, la guerre a évoqué, à chacune de ses heures tragiques, la figure de Jeanne d'Arc. A peine la guerre est-elle terminée que le Saint-Siège, en proclamant et en célébrant la canonisation de Jeanne d'Arc, lui reconnaît une éternelle actualité. Jeanne d'Arc est vivante parmi les générations : elle devient désormais un sujet d'édification pour tous les catholiques comme elle est un sujet de méditation pour tous les hommes. Même en nous tenant à « l'humaine prudence » — pour parler comme Jean Gerson, quand on lui soumit le problème de Jeanne d'Arc — nous pouvons rappeler les paroles de cet homme de bon sens : « Il n'est ni impie, ni déraisonnable de penser que cette jeune fille est une envoyée de Dieu... Nous soutenons la cause juste; faisons qu'elle mérite toujours d'être victorieuse... Faute de vertu, de foi, de reconnaissance, ne stérilisons pas ce miracle !... »

Le fait de la canonisation de Jeanne d'Arc, au moment où la France vient de passer par des angoisses pareilles à celles qui étreignaient le cœur de la « bonne Lorraine », la proclamation des vertus de l'héroïne sous le dôme de Saint-Pierre, la pompe qui accompagna cette consécration, le concours immense des pèlerins et l'adhésion solennelle de toute la catholicité, l'ensemble de ces circonstances extraordinaires est incontestablement à l'honneur de notre pays et de l'idéal qui a toujours été le sien.

Essayons donc de fixer le souvenir de cette page de notre histoire et d'ajouter comme un nouveau chapitre à la bibliographie de Jeanne d'Arc : à l'exposé des quatre mystères de la *formation*, de la *mission*, de l'*abandon* et de la *condamnation*, joignons celui du grand fait qui vient de s'accomplir sous nos yeux, la *canonisation*.

I.

Le culte des ancêtres, et en particulier le culte des grands hommes, est inhérent à toute société humaine. Ces sociétés ne sont pas d'un jour : elles remontent le plus haut qu'elles peuvent dans leur passé et jettent les yeux le plus loin qu'elles peuvent vers l'avenir. Les monuments consacrés aux morts illustres couronnent les capitales de la civilisation. Les Panthéon, les Westminster-Abbey gardent, pour les générations futures, le souvenir glorieux des âmes bienfaisantes.

Aux États-Unis, la mémoire de Washington, mort depuis un peu plus d'un siècle et qui, par conséquent, n'a rien de légendaire, est présente dans toutes les grandes circonstances. Son corps est conservé sur les rives du Potomac et il est salué par les navires et par les passagers qui montent et descendent le cours du fleuve.

Quand, il y a huit ans, à la tête d'une mission qui allait célébrer en Amérique le souvenir d'un autre fondateur, Champlain, je fus reçu par le président de la République, M. Taft, il ne crut pouvoir me faire un plus insigne honneur que de m'autoriser à pénétrer dans la tombe de Washington. Au nom de la France, je déposai une palme sur le tombeau de l'ami de Lafayette. A peine avais-je pénétré dans l'étroit caveau qu'une atmosphère

d'au-delà me saisit : c'était le souffle venant de la tombe du
héros, celui des vertus auxquelles aspire religieusement
l'âme américaine : le courage, la persévérance, l'esprit de
bienveillance et de justice, la modération. Je me trouvai
dans la communion immédiate de l'être disparu, beaucoup
plus intimement même que dans les chambres de Mount
Vernon où les reliques et les formes de sa vie matérielle
sont conservées. Tant est supérieure à tout la puissance
de l'Idée ! Les mérites du grand serviteur de l'humanité
fleurissaient dans ce sombre asile. J'étais face à face avec
son essence même. De ces courtes minutes, j'emportai
une impression ineffaçable ; car j'avais subi l'autorité de
ces sentiments-forces, moteurs puissants de toute activité
humaine.

Par le souvenir, par l'histoire et par le culte, les générations passées se rapprochent des générations présentes
et les élèvent jusqu'à elles. Le genre humain n'a d'unité
que par là. Et c'est pourquoi il s'attache avec une fer-
veur toujours renouvelée à la mémoire et à la *présence*
de ses grands morts.

Il ne lui paraît pas qu'ils vivent assez, s'ils ne vivent
que dans leur tombe. Il les veut à la fois plus haut et
plus près — dans l'infini qui l'environne lui-même et où
il cherche la survie de son âme immortelle. Il les dépouille de leur chair putréfiée et de leurs ossements en
poussière. Sa mémoire restant fidèle à leur mémoire,
c'est dans je ne sais quels Champs-Élysées qu'il voit
leurs ombres errantes et, dès l'antiquité, il les a *sancti-
fiées* :

> Hic manus, ob patriam pugnando vulnera passi ;
> Quique sacerdotes casti, dum vita manebat ;
> Quique pii vates, et Phoebo digna locuti ;
> Inventas aut qui vitam excoluere per artes,
> Quique sui memores alios fecere merendo :
> Omnibus his nivea cinguntur tempora vitta[1].

1. Virgile, *Énéide*, lib. VI, 660.

Socrate, dans un de ces dialogues rapportés par Platon et où il jouait déjà sa vie, *Eutyphron ou la Sainteté*, aborde hardiment le problème de la vertu dans ses rapports avec la divinité. Il proclame le *Saint* supérieur aux Dieux de l'Olympe et, par une argumentation irrésistible, fonde uniquement sur une conception très noble de l'idéal humain cette consécration souveraine que le peuple traduit en ces.termes : « Être agréable aux dieux. » C'est la *sainteté* des philosophes.

A cette même source socratique, mais par l'intermédiaire d'Aristote, non de Platon, remonte l'étonnante théorie des grands hommes et de la sainteté dont se sont emparés certains théologiens du moyen âge. Elle leur était venue par l'intermédiaire des philosophes arabes. D'après la tradition aristotélique, ils admettaient que Dieu, qui a créé le monde et le genre humain, conserve avec celui-ci des contacts directs par l'élection des grands hommes ou des saints qui reçoivent le privilège d'une intelligence particulièrement avertie des desseins de la divinité et qu'ils nommaient « l'intellect actif ». « Il s'agit, disaient ces philosophes, d'individus humains dont la substance cérébrale est extrêmement bien proportionnée par la pureté de sa matière et la complexion particulière à chacune de ses parties, par sa quantité et sa position... L'individu ainsi désigné doit posséder une intelligence humaine toute parfaite et des mœurs humaines pures et égales ;... il est nécessaire que sa pensée se porte toujours sur des choses nobles, et qu'il ne se préoccupe que de la connaissance de Dieu, de la contemplation de ses œuvres ; enfin que son âme soit dégagée des choses terrestres et des ambitions vaines... Si l'intellect actif (c'est-à-dire ce privilège d'élection) se répand surtout sur la faculté imaginative, c'est ce qui constitue la classe des hommes d'État qui font les lois, et aussi des devins, des augures, de ceux qui font des songes vrais... Sache que chaque homme possède nécessairement une *faculté de hardiesse;* de même cette *faculté de divination* par laquelle certains hommes avertissent des choses graves qui doivent arriver. Ces deux facultés, c'est-à-dire la *faculté de hardiesse* et la *faculté de divination*, doivent être fortes surtout dans les prophètes. Lorsque l'*intellect actif* (ou émanation divine) s'épanche sur eux, ces deux facultés prennent une très grande force, et tu sais jusqu'où est allé l'effet produit par là : à savoir qu'un homme isolé s'est présenté hardiment, avec son bâton, devant un grand roi pour délivrer une nation de l'esclavage[1]... »

Dans ces derniers mots, c'est Moïse qui est visé, mais on peut dire que tous les grands hommes, et en particulier les Saints, ont ce double caractère : *l'esprit de divination* et *l'esprit de hardiesse*. Ils prévoient et ils agissent. La plupart d'entre eux se sont sentis inspirés par une puissance intérieure échappant aux procédures ordinaires de la raison. L'humanité qui les suit de leur vivant, le plus souvent sans les comprendre, les honore après leur mort. Elle n'est satisfaite d'elle-même que quand elle a enfoncé leur souvenir à coups d'anniversaires dans sa propre mémoire. Elle ne songe qu'à réparer les abandons et les injustices dont ils ont été les victimes. « Ce qui fut l'instrument de leur défaite devient l'instrument de leur triomphe. »

Ainsi se refont sans cesse les mailles toujours rompues de la toile qui enchaîne l'œuvre des hommes à l'œuvre des grands hommes et celle-ci à la volonté créatrice de la Divinité.

Que sont donc les Saints? — Ceux qui ont rendu un grand service à l'humanité?

Sans doute. Mais il faut en outre que cette bienfai-

---

1. Voir la doctrine des philosophes arabes exposée dans les deux thèses de M. L. Gauthier : *Théorie d'Ibn Roch* (Averroès) *sur les rapports de la religion et de la philosophie*, Paris, Leroux, 1909, et *Ibn Thofaïl, sa vie, ses œuvres*, ibid. — En ce qui concerne l'influence des philosophes arabes sur certains scolastiques, voir Renan, *Averroès et l'averroïsme;* P. Mandonnat, *Siger de Brabant*, etc.

sance ait été suscitée en eux par un grand amour, par
une subordinatien directe et volontaire aux lois profondes qui gouvernent le monde. Tous les grands
hommes ne sont pas des saints. La sainteté, c'est la
vertu conduite, les yeux au ciel, par la foi et la charité.

L'humanité a un intérêt immense à ce que certains de
ses membres soient élevés au-dessus d'elle-même et se
trouvent préposés, en quelque sorte, à la garde de ses
relations avec l'Idéal et l'Infini. C'est par eux, en effet,
qu'elle conserve ses titres de noblesse, cette haute généalogie qui la distingue des autres espèces animales et qui
la tient en un constant appétit de perfection, c'est-à-dire
de fidélité à ses origines.

Son intérêt est grand aussi à ne pas se maintenir, à
l'égard des meilleurs parmi les siens, en état d'indifférence ou, pis encore, d'ingratitude. Or, c'est ce qui arriverait, si l'on s'en rapportait au verdict des contemporains relativement aux meilleurs serviteurs de l'humanité. D'ordinaire, ceux-ci ont été mal compris, ils ont
été méconnus : souvent ils ont été livrés à la calomnie, à
l'intrigue, à l'hostilité des médiocres ou des foules. Souvent la haine de leur apparition les a poussés jusqu'au
martyre. Or, l'humanité sent profondément cette bles-
sure qu'elle s'est faite à elle-même. Une seule injustice
ébranle tout l'ordre social. Quand de telles erreurs ont
été commises, un remords croissant tourmente les générations successives, même celles qui pourraient se croire
non responsables. Un jour ou l'autre, l'heure de la réparation doit sonner.

Quoi de plus frappant que la destinée de Jeanne d'Arc
après sa mort? Les siècles ont attendu. Mais plus l'attente
se prolongeait, plus la plaie saignante s'élargissait. A la
fin, ce n'était plus seulement une partie de la France
ou la France seule qui criait justice, c'était l'humanité.
Non seulement les héritiers de ceux qui l'avaient aban-

donnée mais, chose bien plus extraordinaire, les adversaires, les neutres, les indifférents, les nouveaux venus. De cet appel, le monde entier retentissait. Même avant la canonisation, on élevait des statues expiatoires en Amérique à Jeanne d'Arc !

C'est que la justice est l'affaire de tous les hommes.

Cherchez quelque autre raison de ce mouvement universel vers la mémoire de Jeanne d'Arc.

Pourquoi cette vénération unique? Parce qu'elle était pure? Mais d'autres l'ont été. Parce qu'elle était brave? D'autres l'ont été. Est-ce parce qu'elle a bien servi son pays? Mais cela intéresse le pays qu'elle a sauvé. Est-ce parce qu'elle a souffert? D'autres aussi ont souffert, et les antipodes sont restés indifférents. Il faut en revenir à la seule raison valable : il s'agissait de réparer une faute consciente de la politique contre le Juste. Que ceux qui parlent et agissent au nom du droit, c'est-à-dire les gouvernements et les juges, aient eu ce tort, et que dans la forme des lois ils aient commis un tel crime, voilà ce qui ne se peut supporter. Le bûcher de Rouen avait répandu ses cendres brûlantes dans toutes les consciences humaines; seule la plus insigne des réparations pouvait les éteindre.

L'on sent assez que l'assassinat commis par les hommes d'État du xviiiᵉ siècle qui ont étranglé et dépecé la Pologne n'est pas sans analogie avec le crime contre Jeanne d'Arc : c'est aussi pour des raisons politiques qu'une atteinte au Juste s'est produite, et l'on sera frappé du fait que, de notre temps, les trois dynasties qui y ont participé ont succombé d'un seul coup.

Et l'on sent bien aussi qu'un jour ou l'autre les initiateurs de la guerre régressive, les violateurs de la neutralité belge, les assassins de miss Cawell paieront extraordinairement. A quelle heure, de quelle façon? Nul ne le sait. En vain le traité de Versailles a essayé de prononcer la peine — sans doute prématurément. Laissez la conscience des hommes à elle-même. Laissez les années ou les siècles. La justice est boiteuse, mais elle arrive. Un jour ou un autre jour, l'ordre que Montesquieu appelle l'*ordre juste* sera rétabli.

Par qui? Telle est la seconde question. Elle revient à celle-ci : « Par qui les saints? »

Les « Saints » sont déclarés d'abord par la foule, ensuite par les tenants de l'idéal auquel ils s'attachaient eux-mêmes, enfin par les institutions chargées de défendre et de propager cet idéal.

Les anciens avaient pratiqué à leur façon « l'apothéose » : mais combien étroite, officielle et, si j'ose dire, administrative et bureaucratique; avec les âges, c'était une juridiction plus haute et plus universelle qui devait être saisie.

Il est remarquable que l'Église catholique elle-même, si ferme en sa hiérarchie, exige, en premier lieu, pour ouvrir ses enquêtes de béatification, la constatation d'un mouvement populaire préalable.

Mgr Boudinhon, se référant à l'ouvrage de Benoît XIV qui fait loi en la matière, dit : « Tel est le point de départ de toute cause de béatification ou de canonisation : la conviction répandue dans une partie de l'Église que telle personne est digne d'être rangée au nombre des élus : qu'elle est morte, suivant l'expression consacrée, en odeur ou réputation de sainteté, motivée par ses vertus exceptionnelles et sa sainte vie. On voit ainsi reparaître la cause des primitives canonisations dues à la voix populaire. »

L'Église est toujours attentive à ces mouvements spontanés des foules. Souvent elle ne fait que les suivre, comme si elle pensait, qu'en ces matières, le peuple a des illluminations qui éclairent la science et la sagesse elle-même. *Vox populi vox Dei.*

J'ai sous les yeux les enquêtes qui ont eu lieu lors du

procès de béatification de Jeanne d'Arc. La première
partie de ces enquêtes est consacrée exclusivement à la
constatation de ces manifestations instinctives des masses.
Ce sont des femmes, des enfants, des religieuses, des
hommes simples, commerçants, voyageurs, français,
étrangers qui ont à répondre à cette interrogation, pri-
mant toutes les autres : « Que savez-vous de Jeanne
d'Arc? » Et la plupart répondent, en effet, dans les
termes les plus simples : « Je sais qu'elle était pure ; —
Je sais par ouï-dire qu'elle a sauvé la France ; — Je sais
bien qu'elle a eu des révélations, qu'elle était vierge et
femme de bien. »

Cela suffit. Aux hommes de bonne foi, on ne demande
pas davantage. La foule dit ce qu'elle sait et ce qu'elle
sent, comme elle sait et comme elle sent.

Ce n'est qu'après que le débat se précise. Ceux qui
ont appartenu au même idéal, à la même *cause* que le
membre de l'humanité qui est en instance, interviennent.
Quoi de plus naturel?

Les premiers tenants de la sanctification de Jeanne
d'Arc furent les habitants d'Orléans — et à leur tête
l'évêque de la cité — qui célébrèrent la fête de Jeanne
sans discontinuer depuis le siège ; ensemble, ses adhé-
rents, ses soldats, ses compagnons d'armes, sa mère, ses
frères et, finalement, son roi. La douleur et peut-être le
remords les agitent. Ils cherchent, pour elle et pour eux-
mêmes, une justification : le premier acte de la béatification fut le « procès de réhabilitation ».

L'on ne dira jamais assez de quelle importance historique et morale fut ce procès. C'est à lui que nous devons de connaître toute l'humanité de Jeanne. Sans ses
longues séances et les abondants témoignages qui y
furent produits, nous n'aurions connu que les exploits
de Jeanne et son martyre ; sa courte vie publique fût restée exposée à l'accusation, qui l'a suivie si cruellement
jusqu'à nos jours, de n'avoir été qu'une fille des camps

ou, tout au plus, un instrument aux mains des politiciens de son temps. Mais il a fallu, qu'alors que vivaient encore ceux qui l'avaient connue dans son village et dans les lieux où elle avait paru, à Domremy, à Vaucouleurs, à Chinon, à Orléans, à Reims, que ceux-là mêmes fussent interrogés et vinssent dire ce qu'avait été cette simple fille, d'intelligence si belle et si forte, de volonté si pure, d'action si profonde et si spontanée, que tous vinssent témoigner, devant le tribunal de l'avenir, que, dans ce corps et dans cette âme, il n'y avait nulle souillure. J'insiste sur ce fait que la lumière a été projetée à fond, non tant par le procès de condamnation que par le procès de réhabilitation. Il n'y a pas, dans toute l'histoire de l'humanité, un seul être humain dont nous sachions *tout* comme nous savons *tout* de Jeanne d'Arc.

Voilà donc que le cortège se rassemble autour de sa mémoire. Mais où va-t-il?

Vers Rome. Jeanne d'Arc lui avait, elle-même, indiqué ce but. A diverses reprises, au cours du procès de condamnation, elle avait fait appel au pape. C'était là qu'elle cherchait non seulement sa réhabilitation qui est un fait de justice, mais sa justification qui est un fait de conscience.

L'Église romaine est la plus ancienne et la plus vénérable des institutions existantes sur la terre. Elle est catholique, c'est-à-dire universelle. Dans le monde entier ses fidèles sont répandus et écoutent sa voix. — A quel tribunal donc une âme catholique, des consciences catholiques, la conscience universelle s'adresseraient-elles quand il s'agit d'obtenir, non plus seulement la justification, mais la sanctification?

Car c'est un nouveau pas à franchir. Il ne s'agit pas seulement d'effacer les traces d'un grand crime : à cela le procès en réhabilitation eût suffi à la rigueur; il s'agit de mettre les choses à leur place et de faire que les rapports de la divinité avec l'humanité, cachés au fond de ces interventions mystérieuses, soient mis en lumière. Il ne s'agit pas seulement de reconnaître une héroïne et une martyre, il s'agit de proclamer une sainte.

Le Père Ayrolles, qui fut un des promoteurs les plus actifs du procès en béatification, fait observer que le cardinal Parocchi, « tenant » de la cause en cour de Rome, aurait fait écarter la proposition de considérer Jeanne d'Arc comme *martyre* par cette très haute raison : « Selon sa pittoresque expression, Jeanne d'Arc devait monter sur les autels, comme elle était entrée à Reims, par la grande porte de *l'examen de son angélique vie*, *et non pas seulement par l'examen de la mort*, ce à quoi l'on s'attache principalement dans les causes des martyrs. »

Et c'est, en effet, la vraie question : non pas seulement le sacrifice et la mort, mais l'apparition et l'inspiration. Quels sont les contacts de Jeanne avec l'éternelle source de vie? D'où vient-elle? Où va-t-elle? Sa mission si extraordinaire est-elle achevée? A-t-elle été suscitée uniquement pour aboutir à la cérémonie de Reims?

Charles VII couronné, est-ce tout? Charles VII se sert d'elle, l'abandonne et la réhabilite. Est-ce tout? Après Reims, elle est repartie pour Compiègne et pour Rouen. Un tel acte et une telle fin furent-ils pour une seule suite, la mort? N'indiquent-ils pas d'autres lendemains? « L'intellect actif » ne devait-il être efficace que pour une heure? Par le bûcher de Rouen, n'est-ce pas d'autres profondeurs plus lointaines de l'histoire du monde qui se trouvent illuminées?

Jeanne d'Arc, en sauvant la France, avait apporté un secours non moindre au catholicisme et à l'Église. Si la France eût succombé, et si elle fût tombée dans les temps du grand schisme, à la veille de la Réforme, sous la domination des rois d'Angleterre, le sort de l'Europe eût, sans doute, été tout autre.

La mission de Jeanne d'Arc n'a donc pas été seulement *française*, elle a été, au plus haut degré, universelle et *catholique*.

Telles sont les raisons de développement infini pour lesquelles le jugement de la réhabilitation lui-même n'était qu'une procédure circonstantielle. Pour le fond de la cause, un autre tribunal était nécessaire : le Souverain Pontife devait intervenir, non plus comme chef de justice, mais comme chef de l'Église.

De même que le roi Charles VII, après avoir abandonné Jeanne d'Arc, n'avait pu l'oublier et avait été poussé, par une force invincible, à revenir vers elle pour réclamer la réhabilitation publique ; car la question se posait *pour lui*, et non *pour elle*, de savoir si, en sauvant la royauté française, elle avait été l'instrument de Dieu ou l'instrument du démon ; — de même l'humanité était poussée invinciblement à plaider la cause de sainteté devant l'autorité qui juge des questions sacrées ; car il s'agissait de savoir non plus seulement si Jeanne d'Arc était humainement innocente, mais si sa mission était dans les voies de Dieu ou non. Instance singulièrement élargie et qui ne pouvait se conclure que par un nouveau verdict.

Plus haut encore : l'humanité tout entière était intéressée à cette cause ; car, à la façon dont l'apparition de Jeanne avait agi sur les affaires générales du monde, il importait non moins extraordinairement qu'elle fût mise, s'il y avait lieu, à sa vraie place, c'est-à-dire au plus près possible de l'Idéal, de l'Infini, de l'Éternel, au plus près de Dieu.

Voilà le fond du procès et du débat auquel nous avons assisté. C'est ici le véritable drame ; et nous avons bien senti, quand nous en fûmes les spectateurs, toute sa gravité. Nous nous approchions du plus difficile et du plus émouvant de tous les problèmes — celui de la responsabilité dans la mort. Nous sentions, autour de nous,

le public immense des élus venant au-devant des vivants
et les interrogeant sur celle qui, à son tour, venait vers
eux. Les liens qui nous unissent avec ces gens de l'au-
delà pesaient sur nous. Nous étions en présence du
dogme qui réunit en une seule famille les morts et les
vivants, et qui est la conception la plus large peut-être
de l'Église — dans ce sens vraiment universelle — la
Communion des saints.

II.

La cérémonie dura six heures : magnifique schéma de
l'enquête qui durait depuis cinq cents ans.

Toute l'Histoire était convoquée là. Bramante, Michel-
Ange, Raphaël ont élevé la basilique où de tels événements s'accomplissent; Bernin a sculpté l'autel; la plus
noble des traditions esthétiques a réglé la pompe... Que
notre Panthéon est froid!

La foule s'est rassemblée et, venue de toutes les parties de l'univers — les plus nombreux, les Français —
elle se range dans un ordre parfait. La nef est pleine, le
transept est bondé; l'assistance déborde le lieu immense.
Seul l'espace réservé entre l'autel et l'abside reste vide;
il attend les acteurs de la cérémonie, le pape, les cardinaux, les évêques, la cour pontificale. Dans cette arrière-
chœur sont dressées, à droite et à gauche, les tribunes,
celle des princes, celle du représentant de la France et
de ses invités, celle des parlementaires français, celle
du corps diplomatique, celle de la famille de Jeanne
d'Arc, celle des assistants qualifiés. La porte de Saint-
Pierre donnant sur la place du Bernin s'est fermée.
D'immenses voiles de pourpre tombent du haut des
piliers jusqu'à terre. La lumière du dehors pénètre à
peine; une illumination intérieure d'une richesse incomparable voile la clarté de ce jour resplendissant.

On attend. Car la cérémonie a commencé hors de

l'enceinte. Le pape est encore dans la chapelle Sixtine. Là, entouré des dignitaires de la cour pontificale, il s'est préparé au rôle qu'il va remplir, d'intermédiaire entre l'humanité et la divinité. Il prie. Se relevant, il a entonné l'*Ave Maris Stella* et, revêtu des vêtements pontificaux, la tiare en tête, il s'est assis sur la *Sedia gestatoria*. Des hommes vigoureux, en habit de damas rouge, soulèvent la *Sedia* sur leurs épaules ; d'autres déploient le dais au-dessus de la tête du pape ; d'autres agitent les grands éventails de plumes nommés *flabelli* qui évoquent les souvenirs de la pompe orientale. Le cortège s'ébranle, tandis que les prières et les chants s'élèvent, accompagnant, précédant et accueillant la procession qui se dirige, par les couloirs intérieurs, vers la basilique.

Les échos, les murmures, les exclamations étouffées se répandent, grandissent, gagnent la nef entière que les chants de la chapelle Sixtine emplissent profondément. C'est le cortège. Il avance, développe ses premières ondes, coule comme un fleuve de bure, d'or et de pourpre : le clergé régulier, le clergé séculier, la cour pontificale, la vague rouge des cardinaux. Vêtu de noir, le prince assistant au trône accompagne le pape, veillant sur lui ; tout autour, le grand écuyer, les camériers, la garde noble, la garde suisse, la garde palatine, les massiers, défilent, tous tenant le cierge et chantant l'*Ave Maris Stella*. Enfin, le Souverain Pontife apparaît au-dessus des têtes inclinées, vêtu de blanc, la tiare en tête, portant un cierge de la main gauche et, de la main droite, bénissant.

La lumière tremblante vogue sur la foule, dépasse le chœur, pénètre dans le *presbyterium*, s'arrête au fond de l'abside. Les évêques, au nombre de plus de quatre cents, se sont assis au milieu du *presbyterium* et leurs mitres de lin qui s'agitent font comme un vol de grands oiseaux blancs qui, de toutes les parties du monde, seraient venus se poser là.

Le pape est descendu du siège. Il prie : puis, montant

au trône pontifical, il apparaît à la foule qui le contemple, blanc sur le décor rouge.

Tous se sont rangés, par ordre et à leur place. Les chants se sont tus. Un silence indicible remplit la voûte aérienne; et le drame commence.

Un homme vêtu de noir se détache de la cour, s'avance vers le trône, s'agenouille sur les premières marches. Sa voix s'élève; c'est l'avocat de la cause; en latin il dit : « Très Saint-Père, le révérendissime cardinal ponent de la cause (le cardinal Granito del Monte), ici présent, demande avec instance que Votre Sainteté inscrive au Catalogue des saints de Notre-Seigneur Jésus-Christ et ordonne que soit vénérée comme sainte la bienheureuse Jeanne d'Arc. »

Alors commence cette lutte pathétique, accompagnée de supplications, de prières, d'instances renouvelées, où l'humanité postule, demande, adjure que cette fille des hommes soit accueillie, désignée et poussée par l'Église elle-même jusqu'au rang des saints. Trois fois les avocats reviennent à la charge, trois fois ils répètent leur instance de plus en plus pressante; et, pendant ce temps, le pape prie, le clergé prie, la foule prie. Les supplications s'élèvent et se renouvellent dans le rythme des litanies; la chapelle Sixtine qui, comme le chœur antique, exprime les sentiments de tous, clame et réclame; elle invoque tous les saints : « Sainte Vierge, saint Pierre, saint Paul, saints qui avez mérité le ciel, entendez-nous, · intercédez, approchez, tendez les mains; déjà elle est près de vous! »

Le pape est silencieux. L'avocat revient à la charge, il développe les titres de la postulante. Il dit et répète pourquoi il est là.

Plaidoyer suprême où toutes les raisons sont réunies.

Rappelons quelles sont ces raisons. L'avocat résume

en somme, dans sa supplique, les deux procès : celui de béatification et celui de sanctification.

Des deux, le plus long et le plus difficile fut celui de la béatification. J'ai sous les yeux les pièces authentiques réunies en cinq volumes imprimés par l'imprimerie de la Propagande, à l'usage exclusif de la cour pontificale[1]. Il est capital, pour l'histoire, de suivre la procédure et de découvrir le sens profond de l'enquête.

Nous avons dit déjà que l'opinion populaire y passe au premier rang, *à condition qu'il n'y ait pas superstition.*

Une fois ce mouvement populaire bien et dûment constaté, l'enquête porte sur les *vertus héroïques.* Et tel est véritablement le fond du procès et non pas, comme on est porté à le croire généralement, l'enquête sur les miracles. En ce qui concerne le caractère de ces vertus héroïques et nécessaires, je ne puis que m'en référer aux règles tracées par le pape Benoît XIV : « On convient généralement que l'héroïcité est un degré de vertu éminent, très supérieur aux mœurs ordinaires des hommes, même vivant honorablement. Sont « héros de sainteté » ceux qui, au cours de leur vie et jusqu'à leur mort, ont persisté dans une manière d'être innocente, se conformant aux règles du juste et aux préceptes de l'Évangile et qui, se portant ainsi et se maintenant jusqu'au plus haut degré de la perfection, y ont conformé leurs actes, avec un complet dédain des contingences terrestres... Dans les procès de béatification et de canonisation l'enquête sur les vertus porte donc, non sur certaines vertus domestiques ou politiques, mais sur les vertus chrétiennes et héroïques. Et il ne suffit pas de quelques actes, fussent-ils héroïques, ni même de nombreux actes

---

1. Sacra rituum congregatione, card. Lucido Maria Parocchi relatore. *Aurelianens., beatificationis et canonizationis ven. Servæ Dei Johannæ de Arc. Positio super virtutibus,* M CM I, in-4°, et Sacra rituum congregatione, card. Dominico Ferrata relatore, etc. *Positio super miraculis.* Ex typogr. de Propaganda fide, 1901-1907; en plus trois volumes d'appendices.

reconnus héroïques ; il faut que soit constatée une habitude ou un état d'héroïsme comprenant à la fois les vertus théologales et cardinales. Et, en plus, il faut que ce soit par des *actes* multiples que ces vertus se soient manifestées, et la plus haute de toutes, la charité. Car la splendeur de l'héroïsme, c'est la charité. » Et le pape Benoît XIV ajoute que « l'excellence de ces vertus n'est établie, alors même que les actes vertueux sont nombreux et héroïques, que si, en outre, ils ont été accomplis avec promptitude, allégresse et dans une sorte de délectation qui est le caractère même de la sainteté[1]. »

Rien de plus vivant, comme on le voit, que cette active recherche. On veut que l'être désigné ait rempli son rôle dans toute sa plénitude et même qu'il en ait eu la joie. Quelle personne humaine répondait mieux à cette exigence, d'une si allègre philosophie, que notre vive et charmante Française, Jeanne d'Arc?

L'avocat de la cause n'a pas manqué de rappeler, dans son discours, ce caractère singulier des vertus de Jeanne d'Arc, la spontanéité. Il frappait à la véritable porte quand il la montrait surhumaine par son humanité, et quand il mettait surtout en lumière ses véritables faits héroïques, ceux qui avaient pour objet de sauver sa patrie[2].

Ainsi c'est bien la Jeanne d'Arc patriote qui est célébrée et qui va être portée sur les autels. Ses « vertus », ce sont ses actes.

L'enquête des miracles (*de Miraculis*) a pour objet d'affirmer les relations de la personne héroïque avec la Divinité : s'il était permis d'avoir, sur ces matières difficiles, un jugement, il semblerait que le contrôle de l'Église s'exerce surtout dans le sens de la sévérité et de

1. Benedicti Papæ XIV, *Doctrina de Beatificatione et Canonizatione.* Édit. Bruxelles, 1840, p. 139 et suiv.

2. *Oratio Virginii Jacoucci advocati consistorialis de sanctorum cœlitum honoribus decernendis Beatæ Johannæ de Arc in solemni consistorio habita.* Rome, impr. du Vatican, M DCCCC XX.

la limitation. La pensée profonde que l'œuvre de la création, qui fut elle-même un miracle, n'est pas achevée et que l'exercice des lois éternelles peut être suspendu par la volonté qui les a dictées, plane sur les circonstances solennelles où les contacts s'établissent entre la divinité et l'humanité. Mais, ceci réservé, les faits acceptés comme miraculeux par l'opinion populaire, du vivant de la personne humaine qui est en cause, sont d'avance écartés. Sont retenus seulement les faits qui se sont produits après la mort et dans des circonstances où l'autorité divine s'est affirmée nettement. Là aussi ce que l'on craint le plus, c'est, d'une part, l'infatuation et la superbe des hommes et, d'autre part, leur crédulité et leur superstition. L'Église s'avance entre les deux écueils. Elle suit le vœu des foules plutôt qu'elle ne le précède.

Depuis le procès de béatification, deux faits miraculeux sont retenus par l'enquête et par le plaidoyer de l'avocat. Il les mentionne, mais la pensée universelle et sa propre pensée sont ailleurs; Jeanne d'Arc, c'est l'héroïne, la sainte de la patrie.

La dernière phrase du plaidoyer le répète et y insiste : « Très Saint-Père, par l'accroissement de l'honneur dû à Jeanne d'Arc sera accru l'honneur de la nation française et son renom dans le monde, sera accru le mérite de ses incomparables vertus militaires et, plus encore, sera renouvelée la gloire de cette patrie renommée pour sa foi et son dévouement au Saint-Siège et dont les fils recevront, dans ces temps de séparation, une grande consolation. »

Pour la troisième fois, la prière est adressée au pape. Elle était « instante », elles est devenue « plus instante », elle devient « instantissime ». Le chœur envoie les flots pressés de ses supplications jusqu'au pied de l'autel. On attend le verdict.

Le prélat-secrétaire s'avance sur les marches de l'autel et déclare que le Souverain Pontife va parler. Intimement persuadé que la canonisation est une chose juste et agréable à Dieu, il s'est résolu à prononcer la sentence définitive.

A ces mots, l'assemblée se lève et le pape, mitre en tête, assis sur sa chaire en qualité de docteur et de chef de l'Église universelle, prononce la sentence solennelle. Il rappelle, qu'avant de prendre une telle résolution, il a prié Dieu, qu'il a invoqué les saints, qu'il s'est instruit lui-même sur la vie de l'héroïne, qu'il a consulté les conseils de l'Église, procédé à une minutieuse enquête et qu'enfin, les règles observées, par l'autorité du Christ et pour le bien de l'Église, il décide que Jeanne d'Arc est inscrite au nombre des saints. Sa mémoire sera l'objet d'une pieuse dévotion chaque année au jour de sa fête natale. — Les actes sont ordonnés.

Le pape se lève. Il dépose la mitre et entonne le *Te Deum*[1].

Et soudain, le *Te Deum*, repris par les chantres, par la chapelle Sixtine, par les mille voix qui représentent l'Église assemblée, gronde sous les voûtes sonores. Du haut de la coupole, la fanfare des trompettes retentit. Les cloches de la basilique sonnent à toute volée; et, gagnant de proche en proche, toutes les cloches de toutes les églises de Rome annoncent au monde la nouvelle...

Le drame est terminé?...

Non. Il a une suite, et c'est la manifestation de la joie universelle pour cette élévation, qui est aussi une réparation. La voix de l'Humanité a été entendue : un de ses membres a été inscrit sur les listes désignées à la mémoire des hommes; il entre dans le cycle de ceux qui approchent Dieu au plus près : Jeanne d'Arc, une fois encore, est victorieuse. « L'instrument de sa défaite est

______

1. *Les cérémonies de la béatification et de la canonisation.* Desclée et Cie, éditeurs, petit in-8°.

celui de son triomphe. » Comment la foule des humains n'attesterait-elle pas sa gratitude, à l'heure où ses vœux ont été exaucés?

Et alors commence une de ces cérémonies qui remontent aux plus anciens âges où toutes les générations sont, pour ainsi dire, présentes, et où le moindre détail, le moindre geste, atteste l'unité et l'autorité de l'Église à travers les siècles.

D'abord, à titre de remerciement, les « oblations » sont offertes au pape : elles sont portées par les personnes ecclésiastiques qualifiées; ce sont les cierges, c'est-à-dire la lumière, « les lampes ardentes de l'Église »; puis les deux pains, l'un doré, l'autre argenté, et les deux petits barils, l'un doré, l'autre argenté, avec l'eau et le vin, représentant les espèces de la communion ; enfin, trois cages où sont, dans la première les deux tourterelles, dans la seconde les deux colombes, et dans la troisième les petits oiseaux du ciel. La tourterelle, c'est la fidélité; la colombe, c'est la paix; les petits oiseaux, c'est la liberté.

Quand furent jetés les premiers fondements de la société des hommes, avant Abraham et les patriarches, ces dons de la nature avaient toute leur portée. Ils l'ont gardée, symbolique, et l'on peut dire que la série des traditions antiques rappelées par ces *oblations* se poursuit dans le cérémonial extraordinaire de la messe dite par le pape lui-même à l'autel du Bernin. Depuis le concile de Nicée jusqu'au concile de Trente, depuis le concile de Trente jusqu'au concile du Vatican, tous les faits qui ont marqué l'action extérieure et intérieure de l'Église sont exactement rappelés et enregistrés. Ils sont présents dans la cérémonie elle-même et dans le moindre de ses détails. Les costumes évoquent toutes les phases de l'histoire du monde depuis l'Empire romain. Voici les assistants de Justinien, voici les catéchumènes des catacombes, voici les combattants des luttes atroces du moyen âge, voici les victimes du connétable de Bourbon, voici, parmi les assistants ou les camériers, des gentilshommes du xviiie siècle dans leur uniforme qu'on dirait dessiné par Guardi.

Un détail d'une haute portée révèle cette volonté constante d'affirmer l'unité et la catholicité du monde dans une de ces circonstances exceptionnelles où il comparaît, en quelque sorte, devant Dieu. Après la lecture de l'Évangile en latin, un diacre *grec* s'avance vers le pape accompagné du sous-diacre de son rite, il sollicite l'autorisation de lire l'Évangile en grec. Autorisé, il annonce la lecture par ce mot prononcé à haute voix : *Sophia* (la sagesse). Le pape se découvre et le diacre lit la parole sacrée dans la langue d'Homère. A la fin, le chœur chante *Doxa soi, Kyrie, doxa soi* (Gloire à vous, Seigneur, gloire à vous !). On voit, dans cette intervention publique du rite grec, un vestige de la liturgie romaine. Mais cette survivance extraordinaire peut répondre aussi à une autre pensée. La séparation entre les deux Églises n'a jamais été acceptée comme définitive par l'Église romaine. Un jour ou l'autre, l'union se refera. *Patiens quia æterna*. Et c'est comme une pierre d'attente maintenue et apparaissant à chaque occasion exceptionnelle pour bien marquer que la foi en un idéal unique, le Christ, domine les dissentiments et les rivalités de forme et de discipline, que ce qui l'emportera sur tout ce sera, finalement, une bonne volonté réciproque conforme à la parole de Celui qui a voulu la paix.

Et combien ce symbolisme, cet appel persistant à l'unité est plus éloquent encore dans les circonstances actuelles, à l'heure où, par le fait d'une guerre sans précédent, l'Europe, remuée dans ses fondements, assiste à la ruine du grand empire orthodoxe.

Car c'est à ces considérations historiques qu'il faut en venir maintenant. Le drame ecclésiastique s'est terminé. L'humanité a témoigné sa joie : 1° parce que les vertus

souveraines sont récompensées ; 2° parce que la justice
est satisfaite ; 3° parce que l'exemple est répandu. L'office s'est terminé par le *Pax Domini* qu'a chanté le cardi-
nal-prêtre ; le pape, accompagné du cortège, défilant dans
le même ordre, a regagné la chapelle Sixtine. La foule
s'est écoulée. De la place Saint-Pierre, elle s'est répandue dans la ville, d'où elle va regagner le reste du
monde. La décision elle-même va se disperser dans
l'univers : essayons de suivre sa puissante propagande.

III.

Jeanne d'Arc est devenue sainte ; elle est sainte pour
la catholicité tout entière ; partout vont s'élever, en son
honneur, non plus seulement des statues, mais des sanc-
tuaires ; partout la prière prononcera son nom ; elle aura,
chez tous les peuples, ses anniversaires ; dans les familles,
les enfants s'appelleront comme elle ; son histoire fera
désormais partie du bréviaire de l'humanité.

Cependant, ce caractère sacré ni n'exclut ni n'efface le
caractère laïque. Avant d'être sainte Jeanne d'Arc, elle
était ce qu'elle est : Jeanne d'Arc. Seulement, par ce qui
vient de s'accomplir, sa personnalité héroïque s'est
agrandie ; de nationale elle est devenue *humaine ;* notre
Jeanne d'Arc appartient à l'univers.

Mais en quelles circonstances ce fait se produit-il ?
Au lendemain de la guerre qui vient d'ensanglanter
l'Europe et de mettre en péril à la fois les bases de
la civilisation et celles de la religion. Rome, qui avait
attendu de si longues années, choisit soudain cette
heure. Elle proclame que, parmi les vertus héroïques
qui font les saints, figurent, au premier rang, le courage,
le patriotisme ; et, en prenant un exemple d'aussi grand
renom que celui de Jeanne d'Arc, elle ajoute que ces
vertus sont éminemment françaises. J'ai rappelé tout à

l'heure ce qu'a dit l'avocat de la cause : « Par l'accroissement de l'honneur de Jeanne d'Arc sera accru l'honneur de la nation française et ses vertus militaires. »

L'évêque d'Orléans, Mgr Touchet, qui a tant fait pour obtenir ce difficile succès, cite les paroles frappantes à lui adressées par le cardinal Parocchi sur son lit de mort : « Vous rencontrerez de nombreuses difficultés, mais ne vous découragez jamais. Un jour, Jeanne passera sous le porche de saint Pierre, casquée, cuirassée; et, alors, vous serez récompensé de tout. *Addio, monsignore, me ne vado verso la nostra Pulcella.* »

Et il cite aussi les propres paroles prononcées par le pape Benoît XV, le 6 avril 1919, au moment où il ordonnait de suivre au procès de canonisation : « L'amour de la patrie, pareil à celui qui embrasa jadis le cœur de la bienheureuse, a vibré aujourd'hui dans les paroles de l'illustre orateur (Mgr Touchet). Loin de nous en étonner, nous pensons, au contraire, qu'à ce point de vue, surtout, Mgr l'évêque d'Orléans a été le fidèle interprète de ses compatriotes, présents et absents. Nous n'en sommes pas surpris; *nous trouvons si juste que le souvenir de Jeanne d'Arc enflamme l'amour des Français pour leur patrie que nous regrettons de n'être Français que par le cœur*[1]... »

N'est-il pas permis de dire que la pensée de la France n'a pas été absente un seul instant de ces cérémonies et qu'elle est l'âme même de la sanctification de Jeanne d'Arc?

Au moment où, de la Marne à Verdun et de Verdun à la Marne, la France vient de soutenir le poids d'une lutte atroce contre une régression barbare, tous les hommes conviennent que ses vertus militaires ont sauvé le monde. Comment l'ignorerait-on à Rome? La défaite de notre

---

1. Mgr Touchet, évêque d'Orléans, *La Sainte de la patrie*, t. II, p. 562.

ennemi et la canonisation de Jeanne d'Arc sont deux faits connexes. Comment ne pas voir dans celui qui glorifie le passé le plus solennel hommage rendu à la victoire présente?

Je n'aborderai pas ici le problème politique; je ne chercherai pas quelles furent les raisons et les causes de l'attitude du Saint-Siège pendant la guerre.

Tout au plus indiquerai-je l'opinion vers laquelle j'incline, à savoir, qu'à Rome, on a cru à la victoire allemande et qu'on a éprouvé une immense appréhension de ses résultats. La suprématie de l'Allemagne sur le monde menaçait le pape de se voir réduit au rôle de chapelain d'un empereur protestant. C'était un péril analogue à celui qui l'avait menacé au xvie siècle. La querelle des Investitures se fût réglée ainsi par la défaite de la papauté. Qu'eût fait le Vatican?...

En réalité, la victoire des Alliés l'a délivré de ce cauchemar : il respire. Son premier geste est de canoniser Jeanne d'Arc; comme cela, tout se tient.

La propagande contre la France a été ardemment poursuivie dans le monde avant la guerre, pendant la guerre, depuis la guerre. La France « impie », la France « matérialiste, » la France « perverse, » tel était le thème répandu par les incendiaires de Louvain, les destructeurs de Reims, les naufrageurs de la *Lusitania*. Et voici que le pape répond en désignant l'héroïne française et la France à l'admiration de l'univers? Un étranger me disait : « Grande victoire morale pour la France! Tout est effacé! »

Victoire morale! Il s'agit de tout autre chose, en effet, que d'intérêts matériels et de concurrences économiques : il s'agit du sens profond des choses humaines. Car nous ne vivons pas pour commercer ou pour gagner; nous vivons pour nous élever et pour élever, par nos enfants, l'humanité. La civilisation a pour principe, non le profit, mais la justice; non la haine, mais la charité.

Qui est dans le vrai : Jeanne d'Arc ou ses bourreaux?

Voilà le vrai problème, et il ne comporte qu'une réponse.
Cauchon était persuadé qu'il faisait une très bonne affaire
en brûlant Jeanne pour le compte des Anglais. Il a touché sa récompense. La bourse lui paraissait lourde et la
conscience légère. Or, cet habile homme s'est trompé.
Sa victime triomphe. Les Anglais eux-mêmes sont venus
à Rome le reconnaître loyalement. Ils ont admis, par leur
présence, que le verdict qui a condamné Jeanne était
l'œuvre d'une politique misérable et méprisable, tandis
que celui qui la sanctifiait émanait d'une autorité haute
et juste. La papauté, seule dans le monde, dispose d'un
tel pouvoir.

Ce pas étant franchi, il ne paraît pas douteux que, par
les vertus de Jeanne d'Arc, d'autres bienfaits ne puissent
être obtenus. L' « intellect actif » n'a pas influencé uniquement les heures de Reims. Le bon sens de Jeanne
d'Arc, sa sagesse, son courage, porteront leurs effets sur
les âges futurs, comme ils les portent, sous nos yeux, dans
les temps présents. Ainsi s'est perpétué et se perpétuera
le « miracle français ».

C'est le cours de l'histoire : après cinq siècles, elle
retrouve les mêmes voies. La France a sauvé l'équilibre
européen et la civilisation méditerranéenne au xv⁰ siècle
et, au xx⁰ siècle, elle les sauve encore. Cela veut dire que,
par sa situation et par son génie, la France se dresse
contre toutes les puissances dominatrices; encore une
fois, universelle et *catholique* dans le sens profond du
mot. Ce n'est pas d'aujourd'hui qu'on a dit : *Gesta Dei
per Francos.*

Que sont les cérémonies auxquelles nous venons d'assister, sinon une nouvelle consécration de ce rôle à la fois
humain et providentiel? La France fut toujours et partout,
dans le monde, le champion de l'indépendance et de la liberté. Quand le général Pershing disait : « Lafayette, nous
voilà ! » c'était à cette même tradition qu'il s'attachait.

Voilà donc la mission de Jeanne d'Arc et celle de la France qui se prolongent simultanément dans la paix.

Dans la guerre, la principale vertu, c'est le courage; dans la paix, la principale vertu, c'est la patience. Jeanne d'Arc a attendu cinq siècles. La France sait que le monde ne sera pas libéré en un jour : s'il le faut, elle aussi, attendra.

Après la guerre de Cent ans, il se produisit dans le monde une explosion inouïe. Les règnes de Louis XI et de Charles VIII préludèrent à la Renaissance. L'Europe moderne naquit de cette crise sanglante.

Personne ne peut dire ce que sera le monde de demain. Cependant il faut bien reconnaître, qu'avant d'en venir aux grands apaisements, les grandes guerres sont, d'ordinaire, suivies de grands troubles qui paraissent les prolonger. Tant d'hommes vigoureux et violents, arrachés au train de la vie commune, ne rentrent pas aisément dans l'ordre. Et il en est des peuples comme des hommes : ils subissent longtemps l'énervement des grandes crises et rentrent difficilement dans le repos.

Les vainqueurs ont charge d'âmes. Ayant combattu au nom du droit et de la justice, c'est à eux qu'il appartient de réintégrer, le plus rapidement possible, leurs propres principes dans les mœurs universelles.

Et c'est aujourd'hui le rôle particulier de la France. Parmi les autres peuples, cet idéal est le sien, puisque son sacrifice fut le plus douloureux. Logiquement, plus elle a souffert pour la bonne cause et plus elle doit s'y dévouer.

Mais comment réussirait-elle seule?

Voici que revient vers elle ce puissant agent de paix et de justice qu'est l'Église. L'Église sent ces choses-là avant tout le monde. Comment, de son côté, resterait-elle séparée de la France, puisque la France veut le bien?

Que l'on compare donc les doctrines et les principes des écrivains et des philosophes allemands à ceux de nos professeurs et de nos écrivains. Où est l'insolence matérialiste, le culte de la force brutale, le sophisme diabolique qui des paroles tombe dans les actes? C'est contre ces violences, les mêmes dans tous les temps — qu'il s'agisse des Plantagenets ou des Hohenzollern — que la figure de notre Jeanne d'Arc s'est levée jadis « casquée et cuirassée ». Figure française s'il en fut et qui s'entoure si naturellement de nos héros nationaux, de saint Louis à saint Vincent de Paul et de saint Vincent de Paul à Marceau! Un diplomate allemand quittant Paris me demandait, un jour, ce qu'il fallait reporter à l'empereur Guillaume. Je répondis : « Qu'il lise la vie de saint Louis! »

Ce qu'il importe de persuader au monde, en effet, c'est que les guerres « fraîches et joyeuses, » les offensives « de grand style » ne mènent à rien. Hohenzollern ou Soviets, ces violents se trompent... Si, seulement, ils ne nous faisaient pas payer leurs erreurs!

Nous nous retrouvons, au lendemain de la canonisation de Jeanne d'Arc, dans les grands troubles qui suivent les grandes guerres. Eh bien! c'est l'heure de prendre, avec fermeté et sang-froid, les précautions nécessaires pour que ces agitations ne se développent pas jusqu'à la catastrophe. Que tous les agents du bien s'unissent pour aider la charité du monde à passer ces heures difficiles.

Que feront, demain, les mainteneurs de la paix? Ils se sont réunis en une Société de magnifique espérance verbale. Ils accumulent des protocoles, scellés de bonne foi et cousus de bonnes intentions. Mais, à défaut de la force, s'ils n'ont pas l'influence morale, que peuvent-ils?

Je les ai vus à Versailles. Je les ai retrouvés à Rome. De leur salle de délibération, ils ont pu entendre la sonnerie des cloches saluant la sainte guerrière... Et comme plusieurs d'entre eux étaient parmi nous, je me demandais si, eux aussi, n'étaient pas convaincus, devant un tel spectacle, qu'il y aurait quelque grandeur pour la France à reprendre son rôle séculaire, à se faire le grand agent de l'*Universel* et à rechercher, avec sa passion et son action ordinaires, cette large pacification des peuples et des âmes à laquelle le monde aspire et que Rome, en canonisant la Française Jeanne d'Arc, recherche elle-même dans l'idéal qui est le nôtre — le triomphe des vertus actives et du patriotisme désintéressé.

[1920.]

TABLE DES MATIÈRES

NOGENT-LE-ROTROU, IMPRIMERIE DAUPELEY-GOUVERNEUR.

AUERBACH (R.). **La France et le Saint-Empire romain germanique depuis la paix de Westphalie jusqu'à la Révolution française. In-8°** . . . . 22 fr. 50

BARTHOU (L.), de l'Académie française. **La bataille du Maroc. In-12** . . . . 3 fr. 25

BÉDIER (J.), de l'Académie française, professeur au Collège de France. **Les Légendes épiques.** *Recherches sur la formation des chansons de geste*, 2ᵉ édition revue et corrigée. 4 vol. petit in-8°, chaque . . . . 10 fr.

— **Discours de réception à l'Académie française**, prononcé le 3 novembre 1921, sur l'œuvre d'Edmond Rostand. In-12. 3 fr.

— Réponse de M. Louis BARTHOU. In-12 . . . . . 3 fr.

Bibliographie des historiques des régiments français, par J. HANOTEAU et E. BONNOT. In-8° . . . 22 fr. 50

BOURGET (Paul), de l'Académie française. **Stendhal.** Discours prononcé à l'inauguration du monument. Suivi du discours de M. Édouard Champion et d'une *Bibliographie*, par le même. 1920, in-8° . . . . 5 fr.

— **Gustave Flaubert.** 1922, in-8° . . . . 5 fr.

CHAMPION (Pierre). **Le procès de condamnation de Jeanne d'Arc.** Texte et traduction. Notes et appendices. 1921, 2 vol. in-8°, XXXII-416 et CX-452 p. et 9 pl. en phototypie. Les 2 vol. ensemble . . . . 50 fr.
Il a été tiré 50 exemplaires sur hollande à . . . . 200 fr.

— **Histoire poétique du Quinzième Siècle.** 2 vol. in-8° raisin, XII-396 et 474 p., avec 60 phototypies hors texte. Les 2 vol. ensemble . . . . 75 fr.
Il a été tiré 50 exemplaires sur hollande. Les 2 vol. ensemble . . . . 300 fr.

CHATEAUBRIAND. **Correspondance générale**, publiée par L. Thomas. In-8°. T. V (*sous presse*).
Déjà parus : T. I (avec un portrait inédit), II, III (avec un portrait inédit), IV (avec un portrait inédit). Chaque . . 15 fr.
L'édition formera environ 8 vol. in-8° auxquels on souscrit. Il est tiré en plus 100 exemplaires sur papier hollande Van Gelder à 30 fr. le vol.

CHÉNIER (André). **Œuvres inédites**, publiées d'après les manuscrits orignaux, par Abel Lefranc. 1914, in-8° . 11 fr. 25

DAHLGREN (M. E. W.). **Les relations commerciales et maritimes entre la France et les côtes de l'océan Pacifique (commencement du XVIIIᵉ siècle).** T. I : *le Commerce de la mer du Sud jusqu'à la paix d'Utrecht.* Gr. in-8° . . . . 30 fr.
Prix Gobert à l'Académie.

FRANCE (Anatole), de l'Académie française. **Sur la voie glorieuse.** 1915, 1 beau vol. in-4° coquille, fac-similé . 5 fr. 25

Grandes Chroniques de France (Les), publiées par M. Jules VIARD. 1920-1922, 2 vol. parus. Chaque . . . . . 15 fr.

HANOTAUX (G.), de l'Académie française. **Origine de l'institution des intendants des provinces,** d'après des documents inédits. In-8º. . . . . 7 fr. 50

JOINVILLE (PIERRE DE). **Le réveil économique de Bordeaux sous la Restauration.** *L'armateur Balguerie-Stuttenberg.* 1914, in-8º . . . . 15 fr.

JORGA. **Philippe de Mézières (1327-1405) et la croisade du XIVᵉ siècle.** Gr. in-8º . . . . 27 fr.

KERMAINGANT (LAFFLEUR DE). **L'ambassade de France en Angleterre sous Henri IV (1598-1605).** 4 vol. in-8º, pl. L'ouvrage complet. . . . . 30 fr.

KOCH (TH. W.). **Les livres à la guerre.** Préface du maréchal FOCH. 1921, in-8º, 416 p., avec 143 planches hors texte, 25 fr. — Demi-bradel, 35 fr.; demi-chagrin, 40 fr.; demi-maroquin tête dorée . . . . 55 fr.

LACOUR-GAYET (G.), membre de l'Institut. **La marine militaire de la France sous les règnes de Louis XIII et de Louis XIV.** T. I : *Richelieu, Mazarin, 1624-1661.* In-8º. . . . . 11 fr. 25
 Le tome II et dernier est en préparation.

— **La marine militaire de la France sous le règne de Louis XV,** 2ᵉ édition revue et augmentée. In-8º. . . 27 fr.
 Couronné par l'Académie des sciences morales et politiques.

LECLERCQ (Dom HENRI). **Histoire de la Régence pendant la minorité de Louis XV.** 1922, 3 vol. in-8º raisin, LXXXVIII-525, 529, 510 p. . . . . 60 fr.
 Prix Thiers à l'Académie française. « Le meilleur ouvrage historique publié depuis trois ans ».

LEGRAND (L.). **Les sources de l'histoire religieuse de la Révolution aux Archives nationales.** 1913, in-8º. 5 fr. 25

LONGNON (AUGUSTE). **Les noms de lieu de France.** *Leur origine, leur signification, leurs transformations.* Ouvrage publié par P. MARICHAL et L. MIROT. 1ᵉʳ fascicule : *Noms de lieu d'origine phénicienne, grecque, ligure et romaine,* 12 fr. — 2ᵉ fascicule : *Noms d'origine saxonne, burgonde, gothique, franque, scandinave, bretonne et basque,* 12 fr. — 3ᵉ fascicule : *Noms d'origine ecclésiastique* . . 12 fr.
 4ᵉ *et dernier fascicule sous presse.*

MAIGRON (L.). **Le romantisme et la mode, d'après des documents inédits,** avec 1 planche en couleurs et 24 photogravures. 1911, in-8º . . . . 15 fr.

— **Le roman historique à l'époque romantique. Essai sur l'influence de Walter Scott.** Nouvelle édition revue, corrigée et augmentée. In-8º, couverture illustrée . . . 7 fr. 50

MARION (M.), professeur au Collège de France. **La vente des biens nationaux pendant la Révolution.** Fort vol. in-8º. . . . . 15 fr.
 Couronné par l'Académie des sciences morales et politiques.

NOGENT-LE-ROTROU, IMPRIMERIE DAUPELEY-GOUVERNEUR.

www.ingramcontent.com/pod-product-compliance
Lightning Source LLC
LaVergne TN
LVHW050258060726
842525LV00002B/335